초등 수학
습관의 힘

초등 수학
습관의 힘

지은이 정연우
펴낸이 정규도
펴낸곳 (주)다락원

초판 1쇄 발행 2024년 12월 16일

편집 임유리, 김지혜
디자인 김지혜

다락원 경기도 파주시 문발로 211
내용문의 (02)736-2031 내선 273
구입문의 (02)736-2031 내선 250~252
Fax (02)732-2037
출판등록 1977년 9월 16일 제406-2008-000007호

ISBN 978-89-277-4809-0 03370

http://www.darakwon.co.kr
다락원 홈페이지를 통해 인터넷 주문을 하시면 자세한 정보와 함께 다양한 혜택을 받으실 수 있습니다.

끝까지 잘 달리도록 수학 체력을 기르는

초등 수학
습관의 힘

정연우 지음

다락원

좋은 관계와 긍정적인 마음이 필요합니다

초등 교사가 된 후, 몇 년 동안 똑같은 학년만 담임한 적이 있습니다. 동일한 내용을 지도하다 보니 학생들은 바뀌어도 모두 같은 실수를 한다는 사실을 알게 되었습니다. 학생들이 어릴 때부터 잘못 길들여 온 습관들이 원인이었습니다. 그래서 처음에는 실수한 내용을 다같이 보며 이야기를 나누었습니다. 보면서 자신의 잘못된 습관을 고치길 바라는 마음이었습니다. 그러나 서로의 실수를 보며 공감은 했지만, 정작 수학 습관에는 큰 변화가 없었습니다. 실수라며 또다시 잘못된 습관을 반복하고 있었지요. 이것은 학생들의 성장에 매번 걸림돌이 되었습니다.

그래서 학생들이 꼭 고쳤으면 하는 습관을 모아 만든 것이 '기초 수학 습관 14가지'였습니다. 수학 공부 전반에 걸쳐 학생들이 가져야 할 좋은 습관들을 담았습니다. 기초 수학 습관을 만든 후, 저는 학기 초부터 습관 형성을 위해 꾸준히 지도하며 학생들의 변화를 지켜보았습니다. 그런데 모든 학생들이 한꺼번에 좋아지는 것은 아니었습니다. 성장하는 정도가 제각각이었습니다. 그 원인은 '아이들의 마음가짐'에 있었습니다.

여러 사례를 접하며, 긍정적인 공부 정서가 바탕이 되어야 좋은 학습 방법이 제시되었을 때 더 큰 성장을 이룰 수 있다는 것을 알게 되었습니다. 긍정적인 공부 정서는 가정에서부터 시작됩니다. 부모님과 긍정적인 상호작용을 많이 한 학생들은 학습에서도 열린 마음가짐을 가지고 있는 경우가 많았습니다. 그래서 새로운 공부 방식을 제안했을 때도 두려워하지 않고 자기 것으로 만들어 나갔습니다.

이 책이 자녀들과 함께 수학 공부에 대한 '대화'를 나눌 수 있는 발판이 되었으면 좋겠습니다. 그리고 '좋은 관계'를 회복할 수 있는 계기가 되었으면 좋겠습니다. 좋은 관계가 바탕이 되어야 대화를 할 수 있고, 대화를 해야 아이의 마음과 수학에 대한 고민을 들을 수 있습니다. 저는 교실에서 학생들이 수학 때문에 힘들어하고 불안해하는 마음을 엿볼 수 있습니다. 겉으로는 잘 하고 있는 듯 보여도 부모님이 아직 모르는 아이들만의 어려움들을 살펴 주세요. 현재 수학에 대한 마음, 수학 문제를 풀 때 힘든 점, 수학 학습 양에 대한 부담감, 수학 시험에 대한 불안함 등에 대해 자녀와 대화를 나눠 보세요. 아이들의 수학 정서를 살펴 주셔야 합니다.

이 책은 단순히 높은 수학 성적만을 목적으로 하는 가이드북이 아닙니다. 이 책을 통해 제가 부모님들께 전하고자 하는 바는 '긍정적인 수학 정서를 만들어야 한다는 것'입니다. 그리고 이것을 바탕으로 '좋은 습관을 만들어 끝까지 잘 달리는 수학 체력을 길러야 한다는 것'입니다.

초등 수학 습관의 힘

이 책은 모두 6장으로 구성이 되어 있습니다.

1장 '내 자녀의 수학 공부, 잘 되고 있나요?'에서는 갈수록 수학 성적이 떨어지는 이유를 과잉 공부에서 찾고, 과잉 공부의 문제점에 대해 설명했습니다. 2장 '수학 공부의 기초 체력 만들기'에서는 본격적인 수학 공부에 앞서 초등학교에서 꼭 심어야 할 '수학 씨앗 4가지'에 대한 내용을 담았습니다. 3장 '흔들리지 않는 수학 실력을 위한 기초 수학 습관'에서는 학년에 관계없이 초등학생이라면 꼭 고쳐야 할 수학 습관 14가지를 제시하고, 이를 습관화시키기 위한 방법을 소개했습니다. 4장 '수학 성적 향상의 지름길, 생각 정리 공부법'에서는 메타인지를 활용한 수학 공부 방법, 단원평가 대비 공부하는 방법, 오답 풀이하는 방법들을 상세히 안내했습니다. 5장 '학년별 수학 공부법'에서는 학년별 수학 공부의 방향을 제시하였고, 공부 습관 점검표와 사칙연산에서 학생들이 자주 실수하는 오답 유형을 소개하였습니다. 6장 '수학 관련 Q&A 모음'에서는 대표적인 아홉 가지 궁금증들에 대해 알아보고 수학 교육과 사교육 정보를 담은 책들을 소개하였습니다.

수학 습관을 고치고 오답 유형을 만들며 함께 공부했던 반 학생들, 사랑하는 딸 아윤이와 아인이, 이 책을 만들면서 아낌없는 조언을 해 준 아내에게 감사를 전합니다.

정연우

차례

1장

내 자녀의 수학 공부, 잘 되고 있나요?

2장

수학 공부의 기초 체력 만들기

3장

흔들리지 않는 수학 실력을 위한 '기초 수학 습관'

4장

수학 성적 향상의 지름길, '생각 정리 공부법'

5장

학년별 수학 공부법

6장

수학 관련 Q&A 모음

1장

내 자녀의 수학 공부, 잘 되고 있나요?

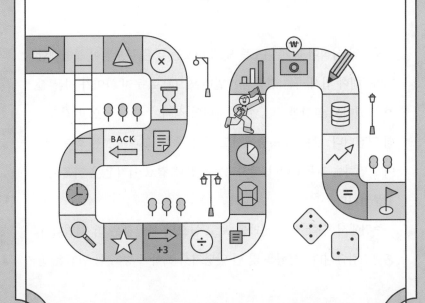

01

지금 100점 맞는 아이도
미래의 수포자가 될 수 있습니다

'지금, 우리 아이가 잘하고 있는 걸까?'
'지금, 이 점수를 받아 오면 어떻게 하지?'

    자녀의 성적이 높게 나오든 낮게 나오든 많은 부모님이 불안해합니다. '대학 입시'라는 결승점이 멀리 있으므로 우리 아이가 지금 잘하고 있어도 불안합니다. 현재 자녀의 성적이 다소 낮으면 걱정은 더 커집니다. 많은 과목 중에서도 특히 '수학' 교과는 모든 학부모님이 고민하는 과목입니다. 잘하고는 싶은데 결코 쉽지 않은 과목이기 때문입니다.

    주위에서 수학 성공 사례를 보고 들으면 불안감은 더 커집니다. 혼란스럽습니다. "선행을 몇 년 앞당겨서 해야 수능 수학 만점을 받을 수 있다", "초등학교에 들어가기 전부터 시작해야 성공할 수 있다"라는 말을 들으면 나만의 기준을 세우기가 참 어렵습니다. 그래서 남들이 하는 방식으로 수학 학습지를 신청하고 수학 학원에 아이들을 보내기 시작합니다. 그래도 불안한 생각은 사라지지 않습니다. 수학을 잘할 수 있는 마법 같은 비밀이 있다면 얼마나 좋을까요?

수학을 싫어하는 아이들

2022년 '사교육걱정없는세상'에서 초중고 학생 3,707명과 초중고 교사 390명을 대상으로 조사한 바에 따르면, "수학 때문에 스트레스를 받나요?"라는 질문에 초등학교 6학년 44.9%, 중학교 3학년 60.6%, 고등학교 2학년 72.4%가 '그렇다'라고 응답했습니다.[1] 초등학교에서 고등학교로 갈수록 어려워지는 학습 내용 때문에 수학에 대한 흥미가 떨어집니다.

저는 해마다 학생들이 '수학 교과'에 대해 어떻게 생각하고 있는지 알아보기 위해 작은 메모지를 나누어 주고 조사를 해봅니다. 학생들이 수학 교과에 대해 현재 어떤 생각을 하고 있는지 알면 수학 수업

---

1 사교육걱정없는세상, "당신은 수포자인가요? 초중고 3707명의 답변", 오마이뉴스, 2022.01.11.

의 방향을 잡는 데 도움이 되기 때문입니다.

조사를 해 보면 저학년 학생들은 크게 거부감이 없습니다. 실제로 '좋다', '잘할 수 있다'와 같이 긍정적인 단어를 적어서 내는 학생들이 많습니다. 1학년은 기본 덧셈과 뺄셈, 2학년은 구구단이 가장 중요한데 2학년까지는 수학 부진을 겪는 학생들이 그렇게 많지 않기 때문입니다. 하지만 3학년이 시작되면서 학생들은 수학을 어려워하기 시작하고, 6학년이 되면 수학에 대해 긍정적인 반응을 하는 학생은 상위권의 학생 몇 명을 제외하곤 거의 없습니다.

다음 내용은 6학년을 담임할 때 수학 교과에 대해 어떻게 생각하는지 학생들이 써 준 내용입니다.

수학 싫어
수학 왜 하는 거야?
지옥의 시간이 왔다...
수학 시간만은 시간 빨리 가라...
수학 시간에 꾀병이나 부려서 쉴까...

수학을 싫어하는 6학년 학생

사진에 나온 내용처럼 수학 시간에 꾀병이나 부려서 쉬고 싶어하는 학생도 있습니다. 그만큼 많은 학생들이 수학을 싫어합니다. 이렇게 수학에 대해 흥미가 떨어진 상태에서는 수학을 잘할 수 없습니다.

이렇게 수학에 돈을 많이 쓴다고요?

통계청에서는 매년 사교육비 조사를 합니다. 통계청에서 실시한 2023년 초중고 사교육비 조사 결과에 따르면, 전체 학생의 일반 교과 과목별 사교육비는 영어 12만 8천 원, 수학 12만 2천 원, 국어 3만 8천 원, 사회·과학 1만 9천 원 순으로 나타났습니다. 학년별로는 초등학교 5학년 영어(13만 1천 원), 중학교 3학년 수학(17만 4천 원), 고등학교 1학년 수학(19만 4천 원)에서 각각 지출이 많았습니다.

사교육에 참여한 학생들만 조사한 결과에 따르면, 일반 교과 과목별 사교육비는 영어 24만 8천 원, 수학 23만 3천원, 국어 14만 8천원, 사회·과학 13만 7천 원 순으로 많이 지출하였습니다. 학년별은 초등학교 5학년 영어(22만 1천 원), 중학교 3학년 수학(29만 4천 원), 고등학교 2, 3학년 수학(36만 7천 원)에서 각각 지출이 많은 것으로 나타났습니다.[2]

(참여학생) 과목 및 학년별 참여 학생 1인당 월평균 사교육비

(단위: 만원, %)

	초등학생						중학생			고등학생		
	1학년	2학년	3학년	4학년	5학년	6학년	1학년	2학년	3학년	1학년	2학년	3학년
영어	19.5	20.5	21.2	21.8	22.1	21.9	26.0	26.8	27.0	31.5	31.1	29.5
수학	9.9	11.4	13.2	15.5	17.0	18.9	26.2	26.9	29.4	35.0	36.7	36.7

이 조사 결과를 보고 어떤 생각이 드시나요? 저는 이 조사 결과가 실제 각 가정에서 소비하는 학원비보다 축소된 결과라고 생각합니다. 실제로 학교에서 조사해 보면 소비하는 학원비보다 적게 적어 내는 경우가 많았고, 분명히 학원에 다니고 있지만 설문 조사 결과지를 내지 않는 학생들도 있었습니다. 이렇게 여러 이유로 인해 실

---

2 통계청, "2023년 초중고 사교육비 조사 결과", 2024.03.14.

제보다 적게 나온 결과임을 감안하더라도 사교육비가 많이 쓰이고 있는 것은 사실입니다.

초중고 학생들의 사교육비 중에서도 가장 큰 비중을 차지하는 과목은 영어와 수학입니다. 영어와 수학이 중요한 과목이기도 하지만 점수를 올리는 것이 쉽지 않기 때문입니다. 초등학생 때는 영어 사교육비가 수학 사교육비보다 높지만, 중학교 2학년부터는 수학 사교육비가 영어 사교육비를 앞서기 시작합니다. 그만큼 수학이 학생들의 가장 큰 고민거리라는 말입니다. 하지만 수학은 비싼 학원에 다닌다고 실력이 늘지 않습니다. 1:1로 과외 선생님을 통해 배워도 쉽지 않습니다. 수학 공부를 안 하는 것도 아닌데 왜 수학 성적이 오르지 않을까요? 초등학교 때는 잘하던 아이가 왜 중학교, 고등학교로 갈수록 수학 성적이 떨어질까요?

혹시 내 아이도 수포자?

언제부터인지는 몰라도 '수포자'라는 말이 유행하기 시작했습니다. 어느 날, '수포자가 많으면 사람들이 수포자에 대해 많이 포스팅해 놓지 않았을까?' 하는 생각이 들었습니다. 그래서 구글 검색창에 수포자를 검색해 보았습니다. 2024년 10월 기준으로 '수포자'는 208만 건, '영포자(영어 포기자)'는 13만 1,000건, '국포자(국어 포기자)'

는 13만 6,000건의 결과가 나왔습니다. 영포자보다 수포자에 대한 내용이 약 15. 9배 더 많았습니다. 이는 그만큼 많은 학생들이 다른 과목에 비해 수학 교과를 힘들어하고, 원하는 점수를 받기 어렵다는 뜻이기도 합니다.

수포자가 많은 현실에 대한 조사도 있습니다. "스스로 수학 포기자라고 생각하나요?"라는 질문에 초등학교 6학년의 11.6%, 중학교 3학년의 22.6%, 고등학교 2학년의 32.3%가 '매우 그렇다' 또는 '그렇다'라고 응답하였습니다.

김성수, 이형빈 작가의 『수포자의 시대』에서는 수학 수업에 참여하는 학생들을 네 가지 유형으로 분류했습니다. 첫 번째는 수학 우등생입니다. 수학을 학습할 능력이 되고 자신의 진로에 수학 성적이 필요한 학생들입니다. 두 번째는 수학 성적이 필요 없는 수포자입니다. 예를 들어 국어국문학과에 지원하고자 하는 학생들이 이에 해당합니다. 세 번째는 수학을 못하는 착한 수포자입니다. 이 학생들은 수학 성적이 필요하여 잘하고 싶지만, 잘할 능력이 없습니다. 네 번째는 진정한 수포자입니다. 이 학생들은 자신의 진로에 수학 성적이 필요하지도 않고 수학 학습 능력도 없습니다.[3]

---

3 김성수, 이형빈, 수포자의 시대, 살림터, 2019, 80-85.

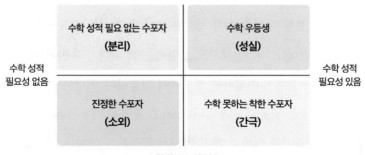

수학 수업 참여 유형[4]

수학 학습 능력 있음

수학 성적 필요 없는 수포자 **(분리)**	수학 우등생 **(성실)**
진정한 수포자 **(소외)**	수학 못하는 착한 수포자 **(간극)**

수학 성적 필요성 없음   수학 성적 필요성 있음

수학 학습 능력 없음

이 네 가지 유형 중에서 가장 많은 학생에게 해당하는 것은 무엇일까요? 바로 수학을 못하는 착한 수포자 유형입니다. 자신의 진로나 대학교 입시에서 수학 성적이 필요하지만 원하는 만큼의 결과가 나오지 않는 학생들이 많습니다. 이 책에서 가장 중심에 두고 이야기할 대상은 바로 이런 유형의 학생들입니다.

다른 과목들도 그렇지만 특히 수학은 마라톤 경기와 같이 장기전입니다. 단기간에 집중해서 공부한다고 원하는 결과를 얻을 수 없습니다. '수학이라는 마라톤 대회'에 출전한 학생 중에는 수포자들처럼 끝까지 완주하지 못하거나, 완주해도 원하는 기록을 달성하지 못하는 학생들이 많습니다.

---

4 김성수, 이형빈, 수포자의 시대, 살림터, 2019, 80.

고등학생 때 수포자가 된 학생들은 초등학교 때부터 수학을 포기한 학생들일까요? 물론 그런 학생들도 있겠지만, 많은 학생이 초등학교 때는 보통 이상의 수학 성적을 받다가 중·고등학교에 들어가면서 무너집니다. 마라톤에서도 초반에는 잘 뛰다가 후반에 체력이 바닥나 선두권에서 이탈하는 선수들이 있습니다. 이 선수들은 초반 페이스 조절을 잘못한 경우입니다. 기초 체력을 키우지 않는 등 마라톤 대회 준비를 제대로 하지 않아서 완주하지 못하는 선수도 있습니다. 수학에서도 초등학생 때 오버 페이스를 한 나머지 나중에 중·고등학생 때 원하는 결과를 얻지 못하는 경우가 많고, 수학 기초 체력이 부족한 경우도 많습니다.

그렇다면 마라톤과 같이 장기전인 수학 공부에서 승리하려면 어떻게 해야 할까요? 중도 탈락하지 않고 후반부에도 선두 그룹에 들기 위해서는 초등학교 때 무엇을 해야 할까요? 무엇보다 수포자가 되는 원인을 분석하고 수학 체력을 체계적으로 기르면서 연습하는 것이 중요합니다.

왜 초등학교 때 잘했던 아이가
중·고등학교에 가면 못하게 될까요?

저는 17년 차 초등 교사입니다. 6학년을 담임하고 나면 졸업한 학생들이 한 번씩 초등학교로 놀러 올 때가 있습니다. 스승의 날이나 중간고사, 기말고사 시험을 다 마친 날 오는 경우가 많습니다. 다음 내용은 제가 6학년 때 담임했던 준서(가명)와 민수(가명)가 중학교 3학년 1학기 기말고사를 마치고 교실로 찾아온 이야기입니다.

지금 같은 100점을 받아도 나중의 결과는 다릅니다

어느 날 전화가 왔습니다. 졸업 후 중3이 된 제자 준서(가명)였습니다. 오늘 기말고사가 끝났는데 오랜만에 선생님을 만나고 싶다고 했습니다. 준서와 친했던 민수(가명)도 현재 같은 반인데 같이 오고 싶다고 했습니다. 그래서 올 때 수학 시험지를 들고 오라고 했습니다. 그렇게 초등학교 교실에서 만났습니다.

6학년이었던 민수와 준서는 서로 친했습니다. 이 두 명의 학생은 6학년 때 수학 성적이 90점 정도 나오는 수준의 학생들이었습니다. 하지만 중학교 3학년 1학기 수학 시험 결과, 민수는 75점이었고 준서는 95점이었습니다. 초등학교 6학년 때 비슷한 수학 성적을 받았던 두 학생이 중학교 수학 성적은 왜 차이가 발생했을까요?

민수는 초등학교 입학과 동시에 여러 학원에 다니고 학습지를 시작했다고 합니다. 성격이 유순해서 그 이후로도 계속 엄마가 시키는 대로 학원에 다녔습니다. 많은 학원 숙제도 큰 어려움 없이 해냈습니다. 초등학교 5학년 때부터는 중학교 수학 선행 학원을 다녀서 쉬는 시간과 점심시간에 선행 학원 숙제를 하느라 항상 바빴습니다. 그리고 학교에서 진행하는 수학 수업 내용과 제가 알려 주는 '수학 습관 개선 프로젝트'에는 큰 관심을 보이지 않았습니다.

물론 여러 해 동안의 교직 생활을 통해 길러진 저의 눈에는 민수가 힘들어하는 모습이 보였습니다. 민수는 날이 갈수록 친구들에게 짜증을 내는 횟수가 많아지고 수업 시간에 집중하지 않았습니다. 그래서 민수와 상담을 했습니다. 제 예상대로 민수는 힘들어하고 있었습니다. 선행 학원 숙제가 너무 많고 내용이 어려워서 스트레스라고 말했습니다. 그래서 민수 어머니와 상담을 했습니다. 민수가 지금 사춘기도 오고 선행 학습으로 힘들어하니 선행 학습을 당분간 멈추는 것이 어떻겠냐고 말씀을 드렸습니다. 하지만 민수 어머니는 자신만의 교육 철학을 유지했습니다. 할 수 없이 남은 6학년의 시간을 그냥 보내고 말았습니다.

초등학교 때 비슷한 점수를 받던 두 학생이 학년을 올라갈수록 성적 차이가 나는 경우를 많이 봅니다. 1학년과 2학년 때 수학을 100점 받던 학생들이 6학년 때 80점과 100점으로 차이가 나는 경우도 있고, 민수와 준서처럼 초등학교 6학년 때 90점 정도의 비슷한 성적을 받다가 중학교에 가서 점수 차이가 나는 사례도 있습니다. 중학교 때 반에서 5등과 6등 정도로 비슷한 수학 성적을 받던 학생들이 고등학교에 가서 큰 차이를 보이는 일도 있습니다.

지금 받아 오는 성적이 같더라도 몇 년 후에 받아 오는 성적은 다를 수 있습니다.

열심히만 한다고 수학을 잘할 수 있을까요?

지금으로부터 13년 전 여름, 친구의 제안으로 4박 5일 동안 지리산 종주를 했습니다. 등산을 해 본 경험은 거의 없지만 지리산의 아름다움에 대한 기대만 가지고 친구의 계획에 따라 출발했습니다. 올라가면서 굉장히 힘들었지만 친구의 속도에 맞추어 열심히 산을 탔습니다. 하지만 마지막 날 천왕봉에 도착하자마자 움직이기 힘들 정도로 무릎에 심한 통증이 생겼고, 오랜 시간 동안 어렵게 내려왔습니다. 내려오는 동안 기대했던 경치는 전혀 즐길 수 없었습니다. 그 후로 6개월 동안이나 무릎 치료를 받으며 고생을 많이 했습니다. 같이 갔던 친구는 괜찮았는데 왜 저만 무릎 부상을 입었던 것일까요?

부상의 원인은 잘못된 등산 준비에 있었습니다. 친구는 평소에 권투장을 다니면서 운동을 즐겨 했지만, 저는 운동과 거리가 멀었습니다. 그런데 제 체력과 근력을 고려하지 않고 친구만 따라가다 보니 무릎이 버티지 못한 것입니다. 게다가 잘 알아보지 않고 필요 없는 짐까지 챙겨 간 탓에 가방이 필요 이상으로 무거워서 무릎에 더 큰 무리를 주었습니다. 만약 등산을 가기 전에 제 상태를 정확하게 파악하고 미리 근력 운동을 했더라면, 제 체력에 맞는 등산 일정을 짰더라면, 짐을 최소화했더라면 무릎 부상을 피할 수 있었을 것입니다.

저는 민수를 보면서 저의 지리산 종주가 떠올랐습니다. 민수는 엄마가 짜 놓은 계획에 따라 선행 학습을 그저 '열심히'만 했습니다. 기초 수학 습관을 고치는 것이 우선이고 현행 학습에 중점을 두어야 한다는 저의 조언을 외면한 채, 민수는 그저 당장의 '문제 풀이'

에만 급급했습니다. 많은 양의 문제를 푸는 것보다, 적은 양의 문제를 풀더라도 기초 습관을 다지면서 좋은 습관을 만드는 것이 중요합니다. 바른 방법으로 준비하지 않고 무턱대고 '열심히'만 해서는 원하는 바를 이루기 어렵습니다.

100m 육상 선수가 좋은 성적을 내기 위해서는 근력 운동도 해야하지만 적절한 달리기 연습도 필요합니다. 주력이 강한 선수가 되기 위해서는 스타트 연습, 달릴 때 팔의 각도와 자세 연습, 결승선에서의 주법 등 다양한 훈련을 해야 합니다. 훈련 전, 후로 근육을 풀어주는 스트레칭도 필요합니다. 100m 육상 선수가 근력 운동을 열심히 해서 근육만 단련한다고 좋은 기록을 내지는 못합니다.

공부도 무조건 열심히 한다고 잘할 수 없습니다. 특히 수학 교과가 그렇습니다. 초등학교까지는 내용이 그렇게 어렵지 않아서 '열심히' 하고 '문제집만 많이' 풀면 어느 정도 성적이 나오지만, 양이 많아지고 수준이 높아지는 중학교부터는 무작정 열심히 하고 문제를 많이 푸는 것만으로는 높은 성적을 얻을 수 없습니다. 기본 바탕이 없는 상태에서 열심히만 하는 것은 밑 빠진 독에 물 붓기와 같습니다. 초등학교, 중학교, 고등학교 단계마다 필요한 역량을 갖추는 것도 필요하고 효과적인 방법으로 공부해야 열심히 한 만큼의 결과를 얻어낼 수 있습니다.

공부에도 '방향'이 중요합니다. 아이들이 받아 오는 현재 성적에만 관심을 가지기보다는 생활 습관, 학습 습관, 독서 습관, 정서 상태, 스트레스 정도, 부모와의 관계 등 다양한 요소들을 부모님이 점검해 볼 필요가 있습니다.

누구도 알려 주지 않는 수학 성적 하락의 원인은 무엇일까요?

SBS에서 방영하는 〈생활의 달인〉 프로그램에는 한 분야에 정통한 사람들이 많이 나옵니다. 눈을 감고 음식 재료를 일정한 간격으로 써는 사람, 어려운 미션을 거뜬히 해내는 사람 등 누가 봐도 한 분야의 고수인 사람들을 많이 볼 수 있습니다.

교사를 하다 보면 자연스럽게 달인이 될 수밖에 없습니다. 매년 20명 이상의 학생들을 지도하여 10년, 20년이 지나면 200명, 400명의 데이터가 쌓이기 때문입니다. 경력이 많아질수록 많은 학생과 부모님을 만나게 됩니다. 가정에서는 아이의 개인적인 특성에 대해 부모님이 잘 압니다. 하지만 아이가 학교에서 발생하는 다양한 사건들을 해결하는 방식, 친구들을 대하는 태도들은 교사가 부모님보다 더 많이 접하고 가까이서 볼 수 있습니다.

교사가 학생들 사이에서 발생하는 모든 상황을 다 알 수 없지만, 특정 부분에 문제가 있다고 판단한다면 개선해 나갈 필요가 있습니다. 그 학생의 모든 것을 비난하고 평가하는 것이 아닙니다. 다양한 상황을 가까이서 지켜보는 교사의 눈과 여러 해 동안의 지도를 통해 형성된 교사의 의견을 믿어 주세요. 듣기 싫은 소리라고 외면해서는 안 됩니다. 집에서의 모습과 학교에서의 모습이 다른 학생들도 많습니다. 교사의 눈에는 그런 것들이 다 보입니다.

민수가 초등학교 생활을 할 때 놓친 부분은 무엇일까요? 그 답은 준서에게서 찾을 수 있습니다.

뿔테 안경을 쓴 준서는 초등학교 6학년 때 반에서 독서를 가장 많이 하는 학생이었습니다. 문학, 역사 등 다양한 분야의 책을 골고루 읽었고 쉬는 시간에도 독서를 할 만큼 책을 좋아했습니다. 특히 판타지 책을 좋아했던 것으로 기억합니다. 준서도 초등학교 내용을 배우는 수학 학원에 다녔었지만, 저와 상담을 통해 그만두고 문제집 한 권을 이용해서 스스로 공부해 나갔습니다. 그리고 남는 시간을 이용해서 주 2~3회씩 기타를 배우고 수영을 하며 보냈습니다. 준서는 정서적으로 안정되어 있었고 부모님과의 관계도 좋았습니다. 수업 시간마다 적극적으로 참여하였고, 호기심이 많았으며, 긍정적인 태도를 가져 친구들도 많이 따랐습니다. 그리고 스스로 공부하는 습관을 알려 주면 누구보다 더 열심히 집중해서 자기 것으로 만들기 위해 노력하는 학생이었습니다.

제가 봤을 때 준서는 공부 스트레스를 거의 받지 않고 '내공'을 쌓으면서 초등학교 생활을 했습니다. 준서가 의도하지는 않았겠지만, 중학생 때 필요한 역량을 초등학교 때부터 쌓고 있었던 것입니다. 지금 성적에 일희일비하는 것이 아니라 꾸준히 해 온 독서를 통해 중학교 공부의 바탕을 마련한 셈입니다. 독서 습관으로 배경지식을 갖춘 준서는 그만큼 공부하는 시간을 절약했을 테고, 절약한 시간만큼 수학 공부를 더 할 수 있었을 것입니다. 그리고 6학년 때 저의 도움을 받아 연습한 '수학 습관 개선 프로젝트'는 중학교에 가서 '스스로 수학 공부하기'로 꽃피웠을 것입니다.

물론 준서도 수학 학원을 끊은 뒤에 불안한 마음이 들었는지 저에게 상담을 자주 요청했습니다. 그리고 스스로 공부할 때 어떤 점이 어려운지 이야기하는 등 시행착오도 겪었습니다. 준서는 초등학교를 졸업한 후에도 중학교 시험이 끝나면 공부하면서 어려웠던 부분이나 고칠 점을 스스로 고민해서 찾아왔습니다. 그렇게 고민 상담도 하고 스스로 공부하는 방법도 배워갔습니다. 학원을 효율적으로 활용하는 방법들도 물어보며 자신의 공부 방향을 수정하고 보완해 나갔습니다.

준서와 달리 민수는 '지금 당장의 성적'이 가장 중요한 학생이었습니다. 민수는 학원을 많이 다녔는데 시간이 갈수록 짜증이 늘었습니다. 현재의 점수가 중요했던 민수는 단원평가를 치고 나면 항상 다른 친구의 점수를 궁금해했습니다. 항상 중간고사와 기말고사를 앞두고 가장 먼저 시험 날짜와 시험 범위를 물었고, 부모님은 성적에 매우 관심이 많았습니다. 전 과목 평균 점수로 90점 정도는 받았던 민수는 항상 불안해했습니다. 민수가 말하길, 중학교 1학년까지는 원하는 점수가 나왔다고 합니다. 그런데 중학교 2학년이 되면서 원하는 점수가 나오지 않았다고 했습니다.

열심히만 하면 될 줄 알았는데 무슨 문제가 있었을까요? 민수는 중학교 2학년 때부터 고등학교 수학 선행을 하고 있었다고 합니다. 초등학교 때는 중학교 수학 선행을 하면서도 초등학교 수학 성적을 잘 받을 수 있습니다. 내용이 쉽기 때문입니다. 하지만 중학교 내용은 초등학교보다 훨씬 더 양이 많고 수준이 높아서, 고등학교 선행을 하면서 중학교 내용을 공부하기에는 민수에게 벅찼던 것입니다.

더욱더 중요한 사항은 민수가 시험 대비를 위해 다른 과목을 공부하느라 수학 공부할 시간이 없었다는 사실이었습니다. 민수는 대부분의 학생들처럼 독서를 하지 않았습니다. 그래서 중학교에서 배우는 과목들을 이해하기 어려웠다고 합니다. 부끄럽지만 저의 학창 시절을 보는 듯 했습니다. 독서를 많이 해서 배경지식이 많은 다른 학생들에 비해 암기할 것들이 더 많아서 상대적으로 수학 공부에 시간을 많이 쓸 수 없었다고 합니다.

결국 민수가 중학교에 가서 성적이 원하는 만큼 나오지 않았던 이유는 초등학교 때 '내공 쌓기'가 되어 있지 않았기 때문이고, 그 원인은 아이러니하게도 민수의 '과잉 공부'에 있었습니다. 그렇다면 과잉 공부가 왜 문제인지 자세하게 알아볼까요?

수학 체력 약화의 주범 '과잉 공부'

과유불급(過猶不及) : 정도를 지나침은 미치지 못함과 같다.

저는 과유불급이라는 말이 우리나라 학생들의 수학 공부하는 모습을 가장 정확하게 표현해 주는 말이라고 생각합니다. 무엇이든 지나치면 좋지 않습니다. 과식하면 배탈이 나고, 과로하면 당장은 괜찮아 보여도 나중에 몸이 아픕니다. 수학 공부도 마찬가지입니다.

초등학생 자녀가 현재 수학 점수를 90점 정도 받아 온다고 가정해 봅시다. 부모는 자녀가 지금처럼만 계속 공부한다면 성적을 유지할 것이라고 기대합니다. 과연 그럴까요? 아이들이 그 점수를 받기 위해 그동안 얼마나 많은 문제를 풀고 시간을 투자했을까요? 그리고 수학 공부를 하는 동안 아이들은 어떤 마음으로 공부를 해왔을까요?

'과잉 공부'하는 아이들

"선생님 저는 사회 선행 학습이 너무 어려워서 싫어요", "선생님 저는 과학 선행 학습도 너무 싫어요"라고 말하는 학생은 거의 없습니다. 특목고를 준비하는 학생을 제외하면 초등학생은 대부분 사회, 과학을 선행 학습하지 않기 때문입니다. 학생들이 많이 선행 학습하는 과목은 영어와 수학입니다. 영어와 수학은 단기간에 완성하기 어려울 뿐 아니라, 많은 시간을 들여서 공부하고 노력해도 원하는 만큼의 결과를 얻기가 쉽지 않은 과목이기 때문입니다.

수학 과잉 공부를 하는 학생들은 한 개의 개념을 학습지 선생님, 학원 선생님, 학교 선생님에게 반복해서 배웁니다. 그리고 시험 대비를 위해 학원 선생님과 또 공부합니다. 초등학교에서 배우는 수학 내용이 이렇게 여러 번 반복해서 배워야 할 만큼 어려울까요? 아닙니다.

17년 동안 초등 교사로 근무하면서 제가 만난 학생들을 관찰한 결과, 다음과 같은 과잉 공부 유형들을 발견할 수 있었습니다.

첫째, 과도한 선행 학습을 하는 경우입니다. 대부분 특목고를 목표로 2~3년 앞서서 선행 학습을 합니다. 물론 이 정도의 선행 학습을 하면서 현행 학습을 충분히 잘하는 학생도 소수로 있었지만, 대부분의 학생들은 현재 학년의 학습도 완벽하게 해내지 못했습니다.

둘째, 한 학기~1년 정도의 선행을 하는 경우입니다. 이 경우에 속하는 학생들이 가장 많습니다. 공부방에 다니거나 수학 전문 학원에 다니는 경우입니다. 학습지를 하거나 집에서 부모님과 문제집으로 선행하는 사례도 많습니다.

셋째, 100점에 집착하기입니다. 이 유형은 부모님의 욕심이 큰 경우가 많았습니다. 단원평가나 학교 시험에서 100점을 받기 위해 시험 대비 문제집을 과도하게 풀게 하는 경우입니다. 실수로 2개 정도 틀려서 90점을 받아도 부모님이 만족하지 못해서 문제집을 더 풀게 하는 경우를 많이 보았습니다.

넷째, 과도한 계산 연습을 하는 경우입니다. 수학 학습지나 연산 문제집에 있는 단순 계산 문제를 모두 다 풀게 하거나, 시간을 재면서 빨리 풀도록 재촉하는 경우를 많이 보았습니다. 이 부분에 관한 내용은 6장 '수학 관련 Q&A 모음'의 'Q. 한 개념을 배우기 위해서 몇 문제 정도를 풀어야 할까요?'(384p) 부분에서 더 자세하게 설명하겠습니다.

다섯째, 많은 수학 문제집을 동시에 풀게 하는 경우입니다. 기본 계산 문제집, 기본 문제집, 문장제 문제집, 심화 문제집 이렇게 네다섯 종류의 수학 문제집을 준비해서 매일 정해진 분량만큼 푸는 학생들을 보았습니다. 부모님의 꼼꼼한 계획과 완벽주의로 시작된 과도한 공부는 학생들을 힘들게 하고 있었습니다. 이른바 '엄마표 수학'의 사례들은 블로그 검색으로 쉽게 찾아볼 수 있습니다. 엄마표 수학 자체는 문제가 없습니다. '엄마표 과도한 문제집 풀게 하기'가 문제인 것입니다. 초등학교 때부터 많은 양의 수학 문제집을 풀어야만 대학수학능력시험에서 수학 점수를 잘 받을 수 있을까요? 물론 꼼꼼한 부모의 양육 태도를 받아들여 순응하는 아이일 경우 원하는 결과를 얻을 수 있지만, 대부분 아이는 그렇지 못합니다. 부모님의 기계와 같은 철두철미한 관리에 숨 막혀하다가 결국 수학을 싫어하게 됩니다.

앞에서 수학 공부는 마라톤 경기와 같다고 했습니다. 마라톤의 결승점에 먼저 들어가기 위해서는 페이스 조절을 잘해야 합니다. 자신이 평소에 연습한 것과 다르게 초반에 선두 그룹에서 오버 페이스를 하면 중반 이후에는 낙오할 수밖에 없습니다. 완주하더라도, 평소 연습할 때의 기록조차 얻지 못하게 됩니다. 이처럼 초등학교 교실에서 '수학 오버 페이스'를 하는 학생들을 많이 볼 수 있습니다. 대부분 그 끝은 좋은 결과로 이어지지 않습니다.

왜 '과잉 공부'가 문제일까요?

"공부는 많이 할수록 좋은 것 아닌가요?"라고 말씀하시는 부모님들이 있습니다. 물론 원하는 성적을 얻기 위해 최소한의 공부 시간은 필요합니다. 하지만 어느 수준 이상으로 하는 과잉 공부는 얻는 것보다 잃는 것이 더 많습니다. 수학 과잉 공부의 문제점은 크게 다섯 가지로 생각해 볼 수 있습니다.

❖ '기초 수학 습관' 형성 방해

수학 공부를 잘하기 위해서는 많은 요소가 필요합니다. 그 요소들을 통칭해서 '기초 수학 습관'이라고 이름 짓겠습니다. 이 기초 수학 습관으로는 수업 시간에 경청하기, 글씨 예쁘게 쓰기, 연필로 표시하면서 풀기, 교사가 설명할 때 먼저 문제 풀지 않기, 비스듬히 글자쓰지 않기 등이 있습니다. 기초 수학 습관에 대한 더 자세한 설명은 2장과 3장에 소개하겠습니다.

수학을 선행 학습하거나 학습지 또는 학원 숙제를 많이 하고 있는 학생들은 보통 기초 수학 습관을 지키지 않고 공부합니다. 수업 시간에 집중도 잘 하지 않습니다. 미리 학원에서 배웠기 때문에 다 안다고 생각합니다. 그래서 여러 번 배웠는데도 불구하고 배움이 더 단단해지지 않고 수박 겉핥기가 되어 버립니다. 어디선가 들어 본

적은 있는데 정확하게 설명하지 못하는 상태가 되는 것입니다. 배우는 내용에 대해 호기심도 없고, 추가적인 질문을 하거나 한 문제를 여러 가지 방법으로 생각하지도 않습니다. 이미 정답을 구하는 방법을 배웠기 때문입니다. 그리고 수업 시간에 학원에서 내 준 수학 숙제를 하다가 걸리는 일도 자주 있습니다. 수업 시간에 아는 척을 하는 일도 있고 설명하라고 하면 못 할 때도 많습니다. 수행평가를 하면 답만 구하고 풀이 과정을 못 쓰는 학생들도 아주 많습니다.

다음은 6학년 수학 교과서의 '분수의 나눗셈' 부분입니다.

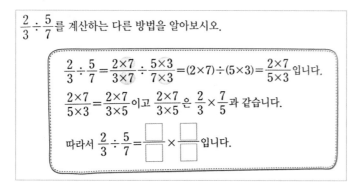

분수의 나눗셈

사진에서는 $\frac{2}{3} \div \frac{5}{7}$ 의 계산 원리를 배웁니다. 계산을 하기 위해서는 계산 원리에 대해 완벽하게 이해한 다음에 계산해야 합니다. 하지만 선행 학습을 해 왔거나 이미 많은 문제를 푼 학생들은 단순히 나눗셈을 곱셈으로 바꾸고 뒤에 나오는 분수의 분모와 분자 위치를 $\frac{2}{3} \times \frac{7}{5}$ 처럼 바꾸고 계산합니다. 그래서 정답은 맞힙니다.

이렇게 평소 수학책, 수학익힘책에 있는 문제를 풀 때 계산 원리는 모른 채 '생각 없이' 풀이하는 학생들을 많이 봤습니다. 그래서 교과서에 나오는 문제의 중요성을 알게 해 주기 위해 교과서 문제 그대로 단원평가에 낸 적이 있습니다.

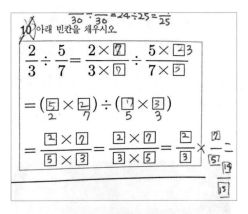

풀이 과정을 모르는 학생

제 예상대로 많은 학생이 틀렸습니다. 최종 답은 맞췄지만 계산 중간에 등장하는 빈칸의 정답을 틀린 학생이 많았습니다. 단원평가를 친 후에 수학책을 꺼내게 하고 수학책에 적힌 문제와 시험지에 나온 문제를 비교하게 하였습니다. 숫자까지 모두 똑같다는 사실을 발견한 학생들은 깜짝 놀랐습니다. 저는 이런 과정을 몇 번 거치게 합니다. 그러면 아이들이 수학책과 수학익힘책을 대하는 태도가 좋아집니다.

❖ 수학 공부에 대한 흥미 하락

앞에서 예로 든 다섯 가지 유형의 수학 과잉 공부를 하면서 아이들은 수학에 대해 흥미를 잃어 갑니다. 매일 풀어야 할 문제가 쌓여 있는 현실에서 수학을 즐겁게 받아들이는 아이들은 거의 없습니다. 아이들에게는 그저 해내야 할 '일'이 되고 맙니다. 그래서 아이들은 '생각'하면서 풀지 않고 '기계'처럼 수학 공부를 합니다. 그러면서 수학은 지겨운 것이라고 생각하게 됩니다.

친구의 수학 학습지를 함께 풀어 주는 학생

제가 6학년을 담임했을 때 쉬는 시간에 찍은 사진입니다. 수학 학습지 선생님이 오는 날인데도 학습지 풀이를 다 하지 못한 영숙이(가명)가 평소 친하게 지내는 친구에게 부탁해서 함께 수학 문제를 푸는 사진입니다. 제가 이 상황을 보고 너무 웃기기도 하고 안타깝기도 해서 대화를 나눠 봤습니다.

🧑 선생님: 영숙아, 오늘 수학 학습지 선생님이 오는 날이야?

😊 영숙: 네.

🧑 선생님: 수학 학습지 숙제가 많아?

😊 영숙: 네. 이것도 많지만 중학교 예습 문제집은 더 많아요.

🧑 선생님: 지금 풀고 있는 건 뭐야?

😊 영숙: 지금 배우는 6학년 수학 학습지요.

6학년을 담임하면 많이 볼 수 있는 장면입니다. 저는 6학년을 7년 동안 담임했습니다. 6학년쯤 되면 중학교 선행을 시작하는 학생들을 많이 볼 수 있습니다. 수학 학원에서 내 주는 숙제의 양이 많아서 학생들은 학교 쉬는 시간, 점심시간을 이용해서 숙제를 합니다. 그 짧은 쉬는 시간 10분 동안 화장실에 갔다가 잠시 쉴 수도 없을 정도로 학생들은 혹사당하고 있습니다.

초등학교의 쉬는 시간은 어떤 모습일까요? 조용할까요? 정말 시끄러움, 그 자체입니다. 학생들은 그 10분을 정말 소중하게 생각하고 스트레스를 해소하며 친구들과 시간을 보냅니다. 이렇게 어수선한 상황에서 수학 문제집을 푸는 학생이 깊게 고민하며 문제를 풀수 있을까요? 조금만 자세히 관찰하면 그저 빨리 해치우고 싶은 마음으로 '일'처럼 하고 있음을 발견할 수 있습니다.

❖ 스스로 공부하는 방법을 터득하기 어려워요

제가 대학생 때 고등학생에게 수학을 가르친 적이 있습니다. 첫날, 그 학생의 부모님이 저에게 해 준 말은 "우리 아이 숙제 좀 많이 내 주세요"였습니다. 고등학생인데도 공부 계획을 스스로 세우지 못하는 아이들이 많습니다. 초등학교 때부터 학원 선생님이 내 주는 숙제만 하면서 자란 학생들은 스스로 공부하는 방법을 모릅니다. 학생들마다 부족한 부분이 다르기 때문에 누군가의 지시나 지도에 의존해서 공부하는 것은 바람직하지 못합니다.

학생들의 습관을 점검해 보기 위한 질문

① 혼자 공부할 때 자기도 모르게 핸드폰을 자주 만지는가?

② 나의 집중을 방해하는 것은 무엇인가?

③ 내가 가장 집중력이 좋을 때는 언제인가?

이렇게 생활 습관과 연관한 학습 습관을 점검해 보는 것부터 시작해야 합니다. 그다음이 진짜 스스로 공부하는 단계입니다.

스스로 공부하는 방법을 터득하려면 일단 '여유'가 있어야 합니다. 시간적인 여유도 필요하지만, 정서적인 여유도 필요합니다. 풀어야 할 문제집이 1시간 분량 정도 쌓여 있는데 아이가 심리적으로 부담을 느끼는 것은 당연합니다. 시간적인 여유와 정서적인 여유를 확보한 다음, 스스로 다양한 공부 방법을 시도하며 '시행착오'를 겪는 것이 필요합니다. 공부법 전문가가 지도해 주었더라도 자신만의 방식을 만들어 가야 합니다.

최고의 배드민턴 선수가 되려면 어떤 노력이 필요할까요? 먼저 모든 운동의 기본인 기초 체력부터 갖추어야 합니다. 그다음에 배드민턴 기술을 연습해야 합니다. 기초 체력 연습이 되어 있지 않은 상태에서는 배드민턴 기술만 열심히 연습한다고 해서 세계 최고의 선수가 될 수 없습니다. '스스로 공부하는 방법'은 기초 체력입니다. 수학 기초 체력 없이 문제만 푸는 학생들을 보면, 마치 배드민턴 선수가 기초 체력 연습은 하지 않은 채 코트 앞에서 셔틀콕을 간신히

넘기는 연습만 계속 하고 있는 듯한 느낌이 듭니다.

❖ 더 중요한 것들을 할 시간이 부족해요

아이들이 초등학생 때 꼭 해야 할 중요한 것들로는 무엇이 있을까요?

기초 체력과 건강 챙기기

초등학생 때 많이 뛰어놀고 땀을 흠뻑 흘린 아이들이 건강합니다. 책상에 앉아서 공부만 한 아이들은 중·고등학교로 갈수록 체력에 문제가 생깁니다. 초등학교 수업을 마친 후 자기 전까지 한정된 시간을 효율적으로 쓰는 것도 중요하지만 '아이의 건강'을 위한 시간은 꼭 챙겨야 합니다. 하지만 중학년, 고학년으로 갈수록 점점 운동이나 건강과 관련된 활동은 줄이고 학습과 관련된 활동만 늘리는 모습을 많이 봅니다. 안타까운 모습입니다.

독서하기

독서는 모든 공부의 바탕이 됩니다. 초등학생 때의 충분한 독서는 중학교 공부를 쉽게 합니다. 예를 들어, 한국사에 관한 책을 충분히 읽어 역사적인 맥락을 다 이해하고 역사적 사실과 인물을 많이 아는 아이가 중학생이 되었습니다. 한국사 시간에 다른 아이들은 하나

하나 내용을 다 외우는데, 충분히 독서를 한 아이는 교과서 내용만 봐도 대략적인 흐름을 이해하기 때문에 외워야 하는 내용이 줄어듭니다. 이 학생은 절약한 시간만큼 다른 과목에 집중할 수 있습니다.

악기 배우기

피아노, 바이올린 등의 악기로 기본적인 연주를 할 수 있는 실력이면 좋습니다. 스트레스를 긍정적인 방향으로 해소하는 방법을 배우는 것도 중요합니다. 총을 쏘면서 다른 팀을 죽이는 형식의 게임을 통해 스트레스를 해소하는 것보다 악기를 연주하고 음악을 들으면서 스트레스를 관리하는 것이 훨씬 더 좋습니다. 음악이 정서 발달에 도움이 되는 것은 모두가 다 아는 사실입니다. 중·고등학교로 갈수록 학업으로 인한 스트레스는 더 증가합니다. 그럴 때 음악이 아이들에게 하나의 쉼터가 될 수 있습니다. 악기도 어릴 때 배워야 실력이 빨리 향상됩니다. 그리고 학년이 높아질수록 활용 가능한 시간이 줄어들기 때문에 초등학생 때 악기 하나쯤은 배워 두는 것이 좋습니다.

영어 배우기

영어의 중요성은 설명하지 않아도 많은 사람이 알고 있습니다. 엄마표 영어를 하는 아이도 있고 영어 학원에 다니는 아이들도 있습니다. 무엇을 선택하든지 영어 공부에는 많은 시간이 필요합니다. 초등학교에서 배우는 교과서 정도의 실력만 갖추고 중학교에 입학하면 따라가기 힘든 것이 현실입니다. 그래서 어떤 방법으로 공부하든지 영어책도 많이 읽고 영어 영상도 많이 보고 단어도 많이 알아둬야 중학교 영어 공부가 수월합니다.

한자 배우기

현재 초등학교에서는 공식적으로 한자를 배우지 않고 있습니다. 학교마다 창의적 체험 활동으로 한자 과목을 가르치는 학교도 있지만, 배정된 시간 자체가 적기 때문에 체계적으로 긴 시간을 가지고 지도하지 못합니다. 그래서 대부분 아이들은 한자 학습지 또는 방과 후 한자를 통해서 배웁니다. 초등학교를 졸업하기 전에 500자, 1,000자를 배우기 위해서는 시간이 많이 필요합니다. 한자를 하나도 배우지 않고 중학교에 가면 한자 공부를 하느라 다른 과목을 공부할 시간이 많이 줄어들게 됩니다. 그래서 하교한 순간부터 자기 전까지 한정된 시간을 장기적인 관점에서 효율적으로 계획하는 것이 필요합니다.

이처럼 초등학교 때 배워야 할 것들이 많은데 수학 공부에 시간을 너무 많이 소비하면 중요한 것들을 배우고 연습할 시간이 줄어들게 됩니다.

❖ 공부 소화 불량

저는 예민한 성격이라서 조금만 신경 쓰는 일이 생기면 자주 체하곤 합니다. 그래서 속이 더부룩하고 머리도 아프고 자꾸 눕고 싶은 마음이 듭니다. 몸이 힘드니까요. 마찬가지로 학습에도 소화 불량이 있습니다. 예전에 '사교육걱정없는세상'에서 만든 사교육 관련 광고가 있었습니다. 젖병 안에 우유나 엄마 젖이 아니라 잡곡밥이 들어가 있는 그림의 광고였습니다. "엄마! 이건 너무 빨라요"라는 카피의 광고였습니다. 선행 학습의 현실을 정말 잘 표현한 광고라고 생각했습니다.

학생들의 발달 수준과 맞지 않게 선행 학습을 시키거나, 학생이 소화할 수 있는 양을 넘어서 과하게 학습시키는 경우를 많이 보았습니다. 아이들은 자신이 감당할 수 있는 양과 수준을 넘어서는 상황이 지속되면 '학습 소화 불량'에 걸립니다. 두통이 시작되고 짜증이 늘어납니다. 수학에 대한 거부감이 들어 싫증을 내고 회피하려는 경향이 증가합니다. 이런 일이 반복되면 수학 학습 체력이 저하됩니다. 과도한 수학 학습 부담으로 인해 수학이라는 말만 들어도 거부감이 생기는 만성 질환이 되는 것입니다.

아이들은 나이에 맞는 발달 단계가 있습니다. 그 나이에 맞게 배우는 것이 가장 좋습니다. 아이들의 공부 소화력에는 한계가 있습니다. 수학 체력도 한계가 있습니다. 그 학년에 맞는 체력이 있습니다. 그래서 초등학교는 40분, 중학교는 45분, 고등학교는 50분의 수업을 합니다. 500개의 한자를 가르칠 때도 유치원 때부터 시작하면 2년 걸리는 일을 4학년 때 시작하면 1년 만에 배울 수 있습니다. 먼저 배운다고 다 좋은 것이 아닙니다. 아이의 수준과 상황을 잘 분석해서 아이와 함께 이야기를 나눠 보세요. 그리고 효과적으로 계획을 세워 공부해 나간다면, 적게 고생시키고 좋은 결과를 만들어 낼 수 있습니다.

초등학교 육상 선수에게 매일 42.195km를 연습시키는 지도자는 없습니다. 공부도 아이의 발달 수준에 맞추어서 적절한 양을 주어야 합니다.

'과잉 공부'에 의존하게 되는 이유

그렇다면 왜 많은 초등학생이 과잉 공부를 하고 있을까요? 그 원인은 부모님의 '불안'에서 찾을 수 있습니다. 부모님들의 불안한 심리는 학원 광고에서부터 시작되는 경우가 많습니다.

'이제 계산만 잘하는 아이에게 지구 종말과도 같은 일이 벌어집니다. 대비하고 계십니까?' 한 수학 학습지 회사에서 만든 광고 문구입니다. '초 3·4학년 때 오십시오. 초 5·6학년 때는 늦습니다.'라고 적힌 영어 학원 차량 광고도 있습니다.[5] '예비 초 2학년(초등학교 1학년), 중등 3학년 과정까지 마스터', '최소 3년은 앞서 가겠다'라고 옥외 광고를 하는 학원도 있습니다.[6] 아파트 전단지함에서 볼 수 있는 학원 광고지와 학원 건물, 통학 버스에 붙어있는 광고들을 보면 부모님의 불안을 자극하는 문구들이 아주 많습니다. 중간고사와 기말고사 결과를 90점 이상 받은 학생들의 이름이 적힌 현수막, 소위 말하는 명문대에 입학한 학생들의 이름과 대학교 학과가 적힌 현수막들을 보면 다른 아이들과 내 자녀가 비교되면서 불안한 마음이 드는 것은 사실입니다.

많은 아이가 수학 학습지로 수학 공부를 시작합니다. 학습지를 시작해 본 가정에서는 잘 알겠지만, 수학 학습지 하나만 계속 푸는 아이는 거의 없습니다. 수학으로 시작했지만, 국어, 과학, 사회, 한자, 사고력 수학, 문장제 수학 등 추가적인 학습지를 신청하도록 분위기를 조성합니다. 부모님은 "다른 아이들도 다 한다", "지금 시작해도 늦는다"는 소리를 듣고 나니 신청하지 않을 수 없습니다. 그래서 기본적으로 학습지를 두세 개씩은 하게 됩니다. 그렇게 과잉 공부는 시

5 이종규, "사교육 조장하는 나쁜 광고들", 한겨레, 2013.05.07.
6 김현정, ""초등1이 중3 수학을"…학원 선행광고 '심각'", 머니투데이, 2017.03.22.

작됩니다.

한 가지 교재를 한 학기 내내 두 번이고 세 번이고 반복해서 풀게 하는 학원을 본 적 있나요? 왜 그런 학원이 존재하지 않을까요? 그런 학원은 돈을 못 벌기 때문입니다. 새로운 교재를 만들어서 계속 풀게 해야 매번 새로운 것을 하고 있다는 메시지를 줄 수 있는데, 같은 교재에서 틀린 부분만 반복적으로 지도해 준다고 하면 부모님들이 그런 학원에 자녀를 보낼까요? 새로 배우는 내용이 없다고 생각해서 그 학원은 갈수록 학생이 줄어들 것입니다.

결국 잘못된 정보로 인해 생긴 부모님의 불안 때문에 아이를 학원에 보내고 학습지를 시작합니다. 한번 시작한 사교육은 과잉 공부로 흘러갈 수밖에 없습니다. 분명한 사실은 학원의 도움이 필요한 순간이 온다는 것입니다. 중학교 이후에는 조금씩 도움을 받아도 좋습니다. 필요하면 EBS나 인터넷 강의의 도움을 받아도 좋습니다. 하지만 주된 것은 '학교 수업'이어야 하며 학원은 '보조 수단'이어야 합니다. 학원이 공부의 중심이 되어서는 곤란합니다. 특히 초등학교에서 예체능을 제외한 국·영·수 중심의 사교육을 받고 있다면, 과잉 공부를 하고 있지는 않은지 한 번쯤 고민해 볼 필요가 있습니다.

이상하게도 부모님들이 교육에 대한 정보를 얻는 창구 중에 학교는 소외된 경우가 많습니다. 대부분은 학원, 학습지, 인터넷 카페, 친구 엄마로부터 얻습니다. 심지어 학교 선생님의 대학수학능력시험 성적이 학원 선생님의 대학수학능력시험 성적보다 더 높은 경우에도 많은 부모님이 학원 선생님의 가이드와 로드맵을 따르는 경향이 있습니다. 학교 교사들은 학생들을 돈으로 보지 않습니다. 수강생이 적어질까 걱정하지도 않고 더 많은 수강생을 확보하기 위해 경쟁하거나 과장하지도 않습니다. 진짜 정보는 학교 교사들에게 얻으세요. 그리고 나의 불안이 정확하게 무엇인지, 그 불안이 어디서 왔는지, 그 불안한 생각이 어느 정도 정확한 정보를 바탕으로 하는지, 그 불안을 해소하기 위해 사교육을 과도하게 시키거나 문제집을 너무 많이 풀게 하는 것은 아닌지 한번 점검해 볼 필요가 있습니다.

차근차근 준비해서
'고등학교 수학'을 잘해야 합니다

　초등학교에서 학생들을 가르치다 보면 과잉 공부를 하는 학생을 많이 볼 수 있습니다. 이 학생들이 공부한 양을 모두 흡수하고 있을까요? 아닙니다. 앞에서 알아본 것처럼 과잉 공부는 많은 부작용이 있습니다. 진짜 많은 양의 공부가 필요한 시기는 고등학교입니다. 대학 입시를 목표로 봤을 때 후반부인 고등학교에서 좋은 결과가 나오기 위해서는 중학교 때 고등학생이 필요로 하는 요소들을 갖추어야 합니다. 마찬가지로 중학교 때 잘하기 위해서는 초등학교 때 '적절한' 준비를 잘해야 합니다.

수학 공부는 선착순 대회가 아닙니다

한정판으로 새로운 운동화가 출시되거나 사람들에게 인기 많은 햄버거 가게가 생기면, 많은 사람들이 오픈런을 하기 위해 가게 앞에 줄을 서서 기다립니다. 오픈런이란, 'Open(열려 있는)'과 'Run(달리다)'의 합성어입니다. '매장이 오픈하면 바로 달려간다'라는 뜻으로, 원하는 물건을 구매하기 위해 개점 시간을 기다리다가 문이 열리면 달려가 구매하는 것을 의미합니다.[7] 다섯 시간을 기다려서라도 내가 원하는 물건을 남보다 빨리 구입하고 싶은 생각 때문에, 불편을 감수하고 그 긴 시간을 기다립니다. 심지어 오픈 전날부터 줄을 서서 밤 새는 사람들도 있습니다. 그렇게 힘들게 기다리고 나면 내가 원하는 것을 얻을 수 있습니다. 오픈런은 남보다 먼저 가서 기다리고 긴 시간을 버티기만 하면 누구나 성공할 수 있습니다. 하지만 수학 공부도 미리 시작하고, 일정한 시간을 채우고, 많은 문제집을 풀기만 하면 성공할 수 있는 것일까요?

대학수학능력시험(이하 수능 시험) 수학 과목에서 100점을 받은 학생이 있다고 가정해 봅시다. 예를 들어, 이 학생이 중·고등학교 6년

---

7 오픈런, 네이버 사전.

동안 수학을 공부한 시간은 약 2,000시간, 풀이한 문제집은 200권입니다. 이 정보를 바탕으로 한 학생이 초등학교 5학년 때 또는 초등학교 3학년 때부터 장기적인 계획을 짜고 수학 공부를 했습니다. 2,000시간 동안 수학 공부를 하고, 100점을 받은 학생이 풀었던 문제집의 이름을 모두 알아내어 200권의 문제집을 풀었습니다. 이렇게 하기만 하면 학생이 실제 수능 시험에서 수학 100점을 받을 수 있을까요?

수능 시험은 '사고력'을 측정하는 시험이라서 단순히 몇 년 먼저 시작하여 남들만큼의 시간을 투자했다고 같은 결과를 얻을 수 없습니다.

저는 수능 시험을 두 번 보았습니다. 고3 때는 자연계(이과)로 시험을 봤는데, 수학을 1개 틀렸습니다. 이후 대학교에 입학하여 1년을 보내고 군입대를 했습니다. 그리고 2년 2개월 후 전역과 동시에 재수학원에 등록했습니다. 4월에 전역하고 그다음 주에 재수학원을 등록했으니 수능 시험을 7개월 후에 다시 봐야 했습니다. 첫 수능 시험 이후 3년 2개월을 보낸 저는 잊은 내용이 많아서 외워야 할 것들이 너무 많았습니다. 영어 단어도 많이 잊었고 과학, 사회, 역사 부분은 거의 기억나지 않았습니다. 그래서 수학을 공부할 시간이 없었기 때문에 두 번째로 친 수능 시험에서는 인문계(문과)로 시험을 쳤습니다. 두 번째 수능 시험에서는 수학을 다 맞췄습니다. 다른 과목을 공부하느라 수학 공부를 할 시간이 거의 없었지만 다 맞춘 것입니다. 실제로 저와 비슷한 사례는 많이 찾아볼 수 있습니다. 소위 말하는 명문대에 입학했다가 학과가 마음에 안 들어서 반수, 재수하는 학생들은 졸업한 지 몇 년이 지나도 조금만 공부하면 원래의 수학 성적을 받을 수 있습니다. 하지만 처음부터 수학 실력이 부족해서 재수, 삼수, 사수를 선택한 학생들은 공부하는 시간이 늘어난다고 원하는 수학 성적이 나오지 않습니다.

몇 년이 지나서 수능 시험을 다시 봐도 수학 성적을 유지하는 비결은 '기초 수학 습관'에 있습니다. 수학 공부를 하는 바른 방법을 알고 그 방법대로 일정 수준 이상의 시간을 투자했기 때문에 몇 년이 지나도 같은 결과를 얻을 수 있는 것입니다.

수학 머리가 늦게 트이는 아이도 있습니다

저는 초등학교 때 봤던 기말고사에서 분수의 덧셈과 곱셈을 어려워했습니다. 통분의 개념을 어려워해서 잘 몰랐던 것 같습니다. 이렇게 5학년 때까지 수학을 참 어려워했지만, 6학년부터는 조금씩 흥미를 가지기 시작했고 중학교에 가면서부터 수학을 좋아했습니다. 답이 명확하게 나온다는 점이 수학에 흥미를 느끼게 했습니다.

그래서 중학생 내내 수학 점수가 좋았고, 고등학교에서도 수학 점수는 늘 좋았습니다.

저처럼 수학 머리가 늦게 발달하는 아이들도 많습니다. 초등학교 저학년 때 수학 공부를 과도하게 시켜서 아이가 수학에 싫증 나도록 만들거나 수학을 싫어하게 만들면 더 이상 회복할 수 없습니다. 그래서 길게 보고 기다려 줄 수 있어야 합니다. 언제 아이가 변해서 수학에 관심을 가지게 될지 아무도 모릅니다. 지금은 수학 단원평가 점수가 다소 낮더라도 나중에 잘할 수 있습니다. 현재의 점수가 낮다고 다그치면서 많은 양의 수학 문제집을 풀게 하면 미래에 잘할 수 있는 싹을 자르는 것일 수도 있습니다.

제가 6학년을 담임했을 때 영호(가명)는 수학 시험에서 80점 정도 받는 학생이었습니다. 하지만 중학교에 가면서 점점 점수가 올라서, 중학교 3학년이 되었을 때는 100점을 받았다며 학교에 찾아온 적이 있습니다. 수학 공부는 장기전입니다. 더 길게 봐야 합니다.

과도한 시간 투자는 해롭습니다

초등학교 때 수학 성적이 잘 나오다가 중·고등학교 때 잘 안 나오는 이유 중 하나는 '시간 관리와 효율' 때문입니다. 초등학교 때는 일단 수학 내용이 쉽습니다. 그 쉬운 내용을 공부하기 위해 10만큼의 시간을 써서 90점을 받았다고 가정해 봅시다. 중학교에 가면 수학 내용이 더 어려워지고 공부해야 할 양이 늘어납니다. 초등학교 때부터 10만큼의 시간을 들여 90점을 받을 수 있는 정도의 학습 습관을 유지해 온 학생은 중학교에 가면서부터는 10만큼의 시간을 수학 공부하는 데 쓸 수가 없습니다. 왜냐하면 한자, 영어, 역사 등 다른 과목을 공부하는 데 시간이 많이 필요해서 초등학교 때만큼 많은 시간을 수학 공부에 투자할 수 없기 때문입니다. 중학교에 입학해서 수학 내용은 더 많아지고 수준도 더 높아졌는데, 초등학교 때 공부한 시간만큼 수학 공부만을 위한 시간이 나지 않습니다. 그래서 중학교에 가면 수학 성적이 낮아지게 되는 것입니다. 초등학교 때 같은 90점을 받는 학생일지라도 그 점수를 받기 위해 투자한 시간이 중요합니다.

고등학교 수학은 공부할 양이 상당히 많습니다

초등학교 수학은 1년 동안 배우는 단원이 12개 정도 됩니다. 한 학기에 6개 정도밖에 되지 않고 수준도 그다지 높지 않습니다. 하지만 중학교 1학년은 약 23개 정도의 단원을 배웁니다. 초등학교보다 약 2배 정도 배우는 양이 늘어납니다. 수준이 높아지는 것은 당연합니다. 고등학교 1학년은 45개, 고등학교 2학년은 28개, 고등학교 3학년은 30개 정도의 단원을 배우게 됩니다.

다른 과목도 그렇지만 특히 수학 과목은 체에 거르듯이 공부해야 좋은 성적을 받을 수 있습니다. '체에 거르듯이'라는 말은 '내가 아는 부분과 모르는 부분을 구분해서 점점 모르는 부분 위주로 공부를 해 나가는 것'을 의미합니다. 이런 방식으로 공부하지 않으면 수학 시험에서 좋은 결과를 얻지 못합니다. 왜냐하면 많은 양의 내용을 배워야 하기 때문입니다.

고등학교 1학년을 예로 들면, 고등학교 1학년 수학은 약 45개의 단원이 있고, 문제집을 보면 크게 기본 연산 문제, 응용문제, 심화 문제 세 부분으로 구성되어 있습니다. 그렇다면 대략 135개의 공부해야 할 부분이 있다는 사실을 알 수 있습니다. 고등학교 1학년 수학 내용만 해도 이렇게 많은데, 고등학교 전체 수학 내용은 얼마나 많을까요? 그렇게 많은 단원을 공부할 때 높은 성적을 받기 위해서는 '진짜 자기 주도 학습'을 해야 합니다. 누군가가 대신해 줄 수 없는 부분입니다.

그러나 많은 학생은 단순히 수학 학원에 다니면서 학원 진도에 맞추어 문제집만 계속 풉니다. 문제집에는 내가 알고 있는 부분과 모르는 부분이 섞여 있지만, 무조건 다 풀면서 시간을 낭비하고 있습니다. 학생마다 부족한 부분이 달라서 몰랐던 부분을 분석하고 다시 푸는 과정이 필요한데, 다른 사람이 주는 학습 분량만 소화하며 효율이 낮은 방식으로 공부하고 있습니다. 그래서 많은 시간을 들여 수학 공부를 하고, 학원에 다니면서 문제집을 많이 풀어도 좋은 성적을 받을 수 없는 것입니다.

고등학교 수학은 자기 주도 학습이 꼭 필요합니다

학습(學習)이란, '배워서 익힌다'라는 뜻입니다. 공부한 내용을 온전히 나만의 것으로 만들기 위해 '나만의 공부 시간'이 필요하다는 말입니다. 스스로 익히는 시간은 배우는 시간의 약 3배가 필요하다고 합니다. 하지만 요즘 아이들은 스스로 고민하고 '익히는' 시간이 없습니다. 단순히 보고 듣는 공부를 합니다. 교사가 설명하는 내용을 보고 들은 뒤에는 스스로 고민하면서 '자기와의 대화'를 해야 합니다. 스스로 이해하는 과정을 거치면서 배운 내용이 더욱 정교화되기 때문입니다. 배운 내용을 스스로 고민하는 과정이 있어야 온전한 배움이 되고 다른 사람에게 설명이 가능한 수준의 이해를 할 수 있습니다.

'사교육걱정없는세상' 노워리 상담넷이 지은 『학원 없이 살기』에는 다음과 같은 말이 나옵니다.

'듣는' 사교육에 의존한 결과, 이제는 혼자 공부하는 법을 잊어
버리고 말았다. 자신이 직접 만나야 한다. 수학 문제를 마주하
고는 혼자 고민하고, 시행착오를 반복해야 한다.[8]

맞습니다. 이제는 '보고 듣는 공부'에서 '스스로 생각하고 고민하
는 공부'로의 전환이 필요합니다. 중·고등학생이 되어 인터넷 강의
나 EBS 강의를 들을 때 드라마 보듯이 듣는 아이들이 많습니다. 강
의를 듣고 나서 어떤 부분이 이해되었고 어떤 부분이 어려웠는지,
계산 과정이 어려운 건지 문제 자체가 이해되지 않는 건지 대답을
할 수 있어야 하는데 강사가 말한 농담만 기억합니다. 이것은 어릴
때부터 '보고 듣는 공부'에 익숙해져서 그렇습니다. 보고 듣는 공부
는 마음이 편안하고 쉽습니다. 별생각을 하지 않고 고민하지 않아도
시간이 가기 때문입니다.

학원에 의존해서 공부하는 아이들은 자기 주도 학습 습관을 기르
기가 힘듭니다. 학원에서 내 주는 숙제를 하는 것만 해도 시간이 부
족하기 때문입니다. 내가 어느 정도 알고 있는지, 공부 습관은 어떤
지 스스로 고민하고 점검할 시간이 없을 뿐만 아니라 그럴 필요를
못 느낍니다. 학원 주도로 공부한 아이는 공부를 많이 하고 열심히

---

8 사교육걱정없는세상 노워리 상담넷, 학원 없이 살기, 비아북, 2013, 53.

는 하지만 갈수록 성적이 떨어지는 이상한 현실을 경험하게 됩니다.

자기 주도 학습의 핵심은 '호기심, 질문, 메타인지'입니다. 배우는 내용에 대해 한 번 더 생각해 보고, 왜 그런지 질문해 보고, 잘 이해가 되지 않는 부분을 표시하는 것이 핵심입니다. 문제는 자기 주도 학습을 그 누구도 가르쳐 주지 않는다는 것입니다. 하지만 수학을 잘하는 아이들은 하나 같이 자기 주도 학습을 하고 있습니다. 자기 주도 학습은 스스로 시행착오를 통해 자기만의 공부 방식을 찾아나가는 과정입니다. 초등학교 때부터 학습량을 적절하게 주면서 자기 주도 학습을 할 수 있도록 지도해 준다면, 시행착오를 거치면서 자신만의 방식들을 만들어 갈 수 있습니다.

학년에 맞는 진짜 실력을 쌓아야 합니다

고등 수학은 어렵습니다. 내용이 어렵기 때문에 고등학교 입학 후 치는 첫 중간고사와 기말고사에서 좋은 성적을 받기 힘든 것이 사실입니다. 실제로 고등 수학을 선행하지 않고 고등학교에 입학하면 많은 양과 어려운 수준을 따라가는 것이 힘든 것도 사실입니다. 하지만 선행을 몇 년 앞서서 할 문제는 아닙니다. 고등 수학을 몇 년 앞서서 선행할 것이 아니라 각 학년에 맞는 '진짜 실력'을 키워야 고등학교에 입학했을 때 고등 수학을 잘할 수 있습니다.

혜진이(가명)는 5학년 학생이었습니다. 다른 과목 점수는 50~60점 정도 나오는데, 수학만 90점 정도 나오던 학생이었습니다. 수업 태도는 바람직하지 못했고 집중도 하지 않았습니다. 혜진이가 유독 수학 성적이 높았던 이유는 수학에 관심이 있어서가 아니라, 단지 수학 학원에 다니면서 문제를 많이 풀었기 때문입니다. 혜진이는 독서도 부족해서 5학년 2학기에 나오는 한국사 내용을 전혀 이해하지 못했습니다. 그런데도 수학 문제는 많이 풀어서 단원평가를 90점 정도 맞는 상태였습니다.

중학교에 가면 초등학교와 달리 배우는 과목도 많아질 뿐 아니라 수준도 높아집니다. 외워야 할 것들도 더 많아집니다. 혜진이처럼 다른 과목의 점수는 낮은 채로 수학 점수에만 신경 쓰고 중학교에 가면 어떻게 될까요? 지금보다 더 어려워지는 중학교 공부는 더 힘들 수밖에 없습니다.

부끄러운 내용이지만 저는 어릴 때 독서를 좋아하지 않았습니다. 특히 한국사와 세계사에 관한 책을 거의 읽지 않았습니다. 초등학교 때는 별문제가 없었지만 중학교에 입학하고 한국사와 세계사를 배울 때 내용이 이해가 되지 않았습니다. 특히 세계사는 교과서 내용만 보면 앞뒤 내용이 연결되지 않았기 때문에 역사 속에서 일어난 사건들을 모두 이해하기 어려웠습니다. 또한 처음 들어보는 이름이 많이 나오고 역사적 사실과 인물들이 모두 처음 접하는 것들이라서 배우기가 힘들었습니다. 열심히 해 보려고 노력은 했지만, 교과서 한 장을 넘기기가 어려웠던 기억이 있습니다. 기억해 보면 저처럼 폭넓게 독서를 하지 않은 친구들은 역사 시간을 힘들어했던 것 같습니다.

지금, 성적에 집착하면서 문제집을 푸는 데 시간을 많이 낭비하지 않으면 각 학년에 맞는 '진짜 실력'을 키울 수 있습니다. 아이들의 시기에 맞게 진짜 공부가 필요한 과목이 무엇인지 알아보는 것이 필요합니다. 아이들마다 부족한 부분이 달라서 아이들과 대화를 통해 찾아가야 합니다.

수학 공부와 관련한
부모님의 역할은 무엇일까요?

부모님이 언제까지 수학 공부를 도와줄 수 있을까요?

요즘은 집에서 자녀의 공부를 도와주는 부모님들이 많습니다. 특히 초등학교 저학년 학생의 부모님들이 자녀의 수학 공부를 도와주고 있습니다. 책, 영상, 단어장 등 체계적으로 갖추어야 할 학습 자료들이 많고 직접 지도하기에 부담되는 영어와 달리, 초등 수학은 문제집만 있으면 부모님이 가르쳐 줄 수 있는 수준이라고 생각하기 때문입니다. 부모님이 학창 시절에 수학을 잘해서 초등학교뿐 아니라 중·고등학교까지 자녀의 수학 공부를 도와줄 수 있으면 좋겠지만 그런 집은 잘 없습니다. 대부분 초등학교 3, 4학년이 지나면 수학 내용 자체에 대한 부담을 느껴서 수학 학원의 도움을 빌리는 부모님이 많습니다.

아이의 성향, 수준, 부모님이 수학 공부를 도와줄 수 있는 요일과 시간, 횟수 등 다양한 조건들을 고려하여 언제까지 가정에서 수학 학습을 도와줄 수 있을지 생각해 보는 것이 좋습니다. 가정에서 우리 아이의 '수학 학습 계획'을 세우고 시작해야 나중에 학원을 다니더라도 그전까지 어떻게 기초를 만들어 놓고 학원의 도움을 받을지 계획을 세울 수 있기 때문입니다.

부모님의 불안을 내려놓으세요

하루는 3학년인 첫째 아윤이가 학교에서 시험을 본 수학 단원평가 시험지를 가지고 왔습니다.

아윤: 엄마! 나 수학 단원평가에서 85점 받았다! 잘한 거지?

엄마: (진심으로) 잘했네~

아빠: 85점 받았으면 잘했네~

아윤: 그런데 90점 넘는 친구들도 많아.

엄마: 친구들도 잘했고 아윤이도 잘한 거야~

아이들이 3학년쯤 되면 친구들의 점수를 궁금해하고 자신과 비교하기 시작합니다. 반 친구 중에 90점 이상의 점수를 받은 친구들이 많다는 사실에 아윤이는 스스로 친구들과 비교하는 마음을 가졌을 것입니다. 친구보다 못해서 속상한 마음도 있고 '85점은 세 개밖에 틀리지 않은 건데, 이 정도면 괜찮게 받은 건가?' 하는 마음도 있었을 것입니다. 속상한 마음과 '그래도 잘하지 않았나?' 하는 생각을 확인해 보고 싶은 마음, 부모님께 칭찬받고 싶은 마음이 동시에 들었을 수도 있습니다.

윤우상 작가님은 『엄마 심리 수업』이라는 책에서 '엄마 냄새'라는 개념을 설명했습니다. 엄마 냄새란, '엄마의 마음'을 의미한다고 합니다. 엄마가 아이를 귀여워하는 마음으로 보면 아이의 몸에는 귀여운 냄새가 배어 어딜 가나 귀여운 냄새를 풍기고, 사람들은 아이를 귀여워하게 된다고 합니다. 그리고 엄마가 아이를 못났다고 보면 아이 몸에 못난 냄새가 밴다고 합니다.[9]

부모가 불안의 눈빛으로 아이를 보면 아이에게 '불안의 냄새'가 뱁니다. 불안한 부모는 자녀를 못 믿습니다. 자꾸 확인하고 점검하는 부모가 됩니다. 그런 불안의 냄새는 아이에게 전염이 됩니다. 아이는 자기 확신을 못 가지고 갈수록 불안해하며, 현재의 자기 위치

---

9 윤우상, 엄마 심리 수업, 심플라이프, 2019, 21.

를 확인하려 하고 남과 비교하게 됩니다. 부모의 기준에 못 미치는 점수를 받아 온 아이에게 겉으로는 "잘했어~"라고 말해도 아이는 부모의 말을 듣고 행복해하지 못합니다. 왜냐하면 아이들은 귀신같이 부모의 진심을 읽어 내기 때문입니다. 말의 억양, 표정, 뉘앙스, 추가 질문의 여부 등의 정보를 통해 부모님이 잘했다고 하는 말이 진짜인지, 대충 말하고 넘어가는 것인지, 기준에는 못 미치지만 잘했다고 말하는 것인지 정확하게 알아냅니다.

저와 아내는 80점 이상의 점수를 받으면 진심으로 잘했다고 생각합니다. 그래서 아윤이의 수학 점수인 85점을 보고도 진심으로 잘했다고 말해 주었습니다. 자신의 점수가 만족스럽지는 않지만 엄마와 아빠가 어떻게 반응하는지 궁금했던 아윤이는 대화를 마치고 정말 환한 표정으로 놀았습니다. 부모님의 '걱정하지 않는 냄새'가 전해진 것일까요? 그 이후로 아윤이는 자신이 받아 온 시험 점수에 대한 부모님의 반응을 확인해 보지 않습니다.

많은 부모님들이 불안해합니다. 특히 수학 교과는 어려운 부분이 분명히 있고 주위 사람들도 가장 걱정하는 과목인 것이 사실입니다. 하지만 불안해한다고 낮은 성적이 높아지지 않습니다. 부모가 불안해하는 마음은 결국 아이에게 들키고 맙니다. 그래서 그런 불안한 마음을 애써 내려놓는 연습이 필요합니다.

100점에 집착하지 마세요

초등학교 수학 단원평가 시험지를 보면 대부분 20문제로 구성이 되어 있습니다. 자녀가 네 문제를 틀렸다고 가정해 봅시다. 80점을 받아 온 자녀를 보고 어떤 생각이 드나요? '80점 정도면 잘했지'라고 생각하는 분도 있겠지만, 80점에는 만족하지 못하는 부모님들도 많습니다. 그래서 더 많은 수학 문제를 풀게 해야 한다고 생각할 수도 있습니다.

제가 담임했던 학생 중에 '시험 불안'이 높은 학생들이 많았습니다. 시험 불안이 높은 학생들은 간단한 단원평가를 치는데도 다른 학생들보다 더 긴장합니다. 그래서 단원평가를 치기 전에 시험을 언제 치는지 여러 번 물어보고, 시험을 친 후에도 다른 친구들과 자신의 점수를 비교하며 결과에 신경을 많이 씁니다. 이런 학생들을 해마다 만나면서 상담을 통해 알게 된 점은 '시험 불안이 높은 학생들의 부모님은 100점을 원한다'는 점이었습니다. 이런 학생들의 부모님은 완벽주의 성향이거나 수학에 대한 콤플렉스가 있었습니다. '나는 학창 시절에 수학을 못했지만, 자식은 잘하게 키우고 싶다'라는 마음으로 자녀에게 수학 100점을 바라는 경우가 많았습니다. 이런 부모님은 자녀가 받아 오는 수학 성적이 90점이어도 안 됩니다. 100점이어야 한다고 생각합니다.

6학년이었던 진희(가명)는 수학 시험을 보고 실수로 한 개 틀리면 우는 학생이었습니다. 우는 이유를 물어보니 '아는 문제인데 틀려서 억울한' 경우도 있었고 "엄마가 100점을 못 받아 오면 화내요"라고 말한 적도 있었습니다. 95점이면 충분히 잘했다고 말을 해줘도, 엄마는 100점을 원해서 한 개라도 틀리면 혼난다고 말한 것이 기억납니다. 하루는 수학 단원평가를 보고 난 후, 실물화상기에 시험 문제를 보여 주면서 풀이하고 학생들이 직접 채점하게 했습니다. 풀이를 하고 있는데 한 학생이 말했습니다.

🧒 학생 1: 선생님 진희가 답을 지우고 고쳤어요.

🧑 교사: 진희야, 맞아? 방금 답을 지우고 고쳤어?

🧒 진희: 아니에요. 원래 3번이라고 적었어요.

학생 1과 진희의 공방이 이어졌습니다. 진희는 억울해하며 울었습니다. 가까이 가서 보니 진희 책상 위에는 연필과 지우개가 있었고 시험지에는 4번을 3번이라고 고친 흔적이 있었습니다. 고쳤다고 의심받는 문제 근처에 지우개 똥도 있었습니다. 하지만 이것만 보고 진희를 공개적으로 혼내거나 몰아세울 수는 없었습니다. 일단 시험지 풀이를 다 하고 번호순으로 시험지를 걷어서 진희의 시험지를 봤습니다. 100점이었습니다.

평소 성격이 완벽주의 성향인 진희와 항상 100점이 아니면 혼내는 진희 엄마를 생각해 보니 진희가 답을 고쳤을 수도 있겠다 싶었습니다. 이 사건 이후로 저는 학생들이 직접 채점할 때는 책상 위에 빨간펜만 꺼내 놓도록 합니다. 서로 오해하는 일이 없도록 하기 위해서입니다.

교실에는 진희와 같이 시험지를 채점할 때 오답을 지우고 고치는 학생들이 의외로 많습니다. 수학 점수를 50~60점 정도 받는 학생 중에서 이런 행동을 하는 학생은 아직 못 봤습니다. 채점하는 중에 답을 고쳤던 대부분의 아이들은 성적이 좋았습니다. 이 아이들은 점수도 충분히 잘 받았고 칭찬받아 마땅함에도 스스로 쳐 놓은 완벽주의의 덫에 걸려서 또는 100점만을 바라는 부모님의 기대에 부응하기 위해서 그런 행동을 합니다.

초등학교 수학의 목표 점수는 몇 점일까요?

그렇다면 초등학교에서 수학 점수를 몇 점 정도로 받으면 괜찮을까요? 나만의 기준이 있나요? 한번 생각해 봅시다. 저는 80점 정도만 받으면 괜찮다고 생각합니다. 왜냐하면 수학책과 수학익힘책 수준의 기본적인 문제만 다 맞히면 80점 정도는 나오기 때문입니다. 새로 나오는 유형의 문제나 조금 어려운 수준의 문장제는 틀려도 괜찮습니다.

수학 단원평가에서는 새로운 유형의 문제가 1~2문제 정도 나올 수 있습니다. 기본 계산 문제와 단순 응용문제는 다 맞추더라도 새로운 유형의 문제는 틀릴 수도 있습니다. 그리고 기본 계산 문제도 단순 실수로 틀릴 수 있습니다. 하지만 수학 교과의 모든 단원에서 100점을 기대하는 부모님은 계속해서 수학 문제집을 풀게 합니다. 한 권으로는 부족해서 시험 대비 문제집도 풀게 합니다. 심화 문제를 틀리면 최상위권 학생들이 푸는 어려운 문제집을 삽니다. 문장제를 틀리면 문장제만 따로 모인 문제집을 삽니다. 문제집 지옥입니다.

요즘 나오는 문제집은 참 좋습니다. 유형별로 분류가 되어 있고 유형별로 비슷한 문제도 4~6문제씩 있어서 충분히 연습할 수 있게끔 해줍니다. 문제는 양이 너무 많다는 점입니다. 한 출판사에서 나온 초등학교 3학년 2학기 수학 문제집을 보면 한 단원의 문제가 206문제입니다. 기본 계산 문제를 제외하면 유형별 문제가 144문제, 심화 문제가 12문제, 단원평가가 20문제 있습니다. 기본 계산 이외의 문제가 176문제나 있는 것입니다. 이렇게 많은 유형의 학습을 완벽하게 하고 단원평가를 봐도, 새로운 유형의 문제가 한 문제 나와서 틀리면 95점을 받습니다. 100점을 유지하기 위해서는 수많은 문제를 풀어야 합니다. 하교 후에 보내는 시간은 누구나 같습니다. 제한된 시간을 효과적으로 활용하기 위해서는 공부의 적정선을 알아야 합니다. 초등학생에게 항상 100점만을 강요하는 것은 너무나 가혹하고 효율적이지도 않습니다.

초등학교에서는 80점 정도만 받아도 충분합니다.

우리 아이만의 시계로 수학 공부를 시키세요

❖ 아이가 부족한 단원을 더 많이 연습시켜 주세요

학교에서 1단원인 '곱셈'이 끝나고 2단원인 '도형'을 시작했습니다. 우리 아이의 '곱셈' 단원평가 결과를 보니 70점입니다. 기본적인 곱셈 실수가 많습니다. 수학 문제집을 보니 1단원 문제를 반 정도밖에 풀지 않았습니다. 이럴 때는 어떻게 해야 할까요? 정답은 '1단원 복습 70%, 2단원 복습 30%로 공부하기'입니다. 학년이 높아질수록 '도형' 단원에도 계산하는 요소가 들어가서 어려워지는 것이 분명하지만 학생들은 그래도 '연산' 단원보다는 '도형' 단원을 쉽게 생각합니다. '도형' 단원뿐 아니라 아이가 쉬워하는 단원의 수업이 학교에서 시작되면 그동안 부족했던 단원을 보충하면 됩니다.

아이마다 기본 계산 실력이 부족한 아이, 기본 계산은 잘하지만 응용문제 계산 실력은 부족한 아이, 문장제에 약한 아이 등 부족한 부분이 모두 다릅니다. 조금 쉬운 단원이 시작되면 부족한 단원을 찾아서 복습하는 방식으로 시간을 활용하면 좋습니다.

❖ 방학을 잘 활용해서 부족한 부분을 보충해 주세요

방학을 잘 활용하면 효과적으로 우리 아이의 부족한 부분을 채울 수 있습니다. 방학을 앞둔 7월과 12월에는 수업 진도를 다 나가서 복습하는 경우가 많습니다. 단원평가를 한 번 더 치는 반도 있고 연습문제나 응용문제를 더 풀게 하는 반도 있습니다. 이 시기에는 방학을 앞두고 학생과 부모님 모두 마음이 해이해질 수 있습니다. 하지만 이 기간을 잘 활용하면 우리 아이가 뒤처진 부분을 다시 채울 수 있습니다.

여름방학이 있는 8월에는 사실 시간이 많아 보이지만 물놀이와 여름휴가 때문에 시간이 순식간에 흘러갑니다. 그래서 실질적으로 많은 시간을 내지는 못하지만, 방학 시작 전부터 계획을 잘 세우면 두 개 정도 단원은 충분히 복습할 수 있습니다. 겨울 방학과 봄 방학이 있는 1, 2월은 학년말이라서 마음이 붕 뜨기 때문에 공부에 집중하기 어려울 수 있습니다. 하지만 겨울에는 여름보다 바깥 활동이 제한적이기 때문에 시간을 잘 활용한다면 한 학년 수학의 빈틈을 채우기에는 시간이 충분합니다. 모든 단원을 복습하려고 욕심내기보다는 우리 아이가 정말 부족한 한두 개 단원에 집중하는 것이 좋습니다.

자녀들에게 하는 말을
점검해 보세요

평소에 아이들과 대화를 많이 나누나요? 학교에 다녀온 아이들에게 처음으로 어떤 말들을 많이 하나요? "수업 잘 들었어? 영어 학원 숙제는 다 했어? 피아노 학원 잘 다녀와."와 같은 말은 대화가 아닙니다. 이런 말들은 '확인과 관리를 위한 소리'입니다.

사진은 6학년 정민이(가명)가 5학년 때 쓴 일기장입니다. 정민이는 평균 90점 정도의 성적을 받는 학생이었습니다. 하지만 날이 갈수록 짜증과 다툼이 늘었습니다. 하루는 일기장을 검사하다가 가정에서 엄마의 사랑을 더 받고 싶어 한다는 사실을 알게 되었습니다. 6학년이면 초등학교에서 최고 학년이고 덩치도 커서 다 자랐다고 생각하지만, 그래도 초등학생은 초등학생입니다.

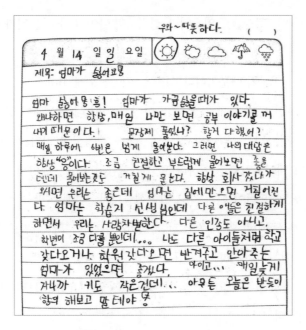

엄마의 더 따뜻한 모습을 바라는 정민이의 일기

　문제는 가정에서 이런 방식의 대화를 하는 부모님들이 많다는 사실입니다. 부모님과 아이들이 나누는 대화 대부분이 확인과 관리를 위한 대화밖에 없는 집은 문제가 있습니다. 아이와 '공부 이외의 주제로' 이런저런 이야기를 나눌 수 있는 가족 문화가 있어야 합니다.

　학생들과 교실에서 생활하다 보면 다양한 방법을 통해 학생들이 부모님과 어떤 관계인지 유추해 볼 수 있습니다. 부모님과 친구처럼 격의 없이 지내면서 많은 대화를 하는 학생들도 있지만, 거의 대화

없이 지내는 학생들도 있습니다. 성적보다 아이와 나누는 '진짜 대화'가 더 중요합니다. 아이들은 부모님과 나눈 따뜻한 대화와 관심을 바탕으로 성장하기 때문입니다. 성적은 그다음 문제입니다.

그렇다면 하교 후에 가장 먼저 아이와 어떤 대화를 해야 할까요? 이임숙 작가님은 『엄마의 말 공부』라는 책에서 아이가 하교하면 "연인의 데이트처럼 맞이하라"고 제안했습니다. 또, "엄마의 간식은 사랑, 위로, 휴식이 된다"라고 말씀했습니다. "선생님 말씀 잘 들었어?", "친구들이랑 안 싸우고 잘 지냈어?"와 같은 확인의 말보다 "보고 싶었어. 사랑해."라는 말을 많이 하고 꼭 껴안아 주세요. 그리고 맛있는 간식을 주세요.[10] 처음이 어렵지 자꾸 연습하다 보면 자연스러워집니다.

아이 눈에 비친 나는 어떤 부모일까요?

윤미경 작가님의 그림책인 『엄마는 카멜레온』에는 다양한 엄마의 모습이 나옵니다. 엄마는 바쁜 아침 시간에는 붉은색으로, 화를 낼 때는 파란색으로 변하지만, 다른 사람들과 이야기할 때는 더없이 상냥한 분홍색으로 마치 카멜레온처럼 변신합니다. 아이를 사랑하지

---

[10] 이임숙, 엄마의 말 공부, 카시오페아, 2015, 154.

만, 그 사랑과 관심이 아이에게는 부담이 되기도 합니다. 엄마의 걱정과 불안은 아이들에게 잔소리가 됩니다. 이 그림책을 읽어 주고 우리 부모님은 어떤 동물에 비유할 수 있을지 그림을 그려 봤습니다.

1학년인 호정이(가명)는 다음과 같은 그림을 그렸습니다. 엄마는 호랑이로 그렸고, 동생과 호정이는 울고 있는 모습을 그렸습니다. 엄마가 평소에 호정이와 호정이 동생을 혼내는 경우가 많다고 했습니다. 특히 공부할 때 문제를 틀리면 정말 무섭게 혼낸다고 말했던 기억이 있습니다. 호정이는 항상 주눅이 들어 있고 발표

1학년 호정이가 그린 엄마 그림

할 때도 목소리가 작았습니다. 그림을 그릴 때도 빨간색으로 칠해도 되는지, 동물을 그려도 되는지와 같이 아주 사소한 것들을 모두 교사에게 물어보는 학생이었습니다. 알고 보니 집에서 작은 잘못을 해도 엄마한테 혼나는 일이 많아서, 호정이는 부모님의 허락을 받지 않고 스스로 무엇인가를 선택해 본 경험이 적었습니다. 그래서 엄마가 시키는 대로 하는 것이 안전하다고 생각하는 학생이었습니다.

민정이(가명)는 호정이와 달리 엄마를 토끼 천사로 그렸습니다. 민정이는 항상 밝게 웃으면서 지내는 학생이었는데 집에서도 엄마와

1학년 민정이가 그린 엄마 그림

대화를 많이 한다고 했습니다. 민정이는 엄마를 소개할 때 민정이의 이야기를 잘 들어주고 무섭지 않은 엄마라고 설명했습니다.

아이들과 가장 오랫동안 함께 시간을 보내는 사람은 부모님입니다. 아이 눈에 비친 부모님의 모습은 평소 양육 태도를 정확하게 반영하는 경우가 많습니다. 매년 이런 그림책을 읽어 주고 부모님을 동물로 표현하기, 부모님의 별명 지어 보기 등과 같은 활동을 해봅니다. 이 활동 내용과 교실에서 학생이 한 행동들을 종합해 보면, 부모님의 양육 태도와 대화 방식을 유추해 볼 수 있습니다.

수학 공부를 도와주기에 앞서서 갖추어야 할 조건은 '자녀와의 관계 회복'입니다. 내 아이는 나를 어떤 부모라고 생각하고 있을까요? 아이에게 한번 물어보세요.

비난보다 '내가 생각하는 것'을 말해 주세요

집에서 아이의 수학 공부를 도와줄 때 어려우시죠? 부모님의 바람처럼 바른 자세로 글씨도 잘 적고 실수도 하지 않고 공부하면 참 좋겠지만 대부분 아이들은 그렇지 않습니다.

1학년 학생들은 아직 어려서 매일 같은 시간에 정해진 분량의 학습을 하기 힘들어합니다. 수학 내용 자체는 가장 기본적인 덧셈, 뺄셈이 나와서 쉽지만 아직 학습 습관이 잡혀 있지 않아 10분 만에 끝낼 분량을 30분이 지나도 못 끝내고 있습니다. 앉아서 딴짓을 하고 자꾸 다른 말을 합니다. 몸을 배배 꼬고 집중하지 않아서 실수로 틀리는 문제가 많아집니다. 조금만 생각하면 풀 수 있는 문제도 무조건 모르겠다고 말하는 경우도 많습니다. 결국 부모님의 화가 폭발하고 잔소리로 이어집니다.

많은 부모님께서 이 부분에 공감하실 것입니다. 부모님이 잔소리하지 않아도 매일 약속된 시간에 앉아서 정해진 분량을 뚝딱 해내면 얼마나 좋을까요? 하지만 수학 공부를 시작할 때마다 반복되는 아이의 모습을 보면 답답합니다. 그리고 '옆집에 사는 철수는 매일 알아서 잘 한다던데' 하는 생각이 들면서 남과 비교하게 됩니다.

분명히 아직 수학 학원을 보내지 않는 것은 자녀를 위한 결정이고, 나의 시간과 노력을 들이고 있는 것인데 쉽지 않습니다. 갈수록 아이와의 다툼은 많아지고 차라리 수학 학원에 보내고 싶은 마음이 듭니다. 저도 학교에서는 교사이지만 집에서는 두 딸의 아빠입니다. 첫째가 초등학교에 입학하면서부터 수학 공부를 집에서 계속 봐주고 있습니다. 3학년이 된 첫째는 1학년 때보다 훨씬 더 집중을 잘

하고 수학 습관도 빠르게 고치고 있습니다. 그런데도 부모 입장에서는 욕심이 있나 봅니다.

다음 대화 내용은 제가 3학년인 첫째의 수학 공부를 봐 주다가 답만 쓰는 습관을 고쳐 주기 위해 잔소리를 한 후 나눈 대화입니다.

아윤: 엄마! 아빠가 가르쳐 주면 화만 내. 수학 공부는 엄마랑 하고 싶어.

엄마: 아윤아, 아빠가 조금 짜증을 낸 건 사실이야. 하지만 엄마와 아빠는 너를 도와주는 사람이야. 감시하고 혼내는 사람이 아니라. 아윤 아빠, 맞지?

아빠: 맞아. 아윤아, 조금 전에 아빠가 짜증을 내면서 말한 건 미안해. 아빠는 아윤이가 수학을 더 쉽게 공부하고 실수를 줄일 수 있도록 도와주고 싶어서 그런 거야. 앞으로 말할 때 조금 더 친절하게 말할게. 아윤이도 엄마나 아빠가 고쳐야 할 부분을 알려 줘. 그리고 아빠가 알려 주는 부분을 조금 더 열린 마음으로 들어줘. 알겠지?

아윤: 응.

이 상황이 지나가고 아내와 이런 대화를 나누었습니다.

아내: 여보, 여보가 원하는 부분을 짜증 내지 말고 그냥 말해.

남편: 어떻게?

아내: "아윤아, 이 부분을 동그라미 치면 실수를 줄일 수 있을 것 같아~" 이렇게만 말하고 넘어가. "이거 또 안 했네. 왜 안 했어?"처럼 탓하듯이 말하지 말고. 어차피 한두 번 만에 고쳐질 습관이 아니라면 간단히 짚어 주고 넘어가. 다음에 또 실수하면 다시 간단하게 짚어 주고. 장기적으로는 그렇게 하는 게 아이한테 더 좋을 것 같아. 여보가 짜증을 내면 아이 머릿속에는 수학 습관을 고쳐야겠다는 생각보다 짜증을 냈던 아빠의 모습만 남지 않을까?

이날 아내와의 대화를 통해 많은 것을 배울 수 있었습니다. 실제로 제가 말하는 방식을 바꿨더니 첫째와 수학 공부를 할 때 다툼이 훨씬 줄어들었습니다. 우리 집에 평화가 찾아왔습니다. 물론 이후에도 한 번씩 화를 내는 경우는 있었습니다. 하지만 예전보다 그 빈도가 많이 줄어들었고 아이와 관계도 더 좋아졌습니다. 부모님이 집에서 아이들의 수학 공부를 도와주기는 쉽지 않습니다. 화가 나는 상황이 수시로 생길 수도 있습니다. 그럴 때마다 한 발짝 뒤로 물러서서 '내가 말하고자 하는 것을 가볍게' 말하고 넘어가세요. 수학 공부는 긴 게임이니까요. 명심하세요. 한 번의 지적만으로 아이의 습관을 고칠 수는 없습니다.

아이의 마음을 알아주세요

자녀들을 명문대에 보내고 자녀 교육에 관한 책을 낸 분들이 많습니다. 그런 책들을 읽어 보면 공통으로 강조하는 부분이 있습니다. 바로 '아이의 마음 알아주기'와 '대화의 중요성'입니다.

초등학생들은 교사에게 집에 있었던 일들을 자세하게 이야기해 줍니다. 일기장에 적을 때도 있고 직접 이야기해 줄 때도 있습니다. 좋은 일도 있지만 속상했던 일도 많이 얘기해 줍니다. 학생들이 해 주는 말과 쓴 글에서 가족과의 관계를 읽을 수 있습니다.

6학년이었던 상우(가명)는 반의 28명 중에서 6~7등 정도 하는 학생이었습니다. 어느 날 쉬는 시간에 상우를 보니 수학 학습지를 열심히 풀고 있었는데, 중학교 내용이었습니다. 학습지에는 풀이 과정을 쓰는 칸이 있었지만 상우는 답만 적고 있었습니다.

상우는 짜증을 많이 내면서 학교생활을 했는데 다른 학생들처럼 선행 학습으로 인한 부담이 많았습니다. 그래서 상우 어머니와 상담을 했지만, 상우 어머니는 "상우 형은 그 학습지를 한 덕분에 지금 중학교에서 잘하고 있는데요?"라고 말했습니다. 그리고 상우가 하고 있는 수학 선행 학습지를 계속 시켰습니다. 그러던 중, 겨울 방학을 앞두고 상우가 대폭발하는 사건이 생겼습니다. 상우 아빠가 상우와 상의도 없이 중학교 배치고사 문제집을 사 와서 풀라고 한 것입니다. 상우는 안 그래도 선행 학습지 때문에 1년 내내 스트레스를 받으면서 생활했는데 겨울 방학을 앞두고 배치고사 문제집까지 추가되니 결국 폭발했습니다.

나는 세상에서 이 말이 젤 싫다.
"공부도 안 하면서 니가 하는 게 뭐가 있냐?"
"우리 가족 중에 너 빼고 다 잘해" 내가 바보임? 헐~
그럼 날 왜 낳았대? 공부 학원은 노는 곳이야. 학원 숙제는 손 운동이야.
내가 하는 건 공부! 공부! 공부!
몇 번을 말해!

상의 없이 중학교 배치고사 문제집을 사 온 아빠 때문에 화가 난 상우의 일기

부모님으로부터 "공부도 안 하면서 네가 하는 게 뭐가 있다고! 우리 가족 중에 너 빼고 다 잘해!"라는 말을 들은 상우의 마음은 어땠

을까요? 저는 1년 내내 힘들어하는 상우를 보면서 참 답답했습니다. 제가 도와주고 싶어도 어머니의 교육 철학이 너무나 확고해서 상우를 위로해 주는 정도밖에는 할 수 없었습니다.

상우가 초등학교를 졸업하고 1년 반이 흘렀습니다. 스승의 날에 다른 친구들이 놀러 왔는데 상우는 게임에 빠져 중학교 공부에서 완전히 손을 뗐다는 사실을 알려 줬습니다. 매우 안타까웠습니다. 상우의 부모님은 상우에게 "내가 너한테 투자한 돈이 얼만데!"라는 이야기를 자주 했다고 합니다. 예전에 박재원 소장님이 '요즘 부모와 자식과의 관계는 사랑에 바탕을 둔 것이 아니라 투자자와 수익을 내야 하는 관계'라고 말씀하신 부분이 기억납니다. 상우의 부모님은 상우에게 형만큼 높은 성취를 원해서 많은 사교육을 시켰습니다. 다행스럽게도 상우의 형은 부모님이 원하는 만큼의 결과를 계속 가져왔지만, 상우는 중학교 2학년 때부터 공부를 포기했습니다.

6학년을 7년간 담임하다 보니, 상우와 같이 초등학교 때에는 상위권의 성적을 유지하다가 중학교에 가서 공부를 포기하거나 완전히 손을 놓는 학생들의 소식을 알게 됩니다. 이런 학생들의 공통점은 두 가지가 있었는데 첫째, 초등학교 때 과잉 공부를 하여 스트레스를 아주 많이 받으면서 학교생활을 했다는 것, 둘째, 부모님과의 관계가 좋지 않았다는 것입니다.

공부보다 '아이와의 관계'가 중요합니다. 관계의 중심은 '말'입니다. 아이와 좋은 관계를 유지하기 위해서는 평소에 아이에게 어떤 말을 하는지 되돌아볼 필요가 있습니다. 아이에게 존중하는 말을 하고, 마음의 소리를 들을 수 있도록 귀를 열어 주세요.

'진짜 격려'를 해 주세요

첫째 아윤이가 거실에서 클레이로 아주 작고 귀여운 사과를 만들었습니다. 그동안 안방에서 유튜브를 보며 쉬고 있던 저에게 아윤이가 밝게 웃는 얼굴로 뛰어와서 자랑을 했습니다.

🧒 **아윤:** 아빠! 나 이거 만들었다~

👨 **아빠:** (대충 보고) 예쁘네.

🧒 **아윤:** (갑자기 방향을 바꿔서 방을 나가며) 엄마! 아빠는 항상 대충 말해. 내가 만든 것도 대충 보고 말해. 속상해.

부끄럽지만 실제로 있었던 일입니다. 저는 분명히 "예쁘네"라고 말했는데, 무엇이 문제였을까요?

'메라비언의 법칙'이라고 들어보셨나요? 메라비언의 법칙이란, 미국 캘리포니아대학교 심리학과 명예교수이자 심리학자인 앨버트

메라비언(Albert Mehrabian)이 발표한 이론으로, 상대방에 대한 인상이나 호감을 결정하는 데 있어서 목소리는 38%, 보디랭귀지는 55%의 영향을 미치지만, 말하는 내용은 겨우 7%만 작용한다는 이론입니다.[11] 다시 말하면, 전달하고자 하는 말보다 표정, 몸짓, 말투와 같은 '비언어적인 요소'가 의미 전달에 많은 부분을 차지한다는 것입니다.

아윤이가 느끼기에 아빠의 표정은 자신이 만든 작품에 호기심이 없는 표정이었고, 아빠는 아윤이가 만든 작품을 만져 보지도 않고 "예쁘네"라고 말했으며, 아윤이가 만든 사과를 달라고 하거나 추가적인 질문을 하는 등의 관심을 가지지 않았습니다. 그리고 예쁘다고 말은 했지만, 아빠가 지금 보고 있던 유튜브를 계속 보고 싶어 하는 말투였다고 판단했을 것입니다.

윤우상 작가님은 『엄마 심리 수업』에서 "말에는 '입말'과 '맘말'이 있다. 입말은 '입에서 나오는 말'이고 맘말은 '마음속의 진짜 말'이다. 아이는 엄마의 입말을 듣지 않고 맘말을 듣는다. 입말은 귓전으로 스치고 맘말이 아이 몸에 스며든다. 입말과 맘말이 일치하는 엄마가 좋은 엄마다."라고 말했습니다.[12] 저는 아윤이에게 입말은 "예

---

11 메라비언의 법칙, 네이버 지식백과.
12 윤우상, 엄마 심리 수업, 심플라이프, 2019, 57-58.

쁘네"라고 말했지만, 그 당시에 솔직한 맘말은 '피곤하고 귀찮아서 대충 반응해 주고 싶다'였습니다. 이때 아윤이는 저의 맘말을 알아챈 것입니다. 그렇습니다. 아이들은 가족과 가장 많은 시간을 보내기 때문에 부모의 '맘말'을 잘 알아챕니다.

집에서 자녀에게 수학 공부를 지도하다 보면 답답할 때가 있습니다. 같은 실수를 계속하고, 분명히 풀었던 문제인데 또 틀리고, 매일 학습해야 할 분량을 알아서 하지 않고, 대충 풀어서 틀리는 등 무수히 많은 상황이 발생합니다. 그럴 때마다 아이에게 말하면 잔소리가 되고 아이와 싸우게 되기 때문에 '진짜 격려'를 해야 합니다.

진짜 격려의 핵심은 두 가지입니다.

먼저, '아이를 보는 부모의 눈'이 중요합니다. 평소 아이를 볼 때 어떤 눈으로 바라보시나요? 혹시 부모님이 정해 놓은 선이 있고 그 선에 닿지 않는 자식의 결과를 보고 한심한 눈으로 바라보고 있지는 않나요? 아니면 '지금은 조금 부족해도 올해가 지나면 점차 나아지겠지', '초등학교 졸업할 때쯤 되면 나아지겠지'하는 마음으로 아이를 보고 계신가요? '진짜로' 우리 아이가 더 나아질 것이라는 믿음을 가지고 아이를 대하면 아이에게 실망하는 순간이 오더라도 험한 말을 하지 않게 됩니다. 왜냐하면 우리 아이는 지금은 다소 부족하지만 결국 해내는 아이일 테니까요.

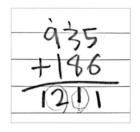

3학년 1학기 덧셈을 잘못 푼 학생

그리고 '오답의 가치를 알려 주는 것'이 중요합니다. 다음 사진은 3학년 1학기 덧셈을 잘못 풀이한 학생의 사진입니다. 일의 자릿수인 5와 6을 더해서 생긴 받아올림 수 1을 십의 자리인 3 위에 적었지만 더해 주지 않았고, 백의 자리 계산에서도 십의 자리에서 생긴 받아올림 수를 적었지만 잘못 계산하는 실수를 했습니다. 간단한 덧셈 문제이지만 이런 실수를 하는 학생이 많습니다.

아이가 이렇게 실수했을 때 부모님은 어떤 말씀을 하시나요? 혹시 "또 틀렸네", "왜 이런 걸 틀리냐?", "정신 차려~", "전에 풀었던 거 잖아", "이렇게 기본적인 문제를 틀리면 어떡해!"와 같이 말씀하지는 않나요? 아이들의 습관은 단기간에 바뀌지 않습니다. 서서히 바뀝니다. 그동안 부모님께서 하셔야 할 중요한 일은 '나도 할 수 있다', '계속해서 나아지고 있다'라는 믿음을 스스로 가지게끔 해 주는 것입니다. 하지만 계속해서 같은 실수를 하거나 습관이 빨리 고쳐지지 않는 자녀를 보면 다급한 마음이 드는 것은 사실입니다. 불안한 내 마음을 다그치고 혼내는 방식으로 해결하지는 않는지 살펴볼 필요가 있습니다.

덧셈을 잘못 푼 학생의 교과서를 가지고 함께 원인을 찾았습니다. 학생에게 미리 동의를 구하고 실물화상기에 잘못된 풀이를 보면서 원인을 함께 이야기하는 과정으로 진행했습니다. 하지만 자신의 잘못된 풀이가 화면에 크게 보이자, 학생의 표정이 갑자기 좋지 않았습니다. 학생의 기분을 파악한 저는 다른 학생들에게 말했습니다.

교사: 문제를 틀리는 게 부끄러운 걸까요?

학생들: 아니요~

교사: 맞아요. 문제를 틀려봐야 나의 잘못된 습관, 부족한 부분을 알게 되고 고칠 수 있어요. 그래서 다음에는 틀리지 않게 되지요. 선생님이 전에 읽어 준 일본 작가님의 『틀려도 괜찮아』 그림책 기억나나요?

학생들: 네~

교사: 그 그림책에도 나오듯이 틀리는 것은 부끄러운 게 아니에요. 알면서도 모른 척하는 것이 부끄러운 거예요. 초등학생은 어리니까 틀리는 게 당연해요. 그리고 지금은 3학년이니까 더더욱 당연한 거예요. 오히려 틀리면 나의 습관을 점검해 볼 수 있어서 더 좋아요. 다음에는 맞출 수 있으니까요.

이렇게 말해 주자, 문제를 틀린 학생은 표정이 좋아졌습니다. 쉬는 시간에도 따로 불러서 귓속말로 말했습니다.

👧 교사: 선생님 딸도 3학년인데 너랑 같은 실수를 많이 해. 괜찮아. 다음부
터 조심하면 돼.

🙂 학생: (깜짝 놀라는 표정으로) 진짜요?

👧 교사: 응. 그런데 이 이야기는 특별히 너에게만 해 주는 이야기야!

🙂 학생: (씩 웃으며) 히히~

이 학생은 이때 이후로 저의 1등 팬이 되었습니다. 저는 수학 시
간마다 '실수해도 괜찮다'라고 말합니다. 그래서 저희 반 학생들은
문제를 풀다가 실수했다고 해서 주눅이 들거나 부끄러워하지 않습
니다. 그리고 저는 학생들이 문제를 풀다가 실수로 틀렸다고 해서
단 한 번도 혼낸 적이 없습니다. 실수해도 괜찮다고 매시간 말했고,
학생들이 그 부분에 대해 충분히 이해한 상태에서 수업을 들었기
때문에 교사에 대한 믿음이 있었습니다.

자녀의 수학 문제집을 채점하고 틀린 문제를 가르치다 보면 잔소
리로 바뀔 확률이 높습니다. 쉽게 습관이 바뀌지 않고 같은 실수를
하는 아이를 보면 당연히 그럴 수 있습니다. 대부분의 아이들은 틀
린 문제와 자신이 부족한 부분을 외면하려고 합니다. 틀린 것이 부
끄럽고 잘못된 것이라고 생각하기 때문입니다. 그래서 '실수의 중요
성 알려 주기'와 '오답의 가치 알려 주기'가 필요합니다. 대부분 가
정에서는 틀린 문제를 풀이하는 것으로 부모님의 지도가 끝나기 때

문에 아이들은 '공부는 했는데 혼났다'고 생각하는 경우가 많습니다. 부모는 아이의 잘못된 점을 지적하고 혼내는 사람이 아니고 '도와주는' 사람임을 반복적으로 알려 줄 필요가 있습니다. 부모가 말하는 방식, 뉘앙스, 말의 높이에 따라 아이가 받아들이는 결과가 다릅니다. 그래서 그 마음은 진심이어야 합니다.

작은 성공을 많이 찾아내어 칭찬해 주세요

2016년 리우올림픽에서 펜싱 경기에 출전한 박상영 선수는 13:9로 2라운드를 마쳤습니다. 많은 사람이 15점까지 2점 남겨둔 상대 선수를 이기기는 어렵다고 생각했습니다. 이때, 3라운드를 앞두고 쉬는 시간에 누군가 "할 수 있다!"고 외쳤습니다. 이를 들은 박상영 선수는 "할 수 있다"라고 혼자 말하면서 승리의 의지를 다집니다. 박상영 선수는 포기하지 않았고 결국 14:15로 금메달을 차지했습니다. 상대 선수가 1점을 추가하는 동안 박상영 선수는 무려 6점을 따냈습니다. 박상영 선수가 금메달을 목에 걸 수 있었던 것은 자기 확신이 있었기 때문입니다. 끝까지 포기하지 않는 마음도 결국 '내가 할 수 있다'라는 자기 믿음에서부터 출발합니다.

공부에서도 마찬가지입니다. '나는 할 수 있다'라는 자기 확신이 있으면 점점 성장합니다. 자기에 대한 믿음이 생기기 위해서는 긍정적인 경험이 많이 필요한데 '작은 성공'을 많이 해 본 아이들은 자신감이 생깁니다. 아이가 잘하고 있을 때를 유심히 찾아보세요. 그리고 잘하는 부분을 칭찬해 주세요. "아윤이 자세가 많이 좋아졌네~", "글씨를 점점 바르게 쓰고 있네. 아윤이가 노력하는 점이 보기 좋아.", "이제 엄마가 말하지 않아도 문제에 동그라미를 잘 치는구나. 우리 아윤이 점점 잘하고 있는데?"와 같이 조금이라도 나아진 부분에 대해 칭찬을 해 주세요. 지금까지는 시험 점수나 틀린 문제에 대해서만 이야기했다면, 아이의 습관 변화를 위해서는 아이의 '자발성'을 키울 수 있도록 도와줘야 합니다. 수학 문제집을 풀고 채점할 때마다 지적만 받던 아이는 부모님이 칭찬해 주면 변화합니다.

아직 부모님의 기준에는 못 미치더라도 '부모님이 먼저' 아이의 '작은 성장과 작은 성공'을 알아채고 응원해 준다면, 아이는 앞으로 그 부분에 대해 자발적으로 신경 쓰고 습관을 변화시키기 위해 더 노력할 것입니다.

2장

수학 공부의
기초 체력 만들기

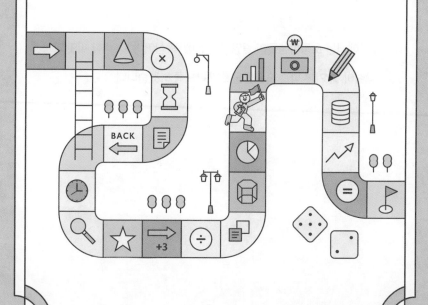

초등 수학에서 가장 중요한 것은 무엇일까요? 바로 기초를 튼튼히 다지는 것입니다. 고등학교에 가서도 끝까지 잘할 수 있는 실력을 갖추려면, 수학 공부에 앞서 기본적인 것들을 갖춰야 합니다.

2장에서는 초등학생들이 졸업하기 전에 꼭 심어야 할 '수학 씨앗'과 갖춰야 할 기본 학습 습관들을 소개하도록 하겠습니다.

초등학생 때 꼭 심어야 할 '수학 씨앗 4가지'

씨앗 1: 흥미와 자발성을 유지시켜 주기

국제 교육 성취도 평가 협회(IEA)에서는 4년마다 〈수학, 과학 성취도 추이 변화 국제비교연구〉를 합니다. 세계 각국 초등학교 4학년과 중학교 2학년 학생들을 대상으로 조사하는데, 2019년도의 조사 결과에 따르면 우리나라 초등학교 4학년 수학의 성취도는 58개국 중 1위, 중학교 2학년은 3위로 한국이 처음 평가에 참여한 1995년 이후 꾸준히 1~2위를 유지하고 있다고 합니다. 성취도가 이렇게 높지만, 수학과 과학에 대한 자신감이나 흥미는 초등학교 4학년은

58개국 중 57위, 중학교 2학년은 39개국 중 36위라고 합니다.[13] 한 마디로 우리나라 학생들이 수학을 잘하지만 싫어하는 학생이 많다는 이야기입니다.

아이들은 부모님이 시키지 않아도 게임을 하고 TV를 봅니다. 왜 그럴까요? 게임과 TV는 재미있습니다. 시간이 가는 줄 모르고 게임을 합니다. 물론 아이들이 알아서 수학 공부를 열심히 하고 수학을 좋아하면 좋겠지만 그런 일은 거의 일어나지 않습니다. 공부를 재미있어하고 즐기는 아이들은 없습니다. 그렇다면 어떻게 해야 아이들이 적어도 수학을 싫어하지 않게 할 수 있을까요?

게임을 하고 TV를 보는 아이들에게서 해법을 찾을 수 있습니다. 과도한 숙제와 풀어야 하는 문제의 양만 줄여 줘도 아이들은 살아나고 수학을 다른 각도에서 보기 시작합니다. 그리고 생각하면서 문제를 풉니다. 지금 하는 학습량을 반으로 줄여 주세요. 반으로 줄여 줘도 아이의 수학 성적은 떨어지지 않습니다. 중요한 것은 '흥미'와 '자발성'입니다.

---

13 남윤서, "한국 초·중학생 수학 성취도 세계 3위⋯흥미·자신감은 최하위", 중앙일보, 2020.12.08.

❖ 아인이와 세모

제가 차를 고치느라 퇴근이 늦은 어느 날이었습니다. 아내는 저녁 식사를 준비하느라 바빴고 1학년인 아인이는 갑자기 배가 아파 화장실에서 똥을 싸고 있었습니다.

😊 **아인**: 엄마~ (하고 몇 번 부름)

😊 **엄마**: 잠깐만 기다려~ (요리하느라 바로 못 옴)

😊 **아인**: 엄마~ (하고 몇 번 더 부름)

😊 **엄마**: 잠깐만 기다려~

잠시 후 아내가 아인이에게 갔습니다.

😊 **아인**: (아주 밝은 표정으로) 엄마는 세모가 왜 세모인지 알아?

😊 **엄마**: 모르겠는데~?

😊 **아인**: (아주 뿌듯한 표정으로) 꼭지가 세 개 있어서 세모야.

😊 **엄마**: (눈을 마주치며) 그래? 아인이 수업 시간에 잘 들었구나.

😊 **아인**: 네모는 왜 네모인지 알아?

😊 **엄마**: 모르겠는걸~? 왜 네모일까~?

😊 **아인**: (자랑스러운 표정으로) 꼭지가 네 개라서 네모야~

😊 **엄마**: 우와, 우리 아인이 선생님 설명 잘 들었네.

😊 아인: 이렇게 잘할 수 있는데 엄마가 계속 기다리라고 했어!

퇴근 후 집에 와서 이 이야기를 듣는데 정말 사랑스러웠습니다.

다른 가정과 같이 저희 딸들도 방학 기간을 이용해 다음 학기 수학 내용을 먼저 배우기는 합니다. 하지만 다른 학생들과 다른 점은 '수와 연산' 부분의 선행 학습만 아주 조금 하고 있다는 점입니다. '도형'과 같이 아이들이 다소 쉽게 여기는 부분은 학교에서 처음 배우도록 하고 있습니다. 그래서 아인이는 학교에서 처음 세모, 네모를 배웠을 것입니다. 수업 시간에 '세모는 꼭지가 세 개라서 세모, 네모는 꼭지가 네 개라서 네모'라는 내용을 배웠을 것이고, 이 내용이 흥미로웠을 것입니다. 그래서 빨리 그 내용을 엄마에게 알려 주고 자랑하고 싶었던 것입니다.

학원이나 학습지를 통해 미리 수학 선행 학습을 해 온 아이들의 공통점은 '수학에 대한 흥미가 떨어진다는 점'입니다. 그래서 배우는 내용에 대한 호기심도 없고 추가적인 관심도 없습니다. 혹시 자녀가 학교에서 배운 수학 내용에 대해 먼저 이야기를 한 적이 있나요? 아마거의 없을 것입니다. 아인이처럼 배우는 수학 내용에 대해 관심이 있으려면 수학에 대한 흥미를 유지하도록 도와주고, 자발성이 생기도록 수학 공부를 과도하게 시키지 않는 것에서부터 출발해야 합니다.

❖ 구구단과 수연이

　제가 2학년을 담임했을 때, 어느 날 갑자기 수연이(가명) 엄마에게서 문자가 왔습니다. 문자에는 다음과 같은 두 장의 사진이 있었습니다.

수연이가 달력 뒤에 스스로 만든 구구단 문제

수연이가 할머니의 가게에서 놀다가 지난달 달력을 찢어 달라고 하더니 학교에서 배운 구구단과 관련하여 스스로 문제를 냈다고 합니다. 기억해 보면 수연이는 항상 웃고 수업 시간에 적극적인 학생이었습니다. 사교육을 많이 하지 않아서 공부 스트레스를 받지 않는 보기 드문 학생이었습니다. 이렇게 수연이 같은 학생도 있지만, 방학 때 학원에서 예습하며 문제집도 풀고 따로 학습지도 풀고 2학기가 되어 학교에서 또 배우는 아이도 있습니다. 선행 학습에 지친 아이가 수연이처럼 자발적으로 공부를 할까요? 아마 아닐 것입니다.

공부에 '흥미'가 생기게 하려면 너무 과도한 학습은 멀리해야 합니다. '자발성'은 부담 없는 마음에서부터 나옵니다. 수학을 바라보는 '태도'와 '마음'이 수학 성적을 결정짓습니다.

씨앗 2: 책과 숙제는 스스로 챙기기

책과 숙제는 '스스로' 챙겨야 합니다. 학교에서 수학 수업을 하다 보면 수학 공부에 가장 기본이 되는 수학책, 수학익힘책을 소홀히 여기는 학생들을 많이 볼 수 있습니다. 학원에서 준 선행 학습 문제집은 잘 가지고 다니면서 정작 지금 배우고 있는 내용이 담긴 수학익힘책 숙제는 잘 챙기지 않는 경우가 많습니다. 매일매일의 학습을 매듭짓고 넘어가지 않으면 성적 향상은 기대하기 어렵습니다. 다음 표는 학생들이 숙제를 해 오지 못한 대표적인 일곱 가지 이유를 정리한 표입니다. 한번 체크해 보세요.

학생들이 수학 숙제를 안 해 오는 일곱 가지 이유

	항목	체크
1	수학익힘책을 학교에서 안 가져갔다.	
2	깜빡하고 수학 숙제를 안 했다.	
3	식탁이나 책상에 숙제를 두고 학교에 왔다.	
4	부모님이 숙제 검사를 하고 학생의 가방에 넣지 않았다.	
5	학원 숙제를 하느라 학교 숙제를 못 했다.	
6	외출하느라(아빠 생신, 외식 등) 숙제를 못 했다.	
7	알림장을 잘못 보고 다른 부분을 풀었다.	

특히 저학년 학생들을 보면 부모님이 숙제와 책을 챙겨 주는 경우가 많습니다. 그래서 숙제를 챙기고 준비물을 챙기는 것이 학생의 일이 아니라 부모님의 일이 된 모습을 많이 보았습니다. 그래서 표에 나와있듯이 "엄마가 안 챙겨 줬는데요"라는 얘기가 나오는 것입니다. 1학년일 때는 부모님의 도움이 분명 필요하지만, 학년이 올라갈수록 부모님의 도움을 줄여 나가야 합니다. 결국 아이 스스로 숙제와 준비물을 챙기는 습관이 생기도록 도와줘야 합니다.

표의 내용처럼 많은 아이들이 숙제를 하지 않는 이유는 공통적으로 알림장을 챙기는 것이 습관화되지 않았기 때문입니다. 알림장을 챙기는 것이 완전한 습관으로 자리 잡으면 수학익힘책을 놓고 오거나 숙제를 하지 않는 실수를 줄일 수 있게 됩니다.

그렇다면 '알림장 챙기기'가 중요한 이유는 무엇일까요?

매일 수학익힘책을 숙제로 풀어야 하는 학생이 수학익힘책 2쪽을 푸는 데 15분이 걸린다고 가정해 봅시다. 어느 날 이 학생이 집에 수학익힘책을 집에 가져가지 않았습니다. 그래서 다음날, 어제 못한 부분까지 숙제를 하느라 평소보다 2배의 시간이 걸렸습니다. 이 학생은 30분 동안 수학익힘책을 온전히 집중해서 풀었을까요?

매일 15분 동안 집중해서 수학익힘책을 푸는 것은 쉽습니다. 하지만 초등학생이 30분 동안 계속 집중하여 문제를 푸는 것은 다소 어렵습니다. 처음 10분, 15분은 집중해서 풀지만 15분이 넘어가면 문제를 대충 풀 확률이 큽니다. 아니면 이틀 분량을 대충 15분 만에 풀 가능성도 있습니다.

교과서를 챙기는 것이 습관화되지 않으면 해야 할 학습량이 쌓이게 되고, 학습량이 쌓이면 꼼꼼하게 푸는 것이 싫어집니다. 이렇게 공부하고 단원평가를 치면 내가 대충 푼 부분에서 틀리게 됩니다. 많은 학생을 수년간 가르쳐 본 결과, 학생들이 수학 시험에서 문제를 틀리는 원인은 평소 습관에 있음을 알게 되었습니다. 교과서를 챙기는 것은 기본입니다. 그리고 그 시작이 '알림장 챙기기'입니다.

'알림장 챙기기'는 어떻게 하는 것일까요?

❖ **다 한 숙제는 바로 가방에 넣기**

먼저 알림장을 펴고 알림장에 적은 숙제를 차례대로 합니다. 위 사진처럼 첫 번째 숙제인 수학익힘책 숙제를 한 뒤 수학익힘책을 가방에 넣고 번호 1번에 동그라미를 칩니다. 이렇게 간단한 행동으로 숙제를 해 놓고 책상 위에 두고 오는 실수를 예방할 수 있습니다.

❖ **마지막 번호까지 똑같이 진행하기**

알림장의 마지막 번호까지 같은 방식으로 진행합니다. 사인을 받아야 하는 안내장이 있으면 사인을 받고 바로 가방에 넣고, 색종이 같은 준비물도 준비해서 바로 가방에 넣습니다. 주의할 점은 동그라미를 한번에 모두 치지 않아야 한다는 점입니다. 왜냐하면 한번에 동그라미를 치면 숙제를 하지 않고 동그라미 치는 경우가 가끔 생기기 때문입니다. 번호별로 해결한 후, 해결한 번호에 하나씩 동그라미를 쳐야 합니다.

❖ 동그라미를 다 쳤는지 확인하고 알림장 가방에 넣기

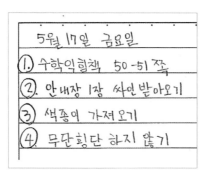

 적어 온 모든 숫자에 동그라미를 쳤다면 마지막으로 알림장을 가방에 넣습니다.

 이 내용을 읽으면서 '당연한 내용인데 왜 써 놓았지?'라고 생각하셨나요? 그렇습니다. 이렇게 당연한 활동을 아이들은 당연하게 하지 못합니다. 매년 만나는 아이들 모두 이 습관을 들이기가 굉장히 어렵습니다. 실제로 옆 반 선생님들도 많이 공감하는 부분입니다.

알림장을 챙기는 것은 3월에 못 고치면 1년 내내 고치기 힘듭니다. 그 상태로 6학년이 된 학생들이 참 많습니다. 3월 한 달 동안 아이가 스스로 일정한 시간에 알림장을 챙길 수 있도록 부모님이 관심을 가져 주세요.

찰흙으로 작품을 만들고 2~3일이 지난 후에 잘못된 부분을 수정하려고 하면 힘듭니다. 이미 굳어진 흙에 물을 묻혀 봤자 작은 부분은 수정할 수 있겠지만 큰 골격을 수정하는 것은 어렵습니다. 습관을 형성하는 것도 찰흙으로 작품을 만드는 것과 같습니다. 습관을 형성하는 최적의 시기가 있습니다. 17년간 교사 생활을 하면서 알게 된 점은 한 살이라도 어릴 때 습관을 바로잡아 주는 것이 좋다는 점입니다. 실제로 고학년보다는 중학년이, 중학년보다는 저학년이 습관을 바꾸기가 쉽습니다. 또한 습관을 고치기 위해서는 아이들의 노력만으로는 부족합니다. 부모님들의 생각도 함께 바뀌어야 합니다. 현재의 성적보다 '기초 생활 습관'과 '기초 학습 습관'이 더 중요한 것임을 알아야 합니다.

씨앗 3: 생각하는 힘 기르기

저는 초등 교사인 아내와 수학에 대한 이야기를 하다가 학생들에게 꼭 말해 주고 싶은 내용을 배웠습니다. 그 후에는 매년 첫 수학 수업 시간에 학생들과 이런 대화를 합니다.

교사: 얘들아! 수학은 왜 공부해야 할까?

학생들: 수학 성적 잘 받으려고요. 공부 잘하려고요.

교사: 그래? 그것도 맞지. 그런데 이걸 한번 생각해 볼까? 핸드폰이나 컴퓨터에 계산기가 있잖아. 계산기로 계산하면 되는데 왜 우리는 힘들게 수학 공부를 할까?

학생들: (대답하지 못함)

교사: 계산기로 계산하면 더 빠르고 정확하지? 그런데 우리가 수학 공부를 하는 이유는 '생각하는 힘'을 기르기 위해서야. 수학 문제를 보고 이렇게도 생각해 보고 저렇게도 생각해 보면 생각하는 힘이 자라거든. 그런데 우리가 수학 공부를 할 때 생각하지 않고 기계처럼 문제를 풀면 어떻게 될까?

학생들: 생각하는 힘이 자라지 않아요.

교사: 맞아. 생각하는 연습을 하지 않으니 생각하는 힘이 자라지 않겠지? 그래서 앞으로 1년 동안 수학 수업을 할 때는 '생각하는 힘'을 키우기 위해 선생님이 도와줄 거야. 답만 적는 게 중요한 것이 아니라 문제를 똑바로 읽고 동그라미 치는 것이 얼마나 중요한지 알려 줄 거야. 그리고 문제를 풀 때 왜 그렇게 생각했는지 답이 나오게 된 과정

을 설명해 보라고 많이 이야기할 거야. 한 문제에도 여러 가지 풀이 방법이 있을 수 있어. 그래서 내가 정답을 구할 줄 알더라도 여러 가지 방법으로 생각해 보는 연습을 할 거란다. 잘 할 수 있지?

이렇게 수학 공부를 하는 목적에 관해 이야기해 주고 수업을 진행하면 생각 없이 문제를 푸는 습관들이 조금씩 고쳐집니다. 물론 수학 공부의 목적을 알려 줬다고 해서 단번에 모든 것이 바뀌지는 않습니다. 하지만 학생들이 생각하지 않아서 실수하는 부분이 생길 때마다 다시 이 내용을 이야기해 주면 점차 좋아집니다.

대학 입시에서 수학 교과가 차지하는 중요도는 높지만, 아직 초등학생들에게 대학 입시는 너무나 먼 이야기입니다. 대학 입시에서 수학이 얼마나 중요한지 얘기해도 아이들이 받아들이기 쉽지 않습니다. 그렇기 때문에 아이들 수준에서 수학 공부의 목적에 대해 한번 이야기해 주세요. 생각하면서 문제를 푼다는 것은 메타인지를 활용한 학습을 한다는 말인데, 메타인지에 관한 내용은 4장에서 자세하게 소개하도록 하겠습니다.

씨앗 4: 독서를 바탕으로 내공 쌓기

국어, 수학, 영어 중에 가장 중요한 과목은 무엇일까요? 바로 '국어'입니다. 국어 교과는 다른 교과목을 이해하기 위해 꼭 필요합니다. 집을 지을 때 가장 중요한 부분은 기둥입니다. 기둥이 튼튼하지 않으면 집이 무너지듯이, 국어를 등한시하고 다른 과목에 집중하면 결국 고등학교 때 원하는 만큼의 성적을 얻기 힘듭니다.

만약 민주주의에 대한 내용을 모르거나 사전 지식이 없으면 민주주의에 대한 영어 지문을 해석하기 어렵습니다. 영어 지문에 나오는 단어를 다 안다고 해도 문제의 내용과 관련된 배경지식이 적으면 문제를 풀기가 쉽지 않습니다. 저 또한 고등학교 때, 영어 단어는 다 알겠는데 답지에 적힌 한글 해석 부분은 읽어도 이해가 되지 않았던 경험이 있습니다. 절대 영어 실력이 국어 실력을 앞설 수는 없습니다. 마찬가지로 수학을 잘하려면 국어를 잘해야 합니다.

1. 875-123=□

2. ⑤, ②, ⑦, ③, ①, ⑧ 카드를 한 번씩 모두 사용하여 세 자릿수를 만들었습니다. 가장 큰 수와 가장 작은 수의 차는 얼마입니까?

1번 문제와 같이 단순하고 기본적인 계산 문제는 잘 푸는데 2번 문제는 못 푸는 학생들이 많습니다. 왜 그럴까요? 처음 보는 문제의 뜻을 단번에 파악하지 못하기 때문입니다. 응용문제를 어려워하는 학생들도 교사가 문제의 뜻을 설명해 주면 그 이후에는 계산을 쉽게 할 수 있습니다. 이런 학생들의 공통점은 독서가 부족하다는 점입니다. 평소 책을 가까이하지 않고 책을 읽는 것에 흥미가 없으니 문제를 읽어도 이해가 되지 않는 것입니다. 바로 풀 수 없고 문제를 이해한 후 몇 단계에 걸쳐 풀어야 하는 응용문제에서 진짜 실력이 드러납니다. 독서 부족이 수학 교과에까지 영향을 미치는 것입니다. 특히 문장제를 풀 때 어려워합니다.

　문장제를 잘 푸는 학생들에게 어떻게 풀었는지 설명해 보라고 하면, 정답지에 적힌 100점짜리 정답은 아니지만 자신만의 방식으로 잘 설명합니다. 가장 중요한 부분은 정확하게 설명해 냅니다. 이런 학생들은 다른 학생들이 풀지 않는 문장제 문제집을 많이 풀어서 설명을 잘할 수 있게 되었을까요? 아닙니다. 평소에 책을 가까이한 학생들은 문제를 읽으면 어떤 물음인지 한 번에 알아차리고 단계에 맞춰 풀어낼 줄 아는 능력이 있습니다. 처음 보는 유형의 문제를 틀렸을 때도 오답 풀이를 통해 한 번 이해하면 숫자를 바꾸거나 문제의 형식을 조금 바꿔도 잘 풀어냅니다. 이것이 가능한 이유는 충분한 독서로 문해력이 뒷받침되었기 때문입니다.

하지만 독서를 많이 하지 않은 학생들은 틀렸던 응용문제를 숫자만 바꿔서 다시 내면 또 틀립니다. 계산은 할 수 있지만, 문제 자체에 대한 이해력이 부족하기 때문입니다. 학급에서 수학 성적이 낮은 학생들 대부분은 문장제를 힘들어합니다. 안타까운 부분은 이런 학생들이 수학 학원에 다니는 경우가 많다는 점입니다. 수학 학원에서 문제를 많이 푸는 방식으로 공부하면 지금 당장은 성적이 올라갈 수 있습니다. 하지만 독서가 바탕이 되지 않은 상태이기 때문에 다시 떨어질 확률이 높습니다.

수학 시간에 집중하기

수학 씨앗을 잘 심었다면, 다음은 수학 시간에 집중하는 것이 중요합니다. 수학 시간에 집중하는 방법은 다음과 같습니다.

경청하기

수학 수업을 하다 보면 학년과 관계없이 공통으로 볼 수 있는 몇 가지 모습들이 있습니다. 가장 흔한 것은 '경청하지 않는 모습'입니다. 선행 학습을 한 학생들은 지금 배우는 내용을 어디선가 들어봤기 때문에 잘 안다고 생각합니다. 그래서 수업에 집중하지 않습니다. 한 문제를 풀기 위해서는 여러 단계로 생각하는 과정이 필요한데, 지금 당장 정답을 구할 수 있으니 풀이 과정을 설명하거나 계산

속 숨은 원리를 설명할 때 집중해서 듣지 않습니다. 심지어 학생들이 자주 하는 실수가 어떤 것들이 있는지 알려 줘도 잘 듣지 않다가 실수합니다.

저는 수학 수업 시간에 실물화상기를 자주 사용합니다. 학생들에게 숫자를 크게 보여 주면서 계산 과정을 정확하게 설명해 주고 싶기 때문입니다.

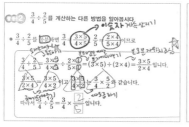

| 수업 시간에 경청한 학생 | 수업 시간에 경청하지 않은 학생 |

위 사진은 제가 6학년을 담임했을 때 학생들의 수학책을 찍은 것입니다. 문제에 있는 $\frac{3}{4} \div \frac{2}{5}$ 식을 계산하기 위해서는 계산 원리를 알아야 합니다. 하지만 많은 학생이 나눗셈을 곱셈으로 바꾸고 뒤에 나오는 분수의 분모와 분자를 뒤집어서 $\frac{3}{4} \times \frac{5}{2}$ 와 같은 계산만 합니다. 왜 그렇게 계산하는 것인지 설명은 못 하지만 정답은 구할 수 있습니다.

왼쪽 사진처럼 $\frac{3}{4} \div \frac{2}{5}$ 을 계산하기 위해서는 일곱 개의 과정을 알아야 합니다. 일곱 가지 과정을 모두 알아야 완전히 학습한 것이기 때문입니다. 하지만 수업을 마치고 학생들의 수학책을 검사해 보면, 오른쪽 사진처럼 한두 개의 과정만 표시한 학생들이 많습니다. 그래서 일곱 가지 과정에 빈칸을 넣고 문제를 내면 빈칸을 채울 줄 아는 학생들이 거의 없습니다. 이는 수업 시간에 경청하지 않는다는 뜻입니다. 이러한 현상은 해마다 심해지고 있습니다.

우리 아이가 수학 시간에 경청을 잘 하는지 알아볼 수 있는 방법은 담임 교사에게 물어보는 방법이 유일합니다. 이때, 상담을 통해 수학 시간에 경청하는 태도가 부족하다는 사실을 알게 되었다면, 어떤 방법으로 경청의 습관이 생기도록 도와줄 수 있을까요?

경청하지 않던 아이가 하루아침에 경청하게 되는 마법 같은 방법은 없습니다. 매일 부모님이 수학 시간에 확인할 수도 없습니다. 유일한 해결 방법은 아이 스스로 필요성을 느끼고 반복해서 습관으로 만들 수 있도록 도와주는 것밖에 없습니다.

수학 시간에 교사의 말을 경청하지 않는 학생들을 잘 관찰해 보면, 많은 학생들이 연필이나 지우개를 만지고 있는 모습을 볼 수 있습니다. 경청하는 습관이 생기게 하려면 손에 아무것도 만지지 않는 것부터 시작해야 합니다.

저의 장인어른께서는 아내가 초등학생일 때 이렇게 말씀하셨다고 합니다. "수업 시간에는 선생님 숨소리까지 들어라". 그만큼 수업 시간에 선생님의 말씀에 집중하라는 말입니다. 특히 초등학교에서는 수업 시간에 집중한다면 따로 문제집을 풀거나 학원에 다니지 않아도 됩니다.

아이들과 함께 다음과 같이 이야기를 나누어 보세요.
"수학 시간에 딴짓을 하는 편이니? 집중을 잘 하는 편이니?"
"선생님이 설명하시는 시간은 길지 않아."
"선생님이 설명하실 때는 손에 아무것도 들고 있지 않아야 해. 특히 지우개나 연필을 만지지 않고 집중해서 들어야 해."
"수학 시간에 경청해야 너의 공부 시간을 줄일 수 있어."

먼저 풀지 않기

매년 학부모 공개 수업을 할 때마다 학생들은 수업에 잘 참여하는 모습을 보여 줍니다. 평소보다 집중도 잘 하고 발표도 잘 합니다. 그런 모습을 본 부모님들은 평소에도 아이가 그럴 것이라고 생각할 수 있습니다. 하지만 평소 수업 시간의 모습은 공개 수업 때 부모님이 본 모습과는 많이 다릅니다.

경청하기에 이어 수학 시간에 집중하는 방법 두 번째는 '먼저 풀지 않기'입니다.

교사가 설명하기 전에 먼저 풀고, 정작 문제 푸는 시간에는 멍하니 있거나 친구에게 장난을 거는 학생도 있습니다. 이런 학생들의 문제점은 교과서에 안내된 대로 풀이하지 않고 '자기 마음대로 문제를 푼다'는 데 있습니다. 그래서 실수가 늘어납니다.

예를 들어 8+65=□라는 간단한 문제를 풀 때도 알아야 할 요소, 아이들이 실수할 만한 부분들이 많습니다. 다음은 대표적인 오답 유형입니다.

오답 유형 1	오답 유형 2	오답 유형 3
$\begin{array}{r} 8 \\ +\ 65 \\ \hline 145 \end{array}$	$\begin{array}{r} 8 \\ +\ 65 \\ \hline 63 \end{array}$	$\begin{array}{r} 8 \\ +\ 65 \\ \hline 613 \end{array}$

오답 유형 1에서는 세로식으로 옮기면서 일의 자리에 적어야 할 8을 십의 자리에 잘못 옮겨 적어서 틀렸습니다. 오답 유형 2에서는 8과 5를 더한 결과가 13인데 받아올림 수 1을 십의 자리 6과 더하지 않아서 틀렸습니다. 오답 유형 3에서는 8과 5를 더한 13을 그대로

답란에 적어서 틀렸습니다.

교사가 설명할 때 먼저 문제를 푸는 학생들은 표의 오답 유형처럼 실수하는 경우가 많습니다. 오랜 기간 수업하면서 학생들을 지켜본 결과, 이런 학생들은 대충대충 하는 습관이 있었습니다. 대부분 문제를 꼼꼼하게 읽지 않아서 실수하거나, 글씨를 알아보기 힘들게 써서 잘못 보고 실수하거나, 문제를 풀 때 꼭 지켜야 할 습관(예를 들어 받아올림 수 적기)을 놓쳐서 실수합니다. 그래서 교사의 지시가 있기 전에 미리 문제를 푸는 습관은 하루빨리 고치면 좋습니다. 반대로 선생님의 설명을 잘 듣고 문제를 푸는 학생들은 오답 유형처럼 실수하지 않을 확률이 높습니다.

아이들에게 다음과 같은 말을 해 주세요.

"수학은 먼저 푼다고 잘하는 것이 아니야. 정확하게 푸는 것이 잘하는 거지."

"정확하게 문제를 풀어내려면 많이 푸는 것보다 한 문제라도 완벽하게 이해하는 것이 중요해."

"선생님이 설명하실 때는 문제를 풀지 않고 집중해서 보는 것이 중요해."

"선생님들은 학생들이 어떤 부분에서 실수하는지 정확하게 알고 계시니까 학생들이 자주 실수하는 부분을 설명해 주실 때 잘 들어야 내 실수를 줄일 수 있어."

"문제를 빨리 푸는 것보다 문제를 풀기 전에 어떤 부분에서 조심해야 하는지 선생님의 설명을 듣는 것이 더 중요해."

중요한 부분 빨간색으로 표시하기

수학 시간에 집중하는 세 번째 방법은 '중요한 부분 빨간색으로 표시하기'입니다. '더하기' 부분의 한 차시 수학 수업을 끝내고 학생들에게 오늘 배운 내용에 관해 물어보면 "더하기요!"라고 대답합니다. 그 대답을 듣고 "오늘 배운 더하기에서 중요한 부분이 뭐예요?"라고 물어보면 대부분 학생이 대답하지 못합니다. 내용을 배우고 문제를 풀기는 했는데 어떤 부분이 중요한지 대답하지 못한다는 것은 아직 핵심을 파악하지 못하고 있다는 것입니다.

배운 내용 중에서 118p의 사진과 같이 중요한 부분, 내가 잘 몰랐던 부분, 친구들의 실수가 잦을 것 같은 부분에는 '빨간펜'으로 표시합니다. 밑줄, 별표 등을 이용하여 자신만의 방식으로 표시하면 됩니다. 주의할 점은 모든 내용을 표시하는 것이 아니라 '한 쪽에 한 개 정도'만 표시하도록 합니다. 빨간색 표시를 하기 위해서는 '어떤 부분이 중요했지? 어디가 어려웠더라? 친구들이 어디서 많이 실수할까? 선생님이 설명을 오래 한 부분이 어디지?'와 같이 생각해야 합니다.

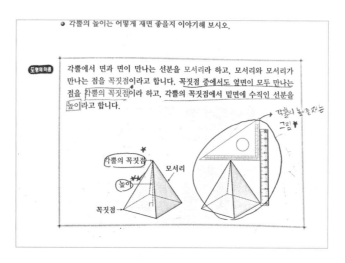

중요한 부분에 빨간색 표시하기

사진에서는 모서리, 꼭짓점, 높이, 각뿔의 꼭짓점 총 네 가지의 내용이 나옵니다. 학생은 이 중에서 내가 잘 모르거나 중요하다고 생각하는 높이와 각뿔의 꼭짓점 부분을 빨간색으로 표시했습니다. 그리고 별표를 쳤는데 각뿔의 꼭짓점은 별표 한 개, 높이는 별표 두 개를 했습니다. 이 학생은 네 가지 요소 중에 높이 부분을 가장 중요하다고 생각했기 때문입니다. 실제 단원평가를 쳐보면 가장 많은 학생이 틀리는 부분이 '높이' 부분입니다. 이 학생은 중요한 부분을 아주 정확하게 알고 표시했습니다. 이처럼 빨간펜으로 중요한 부분, 내가 잘 모르는 부분을 적절하게 표시하는 것이 매우 중요합니다.

수학책, 수학익힘책
제대로 푸는 방법

　수학 단원평가를 보면 많은 학생이 잘못된 습관 때문에 알고 있는 내용의 문제도 틀립니다. 수학 단원평가는 보통 2주 동안 배운 한 단원을 정리하는 의미로 보는 시험입니다. 그런데 2주 동안 잘못된 습관으로 학습한다면, 시험을 보고 난 후에 오답 풀이를 한다고 해서 그 학생의 습관을 고칠 수는 없습니다. 학교 수업 시간과 집에서 숙제를 할 때부터 매일매일 바른 공부 방법을 연습해야 단원평가를 볼 때 잘못된 습관 때문에 틀리는 문제가 없게 됩니다.

　그러면 수학책과 수학익힘책을 제대로 공부하는 방법에 대해 알아볼까요?

문제 제대로 읽기

아이들의 수학책과 수학익힘책을 보셨나요? 수업을 하다 보면 많은 학생이 문제 읽기를 소홀히 하고 있음을 발견하게 됩니다. 학생들은 문제를 대충 읽고 문제 속의 빈칸에 들어갈 정답만 찾기 바쁩니다. 그래서 모두 고르는 문제에서 답을 한 가지만 써서 틀리거나, 넓이를 구하는 문제에서 부피를 구해서 틀립니다. 문제만 제대로 읽어도 실수를 줄여 나갈 수 있습니다. 실수가 줄어들면 아이들은 자신감이 생깁니다.

문제를 잘못 읽어서 실수하는 대표적인 유형은 다음과 같습니다.

❖ 문제 읽기에서 실수가 발생하는 두 가지 경우

문제의 핵심어를 놓친 경우

1	삼각형을 찾아 ○표하세요.	'삼각형'을 찾지 않고 '사각형'을 찾아서 틀리는 경우
2	두 수의 차를 구하세요.	두 수의 '차'를 구하지 않고 '합'을 구해서 틀리는 경우
3	아래 도형의 넓이를 구하세요.	'넓이'를 구하지 않고 '둘레'를 구해서 틀리는 경우

문장 끝을 제대로 읽지 않은 경우

1	~모두 고르시오.	'모두' 고르지 않고 '한 개'만 골라서 틀리는 경우
2	~옳지 않은 것은?	'옳지 않은 것'인데 '옳은 것'을 골라서 틀리는 경우
3	~옳은 것은? ~바르게 설명한 것은?	'옳은 것'을 고르는 것인데 '옳지 않은 것'을 골라서 틀리는 경우
4	~순서대로 적으세요.	문제의 뜻에 맞게 (ㄷ)-(ㄱ)-(ㄴ)-(ㄹ) 순으로 적어야 하는데 문제를 끝까지 읽지 않고 성급하게 (ㄷ)만 답으로 써서 틀리는 경우
5	~기호를 적으세요.	정답에 (ㄷ)처럼 기호를 적지 않고 (ㄷ)에 해당하는 숫자 (예를 들어 ㄷ이 ㄱ, ㄴ 다음에 세 번째로 나오는 기호이기 때문에 3)를 적어서 틀리는 경우
6	계산 결과의 값이 가장 작은 것은?	'가장 작은' 것인데 '가장 큰 값'을 적어서 틀리는 경우

❖ 문제 동그라미 치기

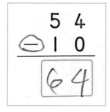

이 문제를 푼 학생은 '−' 기호에 동그라미를 쳤습니다. 동그라미를 치지 않은 학생보다는 생각하면서 문제를 풀었다고 볼 수 있지만, 결국 덧셈으로 풀어서 틀렸습니다. 아마 이 학생은 '−' 기호에 동그라미를 칠 때 '뺄셈 표시가 있네! 뺄셈으로 풀어야지.'라고 생각하지 않고, 교사가 동그라미를 치라고 계속 말하니 기계적으로 동그라미 쳤을 가능성이 큽니다.

문제를 정확하게 읽고 의미를 파악하기 위해서는 문제에 동그라미를 제대로 쳐야 합니다. '문제 동그라미 치기'는 어떻게 하는 것일까요?

문제 동그라미 치기 1단계: 문제를 끝까지 읽기

문제를 끝까지 읽지도 않고 푸는 학생들이 많습니다. 문제의 첫 부분만 보고 바로 계산하거나 문제의 끝부분에 나오는 내용을 놓쳐서 틀리는 경우도 많습니다. 문제 동그라미 치기 첫 번째 단계는 문제를 끝까지 읽으면서 파악하는 것입니다.

문제 동그라미 치기 2단계: '핵심 단어'와 '조건어' 찾아 동그라미 치기

문제를 한 번 읽고 난 후 다시 읽으면서 문제의 '핵심 단어'와 '조건어'를 찾아 동그라미 칩니다.

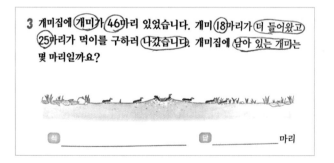

'핵심 단어'와 '조건어' 찾아 동그라미 치기

핵심 단어란, '삼각형', '합', '차'와 같이 문제에서 가장 중요한 뜻을 가진 단어를 말합니다. 그리고 사람 이름, 숫자도 핵심 단어에 속합니다. '개미집에 개미가 46마리 있었습니다'에서는 '개미'와 '46'에 동그라미를 쳐야 합니다. 마지막으로 '더 들어왔고', '나갔습니다'와 같이 중요한 정보를 담은 단어도 핵심 단어에 속합니다.

조건어란, 문제 속에서 특별한 조건을 달고 나온 단어를 말합니다. 예를 들어 '모두', '가장 큰', '기호를', '순서대로', '가장 먼저'와 같이 강조하는 말이나 '옳은', '틀린'과 같이 긍정, 부정을 나타내는 단어를 말합니다.

핵심 단어	중요한 뜻을 가진 단어	- 덧셈, 뺄셈, 합, 차 - 곱셈, 나눗셈, 몫, 나머지 - 삼각형, 사각형, 오각형, 마름모, 사다리꼴 - 넓이, 둘레, 부피 - 분수로, 소수로
	사람 이름	철수, 영식, 미경
	숫자	16개, 30살, 25박스
	중요한 정보를 담은 단어	- 얻었습니다, 나누어 줬습니다, 남은 사과는 - 갔습니다, 나와 동생이 가진 사과는 모두 몇 개, 형은 나보다 키가 얼마나 더 큽니까
조건어	강조하는 말	- 모두, 가장 큰, 가장 작은, 큰 수부터 차례대로 - 가장 먼저, 두 번째로 큰, 기호를 찾아, 더 많이 가진 - 3개 카드를 골라서, 누가 더, 이유도
	긍정어	옳은, 바르게, 알맞은, 맞는 것은
	부정어	잘못, 틀린, 옳지 않은, 아닌 것은, 바르지 않은 것은

문제 동그라미 치기를 반 학생들과 함께 진행하다 보면 마음이 급한 학생들은 동그라미를 치지 않거나 대충 치는 경우가 있습니다. 문제 동그라미 치기의 핵심은 '정성껏', '천천히', '생각하면서' 동그라미를 치는 것입니다. 아이들은 이 부분을 자주 잊기 때문에 계속 이야기해 주어야 완전한 습관으로 자리 잡을 수 있습니다.

문제 동그라미 치기와 중학생이 된 제자

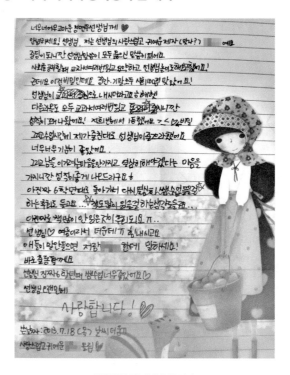

중학생이 된 제자가 준 편지

6학년 때 담임했던 제자 수진(가명)이가 중학생이 되어 저에게 준 편지입니다. 수진이는 저와 1년을 함께 보내면서 참 성실하게 공부했습니다. 문제에 동그라미도 정성껏 하고 글씨도 바르게 썼던 학생으로 기억합니다. 중학교에 가서도 그 습관을 버리지 않고 중학교 공부에 적용했나 봅니다. 수진이처럼 동그라미 치기와 밑줄 치기의 효과를 직접 알게 된 학생들은 중심 내용과 중요한 낱말들을 놓치지 않고 공부할 수 있습니다.

문제 풀 공간 찾기

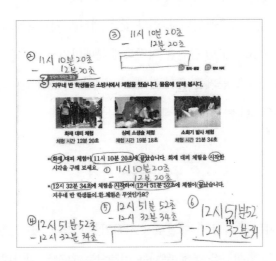

공간을 잘 활용한 문제 풀이와 그렇지 못한 풀이

문제를 본격적으로 풀기 전에 주어진 공간을 효과적으로 사용해서 문제 푸는 연습을 하는 것이 중요합니다. 왜냐하면 문제를 아무 공간에 전략 없이 풀다 보면 125p 사진과 같이 공간 부족으로 어려움이 생기고 그로 인해 실수가 생기기 때문입니다.

①번 풀이는 너무 좁은 공간에 계산해서 정답을 적을 자리가 부족합니다. ②번과 ④번은 빈 공간을 적절하게 잘 찾았지만, 풀이를 너무 내려서 적었기 때문에 마찬가지로 정답을 적을 자리가 부족합니다. ⑥번은 적절한 장소를 찾았지만 글씨를 너무 크게 적는 바람에 공간을 다 차지했습니다. ③번과 ⑤번은 적절한 공간에, 너무 내려서 문제를 적지도 않았고, 글자 크기도 적당히 썼기 때문에 정답을 적을 공간이 충분합니다. 이와 같은 예시를 자녀들에게 한번 보여 주시고 교재의 빈 공간을 적절하게 분배하면서 문제를 풀 수 있도록 해 주세요. 문제를 풀기 전에 이 과정을 몇 번만 안내하면 아이들은 생각보다 빠르게 적응해 나갑니다.

무엇이든지 하기

'무엇이든지 하기'란 연필로 표시하기, 식 적기, 그림 그리기, 표 만들기 등의 활동을 통해 문제를 이해하는 과정을 말합니다. 문제에 따라 해야 할 활동이 달라지기 때문에 한마디로 정리하기는 어렵지만, 문제에 동그라미를 친 후 '어떤 활동이든지 해야 한다'는 것이 핵심입니다. 문제를 읽은 후 곧바로 계산하지 않고, 계산하기 전에 '어떤 활동'을 하며 문제를 스스로 이해하는 것입니다.

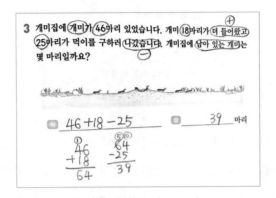

무엇이든지 하기 1

위 학생은 문제를 다시 읽으면서 '더 들어왔고' 부분 위에 '+'를 적었고, '나갔습니다' 부분 아래에 '−'를 적었습니다. 이렇게 '어떤 활동'을 하면서 스스로 문제를 이해하고 풀이 계획을 세우는 것이 바로 무엇이든지 하기입니다.

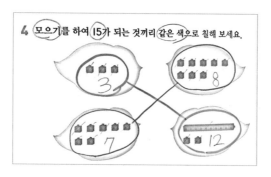

무엇이든지 하기 2

1학년 1학기 수학익힘책의 사진입니다. 이렇게 개수를 세어 계산하는 문제는 눈으로만 보고 풀면 어떻게 풀어야 할지 바로 생각이 나지 않거나, 문제를 풀어도 실수할 확률이 높습니다. 그래서 연필로 하나하나 체크한 후에 각 개수를 적고, 개수끼리 더한 결과를 문제 옆 공간에 써 놓다 보면 의외로 쉽게 풀리는 경우가 많습니다.

실제 학생들과 수업할 때도 이 문제를 어려워하는 학생들이 많았습니다. 하지만 제가 직접 풀이해 주지 않고 "문제를 다시 읽으면서 활동해 보세요. 선생님이 머릿속으로만 풀지 말고 연필로 무엇이든지 표시해 보라고 했지요? 한번 해 보세요~"라고 말했습니다. 조금 지나서 많은 학생이 문제를 풀었습니다. 그리고 "선생님, 이 문제 어려운 줄 알았는데 안 어렵네요?"라고 말하는 학생들이 많았습니다. 그 이후로 저희 반 학생들은 문제를 보고 바로 계산하지 않습니다.

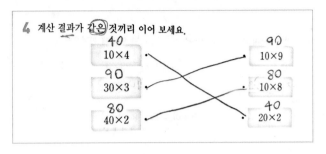

무엇이든지 하기 3

3학년 1학기 수학익힘책 사진입니다. (몇십×몇)을 구하는 간단한 문제입니다. 먼저 곱셈 결과를 식 옆에 써 두고 계산 결과가 같은 숫자끼리 선으로 잇는 간단한 문제입니다. 하지만 학생들은 계산 결과를 식 옆에 쓰지 않고 머릿속으로만 생각하여 선으로 잇습니다. 물론 이렇게 쉬운 문제에서는 실수할 가능성이 적지만, 계산이 복잡해진다면 계산 결과를 옆에 적지 않고서는 실수할 확률이 높아집니다. 그래서 무엇이든지 하기 3처럼 계산 결과를 옆에 적는 습관을 들여야 합니다.

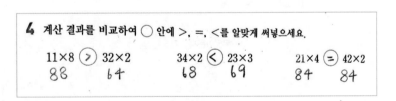

무엇이든지 하기 4-1

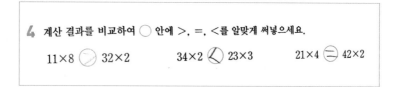

4 계산 결과를 비교하여 ○ 안에 >, =, <를 알맞게 써넣으세요.

11×8 ○ 32×2   34×2 ○ 23×3   21×4 ○ 42×2

무엇이든지 하기 4-2

또 다른 3학년 1학기 수학익힘책 사진입니다. (올림이 없는 몇십 몇
×몇)을 계산하여 크기를 비교하는 문제입니다. 무엇이든지 하기 4-2
처럼 머릿속으로 계산해서 결과를 비교하지 않고 무엇이든지 하기 4-1
과 같이 계산 결과를 문제 주변에 적고 비교하면 실수하지 않습니다.

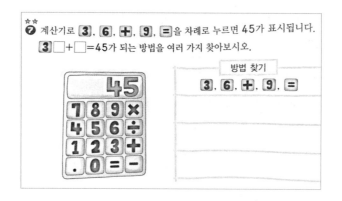

무엇이든지 하기 5-1

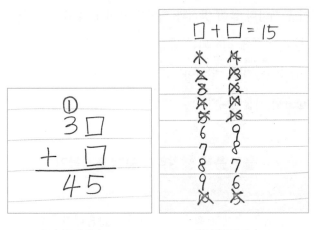

무엇이든지 하기 5-2　　　　　무엇이든지 하기 5-3

　다음은 2학년 1학기 수학익힘책 사진입니다. 이러한 문제는 정확하게 풀기 위해서 많은 생각의 과정이 필요하기 때문에, 반드시 나만의 기준을 가지고 '무엇이든지 하기'가 필요합니다. 무턱대고 아무 숫자나 넣어서 계산하거나 '무엇이든지 하기'의 과정을 거치지 않고 머릿속으로만 계산하다 보면 빠뜨리는 숫자들이 생겨 문제를 틀리게 됩니다.

　학년이 올라갈수록 어려운 문제와 복잡한 문제가 많아집니다. 그래서 아이들이 암산하는 습관을 고치지 않는다면 비교적 쉬운 문제에 속하는 응용문제도 틀리기 때문에 갈수록 수학 성적이 낮아지게 됩니다. 문제의 형태와 유형은 무수히 많습니다. 그렇기 때문에 선생님이 문제마다 풀이 방식과 해법을 제시해 줄 수는 없습니다. 모든 유형의 문제에 적용되는 공통된 풀이 방법은 없습니다. 그래서 '무엇이든지 하기'가 별것 아닌 것 같아도 수학 문제 풀이에 있어서 매우 중요한 기술입니다.

틀린 문제, 헷갈리는 문제 표시하기

수학익힘책을 숙제로 활용하는 교사가 많습니다. 그래서 부모님이나 학생이 수학익힘책을 채점해야 하는 경우가 많은데, 채점할 때도 방법이 있습니다. 빨간펜을 이용해서 틀린 문제는 '/' 표시를, 맞히기는 했지만 헷갈렸던 문제는 '★' 표시를 합니다. '/와 ★' 표시로 구분하는 이유는 내가 어떤 부분을 몰랐는지 알고, 틀린 부분과 잘 몰랐던 부분을 단원평가 전에 다시 공부하기 위해서입니다. 그리고 다시 공부할 때 어떤 생각의 과정으로 틀리게 되었는지 파악하기 위해 틀린 답은 그대로 두고 그 옆에 빨간색으로 정답을 적습니다.

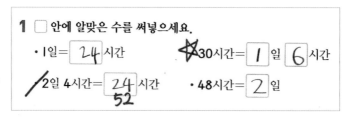

틀린 문제, 헷갈리는 문제에 표시하기

틀린 문제 빈 공간에 다시 풀기

기본적으로 틀린 문제는 '빈 공간'에 다시 풀이합니다.

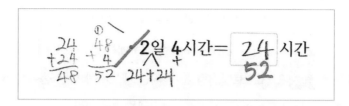

틀린 문제 빈 공간에 다시 풀기

위와 같은 문제의 경우, 아직 1일이 24시간이라는 개념을 정확하게 모르는 학생들은 주어진 숫자를 그대로 정답에 적는 실수를 하기도 합니다. 하지만 사진의 학생은 1일이 24시간이라는 개념을 알고 있었음에도, '무엇이든지 하기' 원칙을 지키지 않아서 문제를 틀렸습니다.

문제를 채점할 때 틀린 답 옆에 정답을 써 놓기 때문에, 빈 공간에 다시 풀어 보려고 하면 정답이 보입니다. 그래서 내가 어떤 부분에서 틀렸는지 생각하지 않고 문제와 정답만 다시 그대로 옮겨 적는 학생들도 많습니다.

틀린 문제를 빈 공간에 다시 풀 때는 세 가지를 지키면서 풀도록 합니다. 첫째, 틀린 답(24시간)을 지우지 않고 남겨둔 채로 풉니다.

둘째, 과정을 밝혀(2일은 24+24시간, 2일 4시간은 24+24+4시간) 적습니다. 셋째, 자주 실수하는 부분은 한글로 주의할 점(계산할 때 암산하지 않고 '2일 4시간은 24+24+4시간'처럼 숫자를 모두 적고 계산하기)을 적습니다. 자주 실수하는 부분을 문제 옆에 한글로 적어두면, 복습할 때 내가 주의할 점을 다시 한번 생각해 볼 수 있기 때문입니다.

틀린 문제를 풀이할 공간이 부족한 경우에는 포스트잇을 사용하도록 해 주세요. 포스트잇처럼 눈에 띄는 메모지에 바른 풀이를 써 놓으면 한눈에 들어와서 다시 복습하기에도 좋습니다.

숫자 바꿔서 문제 만들기

틀린 문제나 헷갈렸던 문제는 숫자만 바꿔서 다시 풀어 봅니다. 이 과정을 통해 틀린 원인을 정확하게 찾을 수 있고 같은 유형의 문제를 다시는 틀리지 않을 수 있습니다.

틀린 문제 숫자 바꿔서 다시 풀기

수학책, 수학익힘책을 제대로 풀이하는 방법들을 한 번 배웠다고 100% 내 것으로 만드는 아이는 없습니다. 배우기 전, 아이의 준비 상태에 따라 다릅니다. 평소에 경청을 잘 하고 특별히 사교육을 많이 받지 않아서 시간적, 정서적인 여유가 있는 학생들은 빨리 받아들여 자신의 것으로 만드는 모습을 해마다 봅니다. 하지만 수업 시간에 경청하지 않고 학원에 많이 다녀서 여유가 없는 학생들은 습관 만들기가 오래 걸립니다. 제대로 풀이하는 방법이 아이의 습관으로 자리 잡으려면 시간과 노력이 필요합니다. 아이는 잘 잊기도 하고 원래 자기가 하는 방식대로 다시 돌아가려고 하기 때문에 중간 중간 한 번씩 점검해 주어야 합니다.

그래서 아이들을 꾸준히 지켜봐 주고, 조금이라도 성장이 보일 때 알아차려서 칭찬해 주는 것이 필요합니다. 아이들에게 칭찬해 주면 아이들은 더 열심히 합니다. 실제 1학년 학생들과 수업할 때 처음에는 문제에 동그라미를 잘 치는 학생을 찾습니다. 그리고 그 학생의 교과서를 실물화상기로 보여 주고 칭찬을 해줍니다. 그러면 학생들이 자기도 동그라미를 쳤다며 자랑하고 확인받고 싶어 합니다. 학생들이 잘 하지 않는다 싶을 때도 잘 하고 있는 학생을 찾아 다른 학생들 앞에서 칭찬해 주면 다른 학생들의 행동이 바뀝니다.

수학익힘책은 이렇게 푸는 거예요

담임 교사가 수학익힘책을 숙제로 내지 않고 수업 시간에 풀게 한다면, 부모님은 자녀의 수학익힘책을 학기 중에 잘 볼 수 없습니다. 수학책을 숙제로 내는 교사는 거의 없으니, 수학책은 한 학기가 다 끝나고 집으로 가져왔을 때 보게 되는 사례도 많습니다. 금요일마다 수업을 마치고 수학책, 수학익힘책을 가져오게 해서 한번 확인해 보세요. 자녀가 학교에서 '제대로' 풀고 있는지 점검해 보는 시간을 가지는 것이 좋습니다.

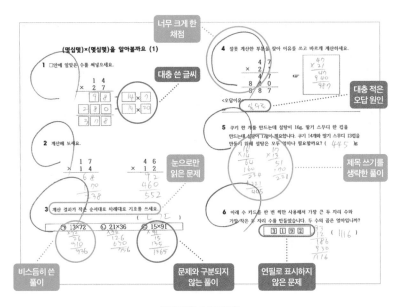

답만 적은 수학익힘책

136p의 사진은 3학년 2학기 수학익힘책 사진입니다. 많은 학생이 사진처럼 수학책, 수학익힘책을 풀고 있습니다. 만약 아이의 교과서가 사진과 비슷한 모습이라면 다음 사진처럼 풀 수 있도록 하나하나 상세하게 알려 주세요.

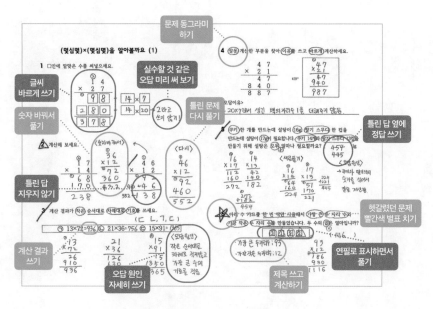

바른 습관으로 풀이한 수학익힘책

수학익힘책을 제대로 풀이한 사진입니다. 수학책, 수학익힘책은 항상 이렇게 풀 수 있도록 습관을 길러야 합니다.

3장

흔들리지 않는
수학 실력을 위한
'기초 수학 습관'

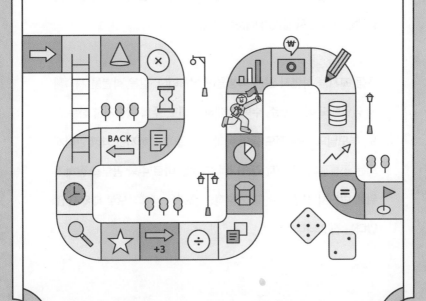

'실수도 실력이다'

이 말이 당연하게 들릴 수 있지만, 학습에서는 정말 중요한 말입니다. 학생들은 문제를 풀거나 시험을 보고 나서 틀린 문제가 생기면 "아는 문제인데 틀렸어", "실수로 틀렸어. 억울해."와 같은 말을 합니다. 이런 반응을 보였던 학생들이 다음에 같은 실수를 하지 않으면 다행이지만 대부분 같은 실수를 반복하는 경우가 많습니다. 그 이유는 무엇일까요? 바로 실수를 통해서 배움을 얻지 못하고 잘못된 습관을 바로잡지 않았기 때문입니다.

초등 교사를 하면서 많은 학생을 만났습니다. 같은 학년을 계속해서 담임해도 독서 수준, 수학을 대하는 태도, 수학 학습지를 하는 정도, 부모님의 관심 정도 등이 해마다 다릅니다. 하지만 항상 만나게 되는 공통점이 한 가지 있습니다. 그것은 바로 수학 공부를 잘하기 위해 반드시 갖추어야 할 '기본적인 습관을 체계적으로 배우지 않았다는 점'입니다.

2장에서 기초를 탄탄히 하는 방법을 배웠다면, 이제 고등학교까지 수학 실력을 끌고 갈 수 있도록 '기초 수학 습관'으로 체력을 길러야 합니다. 선행 학습을 하고 문제집을 많이 푼다고 해서 실력을 꾸준히 유지할 수 없습니다. 좋은 실력을 유지하고 향상시키는 힘은 실수를 줄이는 좋은 습관을 들이는 데 있습니다.

다음 '기초 수학 습관'은 제가 그동안 수업하면서 학생들이 자주 틀리고 실수했던 부분들을 모아 정리한 내용입니다. 이것만은 반드시 고쳤으면 하는 내용을 담았습니다. 아이들과 함께 14가지 습관들을 살펴보면서 평소 아이의 습관은 어떤지 이야기를 나누어 보세요. 그리고 그것을 바탕으로 '수학 습관 변화'를 도와주세요. 좋은 수학 습관을 만드는 것은 노력하고 연습하면 누구나 할 수 있습니다.

01

수학 근력을 다지기 위한 기초 수학 습관 14가지

첫 번째 습관: 글씨 바르게 쓰기

평소 아이들이 글씨를 바르게 쓰지 않아서 실수로 틀린 경우가 한 번씩은 있죠? 글씨를 바르게 쓰는 것은 수학 공부에서 가장 중요한 습관입니다. 다른 습관보다 제일 먼저 바로잡아야 합니다. 많은 아이들이 한글과 숫자를 대충 씁니다. 대충 쓴다는 말은 생각하지 않고 쓴다는 말입니다. 빨리 해결하고 싶은 마음으로 문제를 풀고 있다는 말이기도 합니다.

143p의 사진은 1학년 학생의 단원평가 사진입니다. 이 문제는 13과 3을 더해서 푸는 간단한 문제입니다. 이 학생은 13과 3을 세로식

으로 바르게 적었습니다. 하지만 정답에서 6을 대충 적었습니다. 그래서 6인지 0인지 정확하게 파악하지 못했습니다. 그 결과, 이 학생은 정답을 16이 아닌 10으로 생각하고 ①번으로 적었습니다.

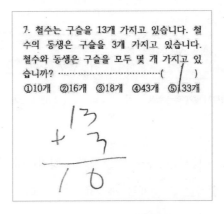

글씨를 바르게 쓰지 않아서 틀린 학생

앞서 이야기한 것처럼 실수도 실력입니다. 가장 기본이 되는 것부터 고쳐 나가면 수학 성적은 차츰 올라갑니다. 실수가 줄어들기 때문입니다. 하지만 많은 학생들은 이런 기본적인 습관을 고치지 않은 채 수학 학원에서 선행 학습을 하거나 수학 문제집을 많이 푸는 방식으로 공부하고 있습니다.

다음 사진은 4학년 학생의 수학 공책 사진입니다. '도형' 단원에서 사다리꼴에 대해 배운 후 공책에 정리한 것입니다.

글씨를 바르지 않게 적은 학생

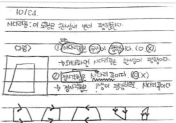
글씨를 바르게 적은 학생

글과 숫자를 적는 것은 문자로 소통하는 것입니다. 개념을 배워서 공책에 적고 숫자로 된 문제를 계산하는 것은 '나와 타인과 소통하는 과정'입니다. 더불어 문제를 푼다는 것은 계산하면서 스스로 대화하고 사고하는 과정이기도 합니다. 학생들에게 글씨를 바르게 적으라고 지도하다 보면 "저만 알아보면 되죠!"라고 말하는 학생들이 많습니다. 하지만 이렇게 말하는 학생도 정작 자신이 적은 글자와 숫자가 무엇인지 물어보면 정확하게 알아보지 못해 선뜻 대답하지 못하는 경우가 많습니다. 이렇게 내가 대충 적은 숫자 때문에 나와의 소통에 문제가 생겨 실수를 범합니다.

그리고 내가 정성껏 적지 않은 정답과 풀이 과정은 채점하는 사람과의 소통에도 문제를 일으킵니다. 수학 수행평가나 단원평가 시험지를 채점하다 보면 학생들이 쓴 글자와 숫자를 못 알아보는 경우가 종종 있습니다. 그래서 학생과 교사의 해석이 달라 학생이 억울해할 때도 있습니다.

이런 일도 있었습니다. 문제의 정답이 $2\frac{1}{4}$이었는데 학생이 쓴 답은 $2\frac{1}{4}$이었습니다. 학생은 빠르게 적다 보니 오답으로 보이는 것이지, 자신이 쓴 풀이 과정이 정확하고 실제로는 정답을 썼기 때문에 맞은 것으로 채점해 달라고 요구했습니다. 물론 풀이 과정을 보니 정확하게 풀었고 정답도 제대로 알고 있음을 알게 되었습니다. 그러나 학생이 쓴 정답은 2와 1 사이의 거리가 다소 멀었지만 $\frac{2\ 1}{4}$이었고, 이는 $2\frac{1}{4}$과는 다른 수였기 때문에 맞다고 채점해 줄 수 없었습니다. 학생의 반복되는 요구에, 동의를 얻어서 모든 학생들에게 보여 주고 투표를 통해 결정하기로 하였습니다. 그 결과 오답에 더 많은 손을 들었습니다.

이 학생은 억울해했습니다. 하지만 이런 과정을 거쳐야 다음에 같은 실수를 하지 않습니다. 지금 당장 맞다고 해 주면 기분은 좋지만, 나의 습관은 고쳐지지 않습니다. 다소 억울하고 속상할 수 있지만 이런 과정을 통해 습관 하나하나를 고쳐 나갈 수 있습니다.

한 학교에서 2학년을 담임했을 때의 일입니다. 진수(가명)는 글씨를 정말 대충 쓰는 남학생이었습니다. 한글뿐 아니라 숫자도 제가 읽을 수 없을 정도였습니다. 2학년 1학기 내내 지도해도 쉽게 고쳐지지 않아서 고민이 많았습니다. 여름방학을 앞두고 진수 엄마와 상담했을 때 이 문제에 대해 진지하게 이야기를 나누었습니다. 여름방학을 이용하여 가정에서 도와주시면 좋겠다고 말했습니다.

개학을 한 뒤에 진수의 책과 공책을 보고 깜짝 놀랐습니다. 1학기에 그렇게 대충 쓰던 진수는 누가 봐도 정성 들여 쓴 것처럼 글자와 숫자를 잘 쓰기 시작했습니다. 어떻게 된 일인지 진수에게 물어봤습니다.

교사: 진수야~ 어떻게 갑자기 글자를 예쁘고 정성스럽게 써? 무슨 일 있었어?

진수: 네.

교사: 무슨 일이야?

진수: 여름방학 때 엄마가 글씨를 대충 쓰면 다 지우고 다시 쓰라고 했어요. 그리고 글자를 잘 쓰면 스티커를 준다고 했어요. 스티커 모아서 놀이공원도 갔다 왔어요.

교사: 그렇구나. 잘했어! 앞으로도 계속 이렇게 써~

진수: 네~

한 학기 내내 진수와 씨름을 해도 되지 않았던 일이 단번에 해결

되니 참 웃겼습니다. 한번 마음을 먹고 습관을 고친 진수는 남은 2학년 내내 글씨를 잘 쓰게 되었습니다.

❖ 습관 바로잡기 코칭 포인트 ①

기대 낮추기

평소에 글씨를 대충 쓰는 아이의 공책과 책을 확인해 볼 때는 기대를 조금 낮출 필요가 있습니다. 절대로 반에서 잘하는 아이나 형제자매 중에서 우수한 아이를 기준으로 두면 안 됩니다. 그런 아이들을 기준으로 보면 내 자녀의 공책 수준이 한 없이 작아 보이고 화가 납니다. 그 화는 아이에게 전해집니다. 한 번 배웠다고 해서 잘못된 습관이 단숨에 고쳐지지 않습니다. 시간이 걸리는 문제입니다.

남자아이들은 습관 교정이 더 오래 걸린다는 것을 받아들이기

많은 학생이 글씨를 바르게 쓰는 것을 어려워합니다. 특히 남학생들이 그런 경우가 많은데요. 그럴 때는 바르게 쓰는 것에 초점을 맞추기보다 '다른 사람이 봐도 알아볼 수 있게' '대충 쓰지 않도록' 지도해 주세요. 실제로 학생들과 같이 수업하고 습관 교정을 진행해 보면 여학생들은 남학생들보다 훨씬 빨리 고칩니다. 하지만 남학생들은 고치기가 힘들고 시간이 많이 소요됩니다. 그래서 남자아이를 자녀로 둔 부모님께서는 이 점을 꼭 알고 계시면 좋습니다. 아이가 부모님 기준에 못 미치더라도 조금은 기다려 주세요.

맞는 문제도 글씨가 엉망이면 과감히 틀렸다고 채점하기

아이의 글씨를 남이 봐도 알아볼 수 있도록 습관을 바꾸기 위해서는 부모님의 결심이 필요하기도 합니다. 문제를 풀 때 답이 맞더라도 글자와 숫자를 대충 썼거나 알아보기 힘들게 썼으면 과감히 틀린 것으로 채점하고, 쓴 것들을 모두 지운 뒤 다시 풀도록 시켜 보세요. 이 과정을 몇 번 거치면 아이가 힘들어합니다. 풀었던 과정과 정답을 지우고 다시 푸는 과정이 힘들기 때문에, 이 과정을 반복하다 보면 글씨를 바르게 쓰는 것이 내가 더 편한 방법임을 스스로 깨닫게 됩니다.

내 아이만의 '당근' 활용하기

가끔 한 번씩은 앞서 소개한 진수처럼 내 아이의 관심사와 흥미에 맞는 당근을 활용해도 좋습니다. 진수를 보며 학생마다 글씨를 잘 쓸 수 있도록 계기를 마련해 주는 것이 정말 중요하다고 생각했습니다. '내 아이만의 당근'을 찾아 주세요. 결국 아이는 느리더라도 성장합니다. 그리고 아이를 잘 관찰하고 있다가 작은 성장이 발견되면 폭풍 칭찬을 해 주세요.

두 번째 습관: 공책 한 줄에 숫자 한 줄만 쓰기

수학 공책에는 줄이 있습니다. 한 줄마다 숫자도 한 줄씩만 적으면 좋을 텐데 가끔 한 줄 안에 두 줄씩 적는 학생들이 있습니다. 다음 왼쪽 사진은 6학년 학생의 수학 공책 사진입니다. 이 학생은 소수의 나눗셈을 계산할 때 한 줄 안에 숫자를 두 줄로 적으면서 계산했습니다. 오른쪽 사진은 2학년 학생의 수학 공책 사진으로, 한 줄 안에 숫자를 한 줄 적었습니다.

한 줄에 숫자를 두 줄씩 적은 학생   한 줄에 숫자를 한 줄씩 적은 학생

한 줄 안에 숫자를 두 줄로 적으면 자연스럽게 글자가 작아질 수밖에 없습니다. 글자가 작아지면 잘 보이지 않을 뿐 아니라 숫자를 잘못 보고 실수할 확률이 높아집니다. 이 학생의 경우에는 소수점 계산이 중요한데 공책 한 줄에 두 줄씩 써서 작아진 글자들 사이에 더 작은 소수점을 놓치고 계산하는 실수를 하게 됩니다.

이런 학생들을 잘 관찰하면 그림을 그릴 때도 사람이나 동물을 작게 그리는 경우가 많습니다. 가족과 있었던 일을 그림으로 그리라고 하면 가족을 아주 작게 그립니다. 원래 그런 성향의 학생들입니다. 1년 내내 조금 더 크게 그리라고 알려 줘도 큰 변화가 없었습니다. 하지만 한 줄 안에 숫자를 한 줄만 적는 것은 몇 번만 가르쳐 주니 잘 바꿨습니다.

❖ 습관 바로잡기 코칭 포인트 ②
한 줄 안에 가득 차도록 적기

한 줄에 숫자를 작게 적은 학생	한 줄에 숫자가 가득 차도록 크게 적은 학생

작년에는 1학년을 담임했었는데, 우리 반에는 한 줄 안에 숫자를 두 줄씩 적는 학생이 한 명도 없었습니다. 하지만 왼쪽 사진처럼 숫자 자체를 작게 적어서 6인지 8인지, 9인지 0인지 구분하기 어렵게 쓴 경우를 많이 보았습니다. 그래서 오른쪽 사진처럼 '한 줄 가득 숫자를 크게 적도록' 지도하고 있습니다. 0부터 9까지 숫자를 한 줄 가

득 적어 보는 연습을 시켜 보세요. 몇 번만 해 보면 아이들의 글자 크기가 커지는 것을 확인할 수 있습니다.

일부러 한 줄 안에 두 줄로 적어 보기

사진처럼 15+38의 세로식을 한 줄 안에 적어 보도록 합니다. 그리고 아이와 이야기를 나눕니다. 어떤 점이 문제인지, 그로 인해 어떤 실수를 할 확률이 있는지 얘기해 봅니다. 그리고 한 줄 가득 적는 연

일부러 한 줄 안에 숫자를 두 줄로 적어 보기

습을 몇 번 해 보세요. 일부러 이런 연습을 해 보는 것도 의미가 있습니다. 부모님과 교사의 잔소리보다 아이 스스로 깨닫는 과정이 학생의 습관 변화에 더 도움이 됩니다.

설득하고 대화 나누기

이런 습관을 고치는 과정이 쉽지만은 않습니다. 아이와 부모님의 시간과 노력이 동시에 필요합니다. 아이가 저학년이라도 '설득과 동의의 과정'을 거치면 고학년 아이보다 더 쉽고 빠르게 습관을 고칠 수 있습니다. 자발성이 중요합니다. 부모님의 진심 어린 조언이 자칫 아이에게 잔소리가 될 수도 있습니다. 한 번에 바뀌지 않는 아이

들의 모습을 보고 답답하고 조급한 마음이 들 수도 있지만, 걱정은 잠시 놓아두세요. 느리지만 아이들은 성장하고 있습니다. 아이에게 한번 제안해 주세요.

"이렇게 적어 보는 게 어때?"

세 번째 습관: 비스듬히 풀지 않기

수업 중에 학생들을 보면 앉는 자세가 바르지 않은 경우가 많습니다. 바른 자세로 앉았지만 책을 45도 정도 삐딱하게 돌려서 사용하는 학생들도 많습니다. 그리고 책은 바르게 폈지만 팔과 손을 꺾어서 글을 쓰는 학생들도 있습니다. 이런 학생들은 글과 숫자를 쓸 때도 비스듬히 쓸 확률이 높습니다.

비스듬히 적는 학생들의 심리는 무엇일까요? 이런 학생들은 '빨리 해치우고 싶은 마음'을 가진 경우가 많고 정성 들여서 문제를 풀지 않습니다. 문제를 풀게 하고 다 푼 순서대로 나오라고 하면, 이런 습관이 있는 학생들은 5등 안으로 나옵니다. 문제를 대충 빨리 풀었기 때문에 남들보다 먼저 나오는 것입니다. 단원평가를 칠 때도 40분에 걸쳐 풀어야 하는 시험지를 5~10분 만에 다 풀었다고 말합니다. 이런 학생들은 실수가 잦습니다.

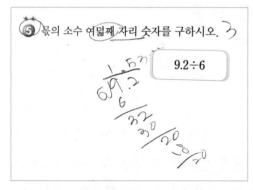

| 숫자를 비스듬히 적은 학생 | 숫자를 바르게 적은 학생 |

　　왼쪽 사진은 6학년 학생이 소수의 나눗셈을 한 사진입니다. 이 학생은 정답을 맞히긴 했지만, 보통 문제를 비스듬히 푸는 학생은 나머지를 구하는 문제에서 실수할 가능성이 높습니다. 특히 나눗셈에서는 소수점의 자리가 중요한데, 예를 들면 나머지를 0.2로 적어야 할 문제에서 0.02로 적는 실수를 하게 됩니다. 비스듬히 적으면서 각 자리의 숫자들이 정돈되지 않았기 때문입니다.

　　덧셈과 뺄셈에서도 자리는 중요합니다. 십의 자리 숫자는 십의 자리 숫자 자리에 적어야 합니다. 곱셈도 마찬가지로 자릿값을 지키면서 푸는 것이 중요합니다. 학년이 올라갈수록 문제의 난이도가 높아지고 풀이 과정도 길어지기 때문에 자릿값을 지키면서 푸는 것은 더 중요해집니다. 하지만 많은 아이가 저학년 때부터 비스듬히 푸는 것의 문제점을 모르고 자신의 습관을 고치지 않은 채 고학년이 됩니다.

바른 자세 예시 보여 주기

비스듬히 풀지 않는 습관을 고치기 위해서는 자세부터 바르게 해야 합니다. 바르게 앉는 자세는 부모님이 먼저 시범을 보여 주세요. 먼저 의자에 엉덩이를 바짝 붙이고 의자를 최대한 책상에 가까이 당겨 앉습니다. 그다음, 책과 공책을 돌려 놓지 않고 바르게 놓는 것부터 시작해야 합니다. 마지막으로 팔과 손이 꺾이지 않도록 바른 자세로 씁니다. 이 세 가지 과정을 아이에게 먼저 보여 주고 따라 하게 합니다. 학교에서 지도해 보면 세 가지 과정 중 한 가지 정도만 지키는 아이들이 많습니다. 꼭 세 가지 조건을 모두 지키면서 바른 자세를 할 수 있도록 아이에게 주기적으로 시범을 보여 주세요.

척추 옆굽음증(척추측만증) 뉴스 보여 주기

저는 학기 초에 〈초등 5~6학년 여학생, 척추 측만증 주의보〉 뉴스 기사를 학생들에게 보여 줍니다.[14] 그리고 바른 자세로 앉는 것의 중요성을 이야기해 줍니다. 이렇게 직접 등이 굽은 사례를 보여 주면 학생들의 자세가 바르게 변화하는 것을 볼 수 있습니다. 하지만 아직 습관이 되지 않은 학생들은 금세 다시 원래 습관대로 돌아

---

14 왕지웅, "초등 5~6학년 여학생, 척추 측만증 주의보", 연합뉴스, 2015.10.17.

가는데, 그때 기사 이야기를 해 주면 스스로 자세를 고칩니다. 더 이상 교사의 잔소리로 여기지 않고 진심 어린 걱정으로 여기게 됩니다. 척추 옆굽음증에 대한 뉴스 기사를 함께 보면서 바른 자세에 관해 이야기를 한번 나눠 보세요. 열 번 잔소리하는 것보다 훨씬 효과가 좋습니다.

공부하는 모습을 사진 찍어서 보여 주기

비스듬히 앉은 1학년 학생들

1학년 수업 시간에 학생들이 앉아 있는 모습은 정말 충격적입니다. 20명의 자세가 다 다릅니다. 바른 자세로 앉는 학생들이 거의 없습니다. 그래서 하루는 수학익힘책을 푸는 시간에 학생들이 앉은 뒷모습을 사진으로 찍은 후, 함께 보면서 이야기를 나누었습니다. 평소에 본인이 앉은 모습을 볼 기회가 많지 않기 때문에 학생들은 깜짝 놀랐습니다. 그날 이후, 저희 반에는 바른 자세로 앉는 학생들이 많아졌습니다.

집에서도 공부하는 아이의 뒷모습을 관찰해 보세요. 그리고 자녀의 뒤와 옆에서 사진을 찍어 앉은 모습, 책과 공책을 놓은 방향, 손목이나 팔의 꺾임 등을 함께 확인하고 이야기해 보세요.

책을 45도로 돌려서 보는 학생

눈금 노트나 메모지의 도움 받기

비스듬히 푸는 습관이 심한 아이는 '그리드 노트'나 '모눈 노트' 같은 눈금 노트의 도움을 받아도 좋습니다. 격자무늬로 된 수학 공책으로 줄을 맞추어 사칙연산 연습을 하면 비스듬히 푸는 것을 조금씩 고쳐 나갈 수 있습니다. 눈금이 있는 공책을 잠시 사용하다가 바른 자세가 습관이 되면 일반 수학 공책으로 바꿔 주세요.

줄이 쳐진 메모지의 도움 받기

줄이 쳐진 메모지도 도움이 됩니다. 아이스크림몰[15]에서 '세로셈 점착 메모지'라고 검색하면 나눗셈용 한 개와 곱셈, 덧셈, 뺄셈용 한 개의 점착 메모지가 나옵니다. 포스트잇과 같은 형태의 점착 메모지로, 학생들이 자릿값을 지키면서 문제를 풀 수 있도록 각 자리가 점선으로 미리 표시되어 있습니다. 실제 저희 반 학생들에게 이 메모지를 주고 수학 시간에 사용하도록 했더니, 비스듬히 푸는 습관을 생각보다 빨리 고칠 수 있었습니다. 가격도 저렴하고 학생들에게 비스듬히 풀지 않도록 연습시키기에 좋습니다. 배송비가 있기 때문에 다른 학용품과 함께 사서 활용해 보세요.

공책을 상하로 펼쳐지게 돌려서 사용하기

비스듬히 풀이하는 습관이 잘 고쳐지지 않은 학생들은 공책을 상하로 펼쳐지게 돌려서 사용하면 습관을 빨리 고칠 수 있습니다. 이 방법은 부모님이 따로 줄을 그어주거나 눈금이 그려져 있는 메모지를 사지 않아도 쉽게 습관을 고칠 수 있는 방법입니다. '수와 연산'

---

15 https://www.i-screammall.co.kr/

같이 기본 계산을 하는 단원에서는 일시적으로 공책을 돌려서 사용해 봐도 좋습니다.

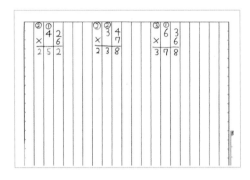

공책을 상하로 펼쳐지게 돌려서 사용하기

네 번째 습관: 틀린 문제만 채점하기

많은 부모님이 아이들의 수학익힘책, 수학 문제집을 채점해 줍니다. 이때, 채점하는 방식이 중요합니다.

159p 사진은 2학년 수학익힘책 사진입니다. 왼쪽은 맞은 것과 틀린 것을 모두 매겼고 오른쪽은 틀린 것만 매겼습니다. 대부분 학생과 부모님은 왼쪽처럼 채점하는데, 왼쪽처럼 채점할 때의 문제점은 무엇일까요?

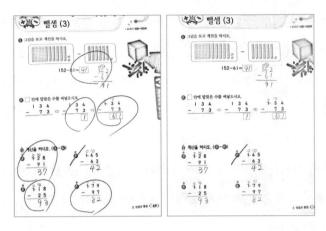

맞은 답과 틀린 답 모두 매긴 학생   틀린 답만 매긴 학생

　채점할 때는 '틀린 문제만' 틀렸다고 표시하는 것이 좋습니다. 왜냐하면 문제를 풀고 정답을 매기는 이유는 내가 모르는 부분을 파악해서 그 부분을 다시 공부하는 것에 있기 때문입니다. 하지만 왼쪽 사진처럼 맞은 부분과 틀린 부분을 모두 다 매기게 되면 책과 시험지가 지저분해져서 틀린 문제를 다시 보기 싫어집니다. 또한 틀린 문제가 한눈에 잘 들어오지 않기 때문에 다시 공부하지 않고 넘어가게 됩니다.

　반면, 오른쪽 학생처럼 틀린 부분만 표시하면 단원평가를 위해 복습할 때 틀린 부분을 찾기 쉽고, 책이 깨끗해서 다시 공부하기 좋습니다.

5학년인 지수(가명)의 수학익힘책에는 틀린 문제에 별표 표시가 되어 있었습니다. 지수는 채점할 때 틀린 문제를 모두 별표로 표시하고 있었습니다. 지수에게 물어보니 집에서 엄마와 공부할 때 엄마가 틀린 문제를 별표로 표시해 주신다고 말했습니다. 그 이후에 지수 엄마와 이야기를 나누어 보니, 문제를 틀리면 지수가 속상해하고 마음이 상할까 봐 별표로 표시해 줬다고 말씀하셨습니다. 그러나 별표 표시는 복습할 때 내가 몰랐던 부분을 표시하는 수단으로 사용하면 좋습니다.

문제를 풀고 평가하는 목적은 무엇일까요? 문제를 푸는 목적은 '내가 모르는 부분을 확인'하는 것입니다. 그래야 내가 모르는 부분을 알고 다음에 안 틀릴 수 있습니다. 교육의 목표는 배움과 성장인데, 내가 틀린 부분이 어떤 부분인지도 모른다면 배움도 없고 성장도 없습니다. 평가의 목적은 100점이 아닙니다. 내가 모르는 부분을 틀려야 배울 수 있습니다.

❖ 습관 바로잡기 코칭 포인트 ④
맞은 문제는 번호 크기만큼 작게 채점하기

틀린 문제만 채점하라고 알려드리니 한 엄마가 고민을 말씀하셨습니다. 맞은 부분을 채점해 주지 않으니 아이가 속상해한다는 것이었습니다. 내가 푼 문제가 맞아서 동그라미를 치면 기분이 좋으니

다. 그런데 틀린 문제만 채점을 하
니 아이의 입장에서는 속상할 수 있
습니다. 그럴 때는 맞은 문제에 문
제의 번호 크기만큼(새끼손톱 크기)만
동그라미를 쳐줍니다. 이렇게 하는
이유를 아이에게 잘 설명해 주세요.
실제로 저희 첫째 딸도 동그라미를
쳐주지 않는 것에 대해 속상해해서,
집에서 채점할 때는 이렇게 하고 있
습니다.

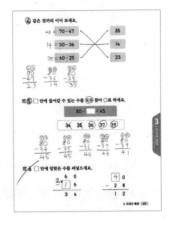

맞은 답은 문제 번호만큼,
틀린 답은 크게 채점하기

틀리는 것은 부끄러운 것이 아니라는 것을 알려 주기

틀린 문제에 별표를 표시하는 지수와 틀린 문제만 채점하는 것을
속상해하는 아이의 공통점은 무엇일까요? 왜 아이들과 부모님들은
틀린 문제에 빗금 치는 것을 싫어할까요?

그 이유는 틀리는 것은 부끄러운 것이라고 생각하기 때문입니다.
하지만 내가 모르는 것은 솔직하게 틀려야 배울 수 있습니다. 틀리
는 것은 부끄러운 것이 아닙니다. 오히려 틀린 것을 공부하지 않고
모른 채로 넘어가는 것이 부끄러운 것입니다. '틀리는 것은 부끄러
운 것이 아니야. 틀려야 제대로 배우고 있는 거야.'라고 아이에게 알

려 주세요.

가만히 생각해 보면 학생 입장에서는 '틀려도 괜찮다', '틀리면서 배운다'라는 사실을 배워본 적이 없을 것 같습니다. 대부분 가정에서는 부모님이 채점해 줄 텐데, 이때 쉬운 문제를 틀리거나 실수를 반복하는 것을 보면 좋은 말이 나가지 않는 경우가 많을 것입니다. 그러면 잔소리로 이어질 수밖에 없습니다. 이런 상황이 반복되면 아이들은 '틀리는 것은 부끄러운 것이다'라고 생각하게 됩니다.

다 맞혔을 때는 큰 원 그려 주기

반 학생들에게 틀린 문제만 표시하라고 알려 주며 수학익힘책을 검사하다 보니 생각보다 많은 학생들이 싫어하고 있음을 알게 되었습니다. 학생들의 솔직한 마음을 들어보니 "내가 그동안 열심히 한 노력이 없어지는 것 같다", "뿌듯한 감정이 들지 않는다", "채점하고 나니 틀린 것만 보여서 속상하다"라고 말했습니다. 학생들은 선생님이 틀린 것만 채점하라고 하는 취지와 목적에 공감하긴 했지만, 막상 열심히 푼 수학익힘책에 동그라미를 하나도 칠 수 없다는 사실에 속상해하고 있었습니다. 물론 교사의 취지를 100% 받아들이는 학생들은 문제가 없었지만, 이처럼 거부감을 보이는 학생들에게는 한 쪽의 문제를 모두 다 맞혔을 때 얼굴만큼 큰 동그라미 한 개를 그리도록 합의하였습니다. 그렇게 하였더니 많은 학생들의 표정이 밝아지는 것을 볼 수 있었습니다. 큰 원을 그리면서 학생들은 만족감을 얻고 성취감을 얻은 듯한 모습을 보여 주었습니다.

틀린 표시는 (V)로 매기기

학생들을 지도하다 보니 틀린 표시를 빗금(/)으로 하지 않고 브이(V)로 하는 학생들을 간혹 볼 수 있었습니다. 그 학생들과 이야기를 해 보니 빗금으로 매기면 뭔가 기분이 안 좋다고 말했습니다. 그렇다면 브이 표시를 했을 때는 어떤 기분이 드냐고 물으니, 이건 괜찮다고 말했습니다. 이 말을 듣고 반 전체 학생들에게 조사를 해 보니 두세 명 정도의 학생들이 동의하였습니다. 그래서 빗금으로 매기는 것이 싫은 사람은 브이 표시로 채점해도 된다고 말해 주니 좋아했던 기억이 있습니다.

채점 방식 이외에도 아이와 함께 다양한 이야기를 나누어 보세요. 집에서 문제집을 풀게 하고 채점을 해 주다 보면 아이의 입장에서는 부모님이 항상 감시하고 확인하는 사람이라고 생각할 수도 있습니다. 아이와의 대화를 통해 언제나 부모님은 아이들을 도와주는 존재, 응원해 주는 사람이라는 것을 반복해서 진심으로 알려 주세요.

다섯 번째 습관: 틀린 답 지우지 않고 옆에 정답 적기

채점할 때 흔히 하는 실수 중 하나는 틀린 답을 지우거나 틀린 답 위에 정답을 적는 것입니다. 학생들은 틀린 답이니까 당연히 지워야 한다고 생각하는 것 같습니다.

다음 왼쪽 사진은 틀린 답 42 위에 정답 82를 적었습니다. 이렇게 적으니 틀린 답도, 정답도 잘 보이지 않습니다. 반면, 오른쪽 사진은 틀린 답을 그대로 두고 옆에 정답을 적었습니다. 이렇게 적으니 틀린 답도, 정답도 잘 보입니다.

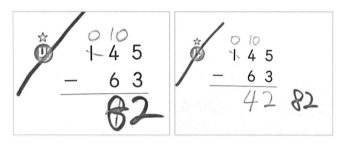

틀린 답 위에 정답을 적은 학생　　　　　틀린 답 옆에 정답을 적은 학생

❖ 습관 바로잡기 코칭 포인트 ⑤
틀린 답을 남겨두는 것의 중요성 이야기해 주기

틀린 답과 풀이는 지우지 않아야 합니다. 그래야 내가 어디에서

잘못 생각하여 실수했는지 알고 같은 실수를 반복하지 않을 수 있습니다. 오답 위에 정답을 적는 경우도 있는데, 이런 경우에는 내가 오답을 무엇이라고 썼는지 잘 보이지 않기 때문에 나의 잘못된 풀이 방법을 다시 확인해 볼 수 없습니다. 그래서 오답 옆에 정답을 적는 것이 좋습니다.

빨간펜으로 틀린 답 표시하기

연필로 채점하다 보면 틀린 답 옆에 정답을 적었을 때 어떤 것이 정답인지 헷갈립니다. 그래서 채점할 때는 항상 빨간펜을 사용하고, 틀린 답 옆에 정답을 적을 때도 빨간펜을 이용해 주세요. 빨간펜으로 적은 정답은 눈에 잘 띄기 때문에 복습할 때 틀린 문제를 찾기에도 좋습니다.

숫자를 바꾸어 비슷한 문제 한 번 더 풀기

틀렸던 방식으로 다시 틀리지 않기 위해서는 내가 틀린 원인을 정확하게 파악하고 비슷한 문제를 추가로 푸는 것이 좋습니다. 아이 스스로 아직 그럴 만한 수준이 되지 않는다면, 부모님이 숫자를 바꿔서 문제를 내 주세요. 3학년쯤부터는 아이 스스로 할 수 있을 것입니다.

부모님이 채점하는 방법 알려 주기

부모님이 채점할 때 틀린 답과 풀이를 지우지 않고 그 옆에 정답을 적는 모습을 보여 주는 것은 굉장히 중요합니다. 채점하는 방법을 아이에게 꾸준히 알려 주세요. 그러면 아이도 점점 납득하고 따라하게 될 것입니다.

여섯 번째 습관: 공책은 반 접어서 사용하기

다음 사진은 모두 2학년 학생의 수학 공책 사진입니다. 왼쪽 사진은 공책을 반으로 접지 않고 사용한 학생, 오른쪽 사진은 반으로 접어서 사용한 학생입니다.

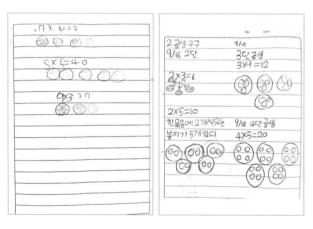

공책을 반으로 접지 않고 사용한 학생　　　공책을 반으로 접어서 사용한 학생

왜 공책을 반으로 접어서 사용해야 할까요?

첫째, 나의 풀이를 점검해 볼 수 있습니다. 공책을 반으로 접어서 사용하면 풀이가 정리되어 잘못 푼 부분을 쉽게 찾아볼 수 있기 때문에 나의 문제점을 금세 찾을 수 있습니다.

둘째, 공책 낭비를 줄일 수 있습니다. 한 장을 두 칸으로 나눠서 사용하는 것이기 때문에 공책을 낭비하지 않고 사용할 수 있습니다.

셋째, 시험을 볼 때 연습장 없이 시험지 안에 계산할 수 있습니다. 평소에 수학 공책을 반 접어서 공간 활용을 연습한 학생은 풀이를 위해 많은 공간이 필요하지 않습니다. 하지만 평소 공책을 반으로 접어서 풀지 않았던 학생은 계산할 때 공간을 효율적으로 사용하지 못합니다. 그래서 문제와 문제 사이에 있는 공간이나 문제 옆에 있는 여백만으로 시험 치기를 힘들어합니다. 그래서 계산할 수 있는 이면지나 연습장을 달라고 합니다. 여분의 종이 없이 시험지 여백만으로 문제를 푸는 것도 연습이 필요한 부분입니다. 공책을 반으로 접어서 사용하는 것으로 글자 크기 조절, 공책의 공간 활용, 풀이 과정 확인, 시험 대비 공간 활용 등 많은 것을 배우고 자신의 잘못된 습관을 고쳐 나갈 수 있습니다.

선으로 반 나누어진 수학 공책 사주기

수학 공책을 사줄 때부터 선으로 반이 나누어진 공책을 사주면 가장 편하게 습관을 고칠 수 있습니다.

부모님이 반으로 접어 주고 선 그어 주기

집에 새 수학 공책이 남아 있거나, 샀는데 가운데 선이 없는 경우에는 부모님이 반으로 접어 주고 접힌 부분을 따라 선을 그어 주세요. 이 과정을 아이 앞에서 보여 주고 점차 아이 스스로 할 수 있도록 알려 주세요. 이 과정을 통해 배우는 부분 또한 있습니다.

왼쪽 공간을 다 쓴 후 오른쪽 맨 위부터 쓰라고 알려 주기

1학년을 담임할 때 반 학생들에게 중간에 선이 그어진 수학 공책을 학습 준비물로 사준 적이 있습니다. 하지만 학생들은 초등학교에 처음 입학해서 그런지 수학 공책 사용 방법을 몰랐습니다. 한 문제를 왼쪽에 풀고, 아래에 공간이 많이 남아 있었는데도 오른쪽 공간에 또 한 문제를 풀고, 한 장을 넘겨서 세 번째 문제를 풀고 있었습니다. 이처럼 아이들은 공책 사용 방법을 모르는 경우가 많습니다. 그래서 왼쪽 공간을 위에서부터 아래까지 다 쓴 후 오른쪽 공간으로 넘어와서 다시 위쪽부터 차례대로 쓸 수 있도록 알려 줘야 합니다. 이 부분은 한두 번만 시행착오를 거치면 배운 대로 잘 합니다.

일곱 번째 습관: 연필로 하나씩 체크하면서 풀기

학생들이 가장 고치기 어려워하는 습관은 '연필로 하나씩 체크하면서 풀기'입니다. 고치기 쉬워 보이지만 습관이 되지 않은 학생들에게는 참 어려운 부분인가 봅니다.

문제를 풀 때 연필로 체크하지 않고 눈으로만 풀이하는 학생들이 상당히 많습니다. 이런 학생들은 공의 개수를 세는 문제도 눈으로 풉니다. 한 묶음에 10개씩 3묶음이 있는 문제는 잘 맞추지만, 8묶음처럼 많아지면 70 또는 90을 써서 틀립니다. 연필로 체크하면서 숫자를 세었더라면 절대 틀릴 수 없는 문제를 '눈으로만' 풀어서 틀린 것입니다.

170p의 첫 번째 사진들은 6학년 학생의 수학익힘책입니다. 왼쪽은 눈으로 대충 푼 학생, 오른쪽은 연필로 체크하면서 푼 학생의 책입니다. 각기둥의 모서리, 꼭짓점, 면의 수를 적는 문제인데, 학생들은 이 문제를 풀기 위해 각기둥들의 모서리, 꼭짓점, 면의 수를 외워 놓습니다. 하지만 이 문제는 연필로 하나씩 체크하면 공식을 외우지 않고도 풀 수 있습니다.

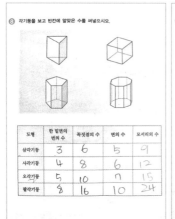
눈으로만 푼 학생 1

도형	한 밑면의 변의 수	꼭짓점의 수	면의 수	모서리의 수
삼각기둥	3	6	5	9
사각기둥	4	8	6	12
오각기둥	5	10	7	15
팔각기둥	8	16	10	24

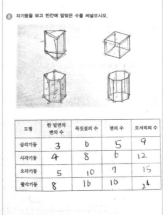
연필로 표시하면서 푼 학생 1

도형	한 밑면의 변의 수	꼭짓점의 수	면의 수	모서리의 수
삼각기둥	3		5	9
사각기둥	4	8	6	12
오각기둥	5	10	7	15
팔각기둥	8	16	10	24

대부분 눈으로 푸는 학생들은 팔각기둥의 모서리 수를 24로 적지 않고 23으로 적어서 틀립니다. 그리고 "실수로 틀렸어요"라고 말합니다. 그런 실수도 실력입니다.

눈으로만 푼 학생 2

눈으로만 푼 학생 2처럼 물건의 개수를 물어보는 문제도 '눈으로만' 푸는 학생들을 아주 많이 볼 수 있습니다. 어른인 제가 봐도 눈으로만 보고 계산하면 실수를 합니다. 그래서 '연필로 하나씩 체크하면서 풀기'는 수학 공부를 할 때 갖춰야 할 기본 중의 기본 습관입니다.

❖ 습관 바로잡기 코칭 포인트 ⑦

습관의 중요성을 아이에게 설명해 주기

'연필로 하나씩 체크하면서 풀기'야말로 아이들이 열린 마음으로 받아들여야 할 습관입니다. 아무리 잔소리해도 잘 고쳐지지 않는 부분이기도 합니다. 도형 문제든 기본 연산 문제든 아이들이 필요성을 느낄 수 있도록 다양한 사례를 보여 주면서 이야기해 주세요.

부모님이 시범 보여 주기

172p의 사진은 색깔별로 체크하는 모양(○△□/V)을 바꿔 가면서 개수를 센 학생의 사진입니다. 실제 초등학교 교실에서 학생들을 지도해 보면 '연필로 표시하면서' 푸는 방법을 모르고 있는 학생들이 많습니다. 그래서 저는 실물화상기를 이용하여 교사용 책으로 먼저 시범을 보여 주고 수업합니다. 그리고 학생들을 관찰해 보면 수업하기 전보다 많이 변화된 모습을 볼 수 있었습니다. 연필로 체크하면

서 푸는 것은 저학년 때 습관으로 들이면 고학년까지 큰 어려움 없이 유지할 수 있습니다. 하지만 저학년 때 습관이 되지 않으면 고학년 때 쉽게 고치지 못하는 경우를 많이 보았습니다. 한 학년이라도 더 어릴 때 습관을 바로잡을 수 있도록 도와주시고, 처음에는 자녀들과 대화하면서 부모님이 먼저 시범을 보여 주세요.

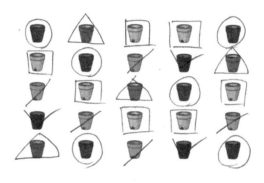

연필로 표시하면서 푼 학생 2

여덟 번째 습관: 문제 읽고 동그라미 치기

학생들은 시험을 본 후 말합니다. "이건 문제를 잘못 봐서 틀렸어요. 원래 풀 수 있는 문제인데." 이런 학생은 '문제 제대로 읽기'를 습관으로 만들지 않으면 똑같은 실수를 반복하게 됩니다. 실수가 잦아지면 공부한 만큼 성적이 나오지 않고, 이런 일이 반복되면 공부에 재미가 생기지 않습니다. 그래서 내가 알고 있는 것은 틀리지 않아야 하고 그러기 위해서는 가장 먼저 문제를 제대로 읽는 것이 해결되어야 합니다. 문제에 동그라미를 치는 것이 중요한 이유입니다.

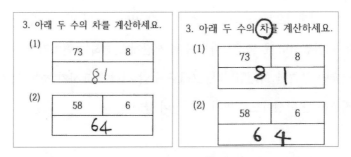

동그라미를 치지 않아 덧셈으로 풀이한 학생   동그라미는 쳤으나 덧셈으로 풀이한 학생

  사진은 2학년 뺄셈 문제로, 두 수의 차를 구하는 문제입니다. 하지만 왼쪽 학생은 두 수를 더하여 (1)번 문제의 답을 81이라고 적었고 (2)번 문제의 답을 64라고 적었습니다. 실제 이 학생은 덧셈과 뺄셈을 정확하게 계산할 수 있는 학생입니다. 그런데 왜 틀렸을까요? 바로 '문제를 제대로 읽지 않았기 때문'입니다.

  이 학생이 오답 풀이를 많이 하고, 문제집을 많이 풀고, 학습지를 많이 풀고, 수학 전문 학원에 다닌다고 나쁜 습관이 고쳐질까요? 절대 아닙니다. 이런 학생은 평소 학교에서 수학책, 수학익힘책을 풀 때부터 문제에 동그라미를 치는 습관을 길러야 합니다. 그렇게 해야 시험을 볼 때도 자연스럽게 동그라미를 치면서 문제를 풉니다.

오른쪽 학생은 문제에 동그라미를 쳤는데 왜 왼쪽 학생과 같은 실수를 했을까요? 아직 문제에 동그라미 치며 읽는 방법을 완벽하게 습득하지 못했기 때문입니다. 선생님이 시켰기 때문에 하긴 했는데, 기계적으로 했을 뿐 스스로 생각하면서 풀지 않은 것입니다. 왼쪽 사진처럼 푼 학생보다는 수업 시간에 집중하는 편이지만 아직 연습이 부족한 학생입니다. 그래도 수업 시간에 교사가 하는 말에 집중을 한 학생이므로 발전 가능성이 큽니다.

❖ 습관 바로잡기 코칭 포인트 ⑧

수학책, 수학익힘책, 수학 문제집 문제에 동그라미 치는 연습하기

만약 어떤 학생이 문제를 잘못 읽어서 틀린 문제가 있다고 가정해 봅시다. 이 학생은 평소 수학책, 수학익힘책을 풀 때도 문제에 동그라미를 안 칠 확률이 높습니다. 그래서 수학 교과서들을 펼치고 맞는 문제, 틀린 문제와 상관없이 모든 문제에 동그라미 치기 연습을 해야 합니다. 하다 보면 어떤 포인트에 동그라미를 해야 하는지 느낌이 오고, 동그라미를 치는 것이 그렇게 귀찮은 것이 아니라 간단한 것임을 알게 됩니다.

문제에 동그라미 치면서 '생각의 과정' 말하기

문제에 동그라미를 칠 때는 다음과 같은 생각의 과정을 가져야
합니다.

문제에 동그라미를 칠 때 꼭 거쳐야 하는 생각의 과정

"아래 두 수의 차를 계산하세요"라는 문제에서 가장 중요한 부분이 뭘까?

친구들이 어디서 실수를 많이 할까?

'차' 부분이 가장 중요할 것 같아.

'차' 부분에 동그라미를 해야지.

'차'니까 이 부분은 '더하기'로 풀지 않고 빼기로 풀어야지.

더하기로 푸는 실수는 안 할 거야.

이 학생처럼 생각의 과정을 거치면서 중요한 부분에 동그라미를
치고, '차'가 '−'라는 것을 옆이나 위에 씁니다. 이렇게 하면 실수를
하지 않습니다.

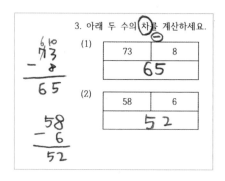

문제에 동그라미를 치면서 풀이한 학생

성적은 평소 수업 시간의 태도와 스스로 공부할 때의 습관에 의
해 결정됩니다. 이 학생의 평소 수업 시간 태도는 아주 좋았습니다.

동그라미를 치지 않았던 문제 찾기

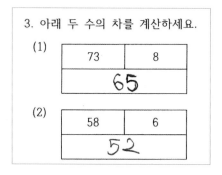

문제에 동그라미를 치지 않고 정답을 맞힌 학생

이 학생은 문제에 동그라미를 치지 않고도 이 문제를 맞았습니다. 실제 학생들의 시험지를 채점하다 보면 이런 학생들이 아주 많습니다. 하지만 이런 식으로 문제를 풀면 언젠가는 문제를 잘못 읽어서 실수하게 됩니다. 그래서 문제를 맞았더라도 문제에 동그라미 치지 않는 습관은 고쳐야 합니다. 하지만 학생들은 문제를 맞혔으니 동그라미 치는 것을 귀찮아합니다. 귀찮더라도 실수하지 않기 위해 그리고 '수학 내공'을 쌓기 위해서는 반드시 갖추어야 할 습관 중 하나입니다. 그래서 수학 교재를 넘기며 '동그라미를 치지 않았던 문제 찾기' 활동을 해 보는 것도 좋습니다.

습관을 성공적으로 바꾼 사례 이야기해 주기

2학년을 담임하던 해, 4월 초로 기억합니다. 퇴근 후에 가족과 벚꽃 구경을 하기 위해 집 근처 공원으로 나들이를 나갔는데 우주(가명) 엄마로부터 문자가 왔습니다. 3월부터 매일 수학 시간마다 수학 습관을 바로 잡아 주기 위해 많은 관심과 노력을 기울였었는데, 우주는 반 학생 중에서도 경청을 잘 하고 저의 지도를 잘 따른 학생이었습니다. 우주 엄마의 문자를 받고 참 많이 기뻤습니다. 교

> 단원평가 숙제하는데
> 넘넘 감동받아서
> 퇴근하신 줄 알면서도
> 문자드립니다^^::
> 문제 거의 안 읽고
> 푸는데 문제에
> 동그라미하면 확실히
> 읽는습관
> 잡히겠습니다.
> 이런방법으로하면
> 학원갈 필요도
> 없겠습니다^^♡♡
> ▆▆가 틀린답
> 고치라니까 고치면
> 안된다고 학교에
> 습관배우러
> 다닌다고하니
> 신기방기해 절로
> 웃음이 납니다.
> 감사하고 편안한 주말
> 보내셔요^^

2학년 우주 엄마가 보낸 문자

사의 보람은 학생과 학부모님의 성장에서 옵니다. 이런 사례를 아이들에게 이야기해 주세요. 아이들도 사례 속의 주인공이 될 수 있습니다.

아홉 번째 습관: 문제와 계산을 구분해서 적기

문제와 계산을 구분해서 적는다는 것은 '문제에는 손을 대지 않고 문제 옆이나 밑의 빈 공간에 계산한다'는 말입니다.

문제에 직접 계산하는 학생

많은 학생이 사진처럼 문제에 직접 계산합니다. 이렇게 문제를 풀면 좁은 공간에 많은 수를 적다 보니 숫자를 작게 적을 수밖에 없고, 결국 실수를 하게 됩니다. 또, 문제에 원래 어떤 숫자가 있었는지 한번에 알아보기 힘듭니다. 그래서 틀린 부분을 다시 공부할 때 어려움이 있습니다. 마지막으로 문제 주변의 공간을 활용하여 푸는 연습을 할 수 없습니다. 시험을 볼 때 시험지의 공간을 적절하게 활용하여 계산할 줄 아는 것도 중요합니다.

6. 분수의 나눗셈을 하세요.

(1) $20 \div \dfrac{6}{15}$

$= 20 \times \dfrac{15}{6}$

$= 10 \times 5$

$= 50$

(2) $\dfrac{9}{16} \div \dfrac{6}{10}$

$= \dfrac{9}{16} \times \dfrac{10}{6}$

$= \dfrac{3}{8} \times \dfrac{5}{2}$

$= \dfrac{15}{16}$

문제와 계산을 구분해서 계산한 학생

문제는 그대로 둔 채 '문제 아래 공간'을 이용하여 계산한 학생의 사진입니다. 이 학생도 처음에는 문제와 식을 구분하지 않고 풀었습니다. 하지만 방법을 알려 주고 학생이 스스로 연습한 것을 한 번씩 확인해 주었더니, 실제 단원평가에서는 사진과 같이 잘 풀었습니다.

❖ 습관 바로잡기 코칭 포인트 ⑨

정답지의 풀이 과정 보여 주기

문제에 바로 계산하는 아이들의 습관을 고쳐 주기 위한 가장 좋은 방법은 좋은 예시를 보여 주는 것입니다. 가장 좋은 예시는 정답지에 있습니다. 정답지에 적힌 풀이처럼 계산할 수 있도록 예시를 보여 주세요. 학년이 높아지면 문제의 풀이 과정이 복잡해지기 때문에, 정답지의 정답만 보는 것이 아니라 문제와 풀이를 분리해서 작성한 정답지의 설명을 놓치지 않도록 해 주세요.

더불어 문제집의 빈 곳이나 공책에 풀이한 것을 정답지의 풀이와 비교하는 경험을 가질 수 있도록 해 주세요. 처음에는 많은 학생이 자신들의 풀이가 이상하다는 것을 모르다가 정답지의 풀이를 직접 보면 풀이 방법을 바꾸기 시작합니다. 물론 부모님이 만족할 만큼 한 번에 바뀌지는 않습니다. 하지만 이런 과정을 반복하다 보면 점차 변화하는 모습을 볼 수 있습니다.

'과정'도 중요하다는 것 알려 주기

어쨌든 정답은 맞혔으니, 교사의 말을 귀담아듣지 않는 학생들도 솔직히 많습니다. 그래서 습관을 변화시키기 위해 지도하다 보면 참 안타까운 순간이 많습니다. 학원에서 선행 학습을 한 학생들도 제 말을 귀담아듣지 않습니다. 이미 내용을 다 알고 있다고 생각하기 때문입니다. 정답만 맞히면 된다고 생각합니다. 그래서 중요한 습관을 고치지 않고 그냥 자기만의 방식으로 문제를 풉니다. 정답을 맞히는 것도 중요하지만 무엇보다 과정이 중요하다는 것을 알려 주고 설득해 주세요.

열 번째 습관: 한 줄 띄우고 다음 문제 풀기

고학년이 되면 풀이가 긴 문제들이 많이 나오기 시작합니다. 그때부터는 수학 공책을 사용하는 것이 더 중요해집니다. 다음 사진은 6학년 학생의 수학 공책 사진입니다.

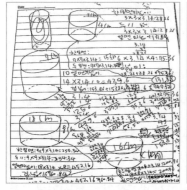

문제별로 구분이 힘든 학생　　　　　문제별로 정리가 잘 된 학생

왼쪽 학생은 공책을 반으로 접어서 사용하지도 않았지만, 한 문제를 푼 다음 한 줄을 띄우지 않고 바로 문제를 풀었습니다. 그래서 어떤 문제를 어디에 풀이했는지 쉽게 찾을 수 없습니다. 반면, 오른쪽의 학생은 한 문제를 풀고 한 줄을 띄운 후에 다음 문제를 풀었습니다. 이렇게 문제 풀이를 하면 문제별로 구분이 쉽고 틀린 문제의 풀이를 빨리 찾을 수 있습니다.

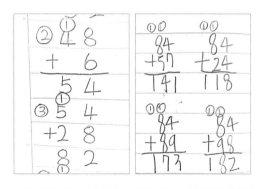

한 줄을 띄우지 않은 학생   한 줄 띄우고 다음 문제를 푼 학생

이번에는 2학년 학생들의 수학 공책을 볼까요?

왼쪽 사진의 학생은 한 줄을 띄우지 않고 문제를 풀다 보니 받아올림 수를 적을 공간이 없습니다. 이렇게 적은 공간에 숫자를 적다 보면 실수를 할 수 있습니다. 오른쪽 사진의 학생은 문제를 한 줄씩 띄우면서 풀었기 때문에, 공간이 남아서 받아올림 수를 적기에 충분했습니다.

이렇게 기본적인 습관을 고치는 것은 간단해 보이지만 아이들이 습관화하는 것은 어려운 일입니다. 완전히 자기만의 습관으로 만드는 데는 오랜 시간이 걸립니다.

아이들은 '여유'가 있으면 이런 것들을 충분히 잘 합니다. 하지만 많은 학원 숙제와 학습지 때문에 기초 습관을 바꾸는 것에는 신경 쓰지 않습니다. 정말 정말 안타깝습니다. 왜냐하면 이런 기초 습관이 안 되어 있는 학생은 학년이 올라갈수록 성적이 떨어질 수밖에 없는데, 이 사실을 모르고 계속 학원만 다니고 있는 학생들이 많기 때문입니다. 많은 문제를 풀어서 지금 당장 수학 성적을 높이려 하기보다는 '기초 수학 습관'을 연습해서 '수학 내공'을 키워야 합니다.

❖ 습관 바로잡기 코칭 포인트 ⑩

비교 사진을 보면서 이야기 나누기

필요성을 느끼면 아이들은 스스로 변화합니다. 예시 사진을 비교해서 보여 주고 아이와 이야기를 나누어 보세요. 계산이 복잡해지는 단계가 오면 '일부러 줄을 띄우지 않고 푸는 활동'을 해 보는 것도 좋습니다. 줄을 띄우고 문제를 풀었을 때와 그렇지 않았을 때를 직접 비교해 보면 한 줄을 띄우고 푸는 것이 훨씬 보기도 좋고 정리도 잘 되는 것을 깨닫게 할 수 있습니다.

시험 대비 공부할 때 알려 주기

뒷 내용에서도 나오지만, 시험 대비 공부를 위해서는 내가 몰랐던 문제를 다시 풀어 보아야 합니다. 그때 수학 공책을 주로 많이 사용하게 되는데, 그 시기에 한 줄 띄우고 푸는 방법을 알려 주세요. 풀이가 문제별로 구분되고 정리되어야 수학 실력이 늘 수 있다고 알려 주세요.

열한 번째 습관: 세로로 풀기

$$20 \div (2+3) = 10 + 3 = 13$$

틀린 가로 풀이

혼합계산 문제를 가로로 푼 사진입니다. 가로로 풀면 줄을 바꿨을 때 풀이 과정이 끊어져서 한눈에 보기 힘들고, 풀이가 옆으로 길어지기 때문에 과정을 하나하나 확인하며 문제를 푸는 것이 어렵습니다.

$$20 \div (2+3)$$
$$= 10 + 3$$
$$= 13$$

틀린 세로 풀이

반대로 이 사진은 혼합계산 문제를 세로로 푼 사진입니다. 세로로 풀면 어떤 장점이 있을까요? 바로, 풀이 과정을 하나하나 확인하면서 문제를 풀 수 있기 때문에 실수가 줄어들고, 사진처럼 틀린 부분을 쉽게 찾을 수 있습니다.

다음 검은색 네모 안의 내용은 순서대로 생각하면서 풀어야 합니다. 빨간색 화살표는 생각의 과정을 나타낸 것입니다.

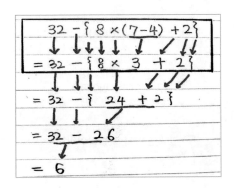

32는 그대로 써야지.

-도 그대로 써야지.

{ 그대로 써서 괄호 열어야지.

{ } 속에 ( )가 있으니까

( ) 안의 식 먼저 계산해야지.

8도 그대로 써야지.

곱하기도 아직은 그대로 써야지.

+는 그대로 써야지.

2도 그대로 써야지.

} 그대로 써서 괄호 닫아야지.

세로로 계산을 하면 이렇게 숫자를 하나씩 짚어 가면서 스스로 생각하는 과정을 거칠 수 있기 때문에, 남에게 설명하는 힘이 생길 뿐만 아니라 실수도 줄어듭니다. 또한 세로로 풀면 틀린 부분도 쉽게 확인할 수 있습니다.

$$20 \div (2+3) = 10+3 = 13$$

어떤 부분이 틀렸는지 보이시나요? 가장 먼저 계산해야 할 부분은 (2+3)이지만 20÷2를 먼저 계산하여 틀렸습니다. 이렇게 가로로 풀면 풀이 과정이 옆으로 길게 늘어지므로 틀린 부분을 찾기가 어렵습니다.

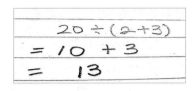

$$20 \div (2 + 3)$$
$$= 10 + 3$$
$$= 13$$

반면, 세로로 풀었을 때는 20÷2를 2+3보다 먼저 계산한 사실을 바로 찾을 수 있습니다.

이처럼 가로 풀이와 세로 풀이를 비교해 보면 세로 풀이가 오답의 원인을 더 쉽게 파악할 수 있다는 사실을 알게 됩니다.

❖ 습관 바로잡기 코칭 포인트 ⑪

가로 풀이와 세로 풀이 직접 해 보기

풀이 과정이 긴 문제 하나를 골라서 아이가 직접 가로 풀이와 세로 풀이를 해 보게 하는 것도 좋은 방법입니다. 두 가지 방법으로 푼 뒤에 어떤 방식이 실수가 더 적게 발생할지 예측해 보고, 앞으로 어떤 방식으로 계산할지 이야기를 나누어 보세요. 이 과정을 몇 번만 해 보면 세로로 푸는 것이 훨씬 실수가 적다는 것을 알 수 있을 것입니다.

열두 번째 습관: = 맞추어 풀기

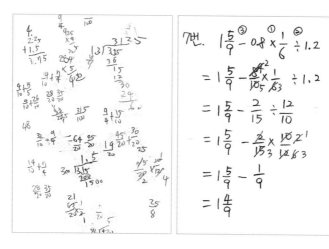

=을 맞추면서 풀지 않은 학생 　　　　=을 맞추면서 푼 학생

'= 맞추어 풀기'란, 이곳저곳 아무렇게나 풀지 않고 =을 맞추어 써 내려 가면서 푸는 것입니다. 문제집 맨 뒤의 '정답 해설'에 나오는 것처럼 풀이를 해야 실수하지 않습니다. =을 맞추어 풀다가 틀리면 어떤 부분에서 잘못했는지 쉽게 찾을 수 있고, 나의 풀이 습관을 점 검해 볼 수 있습니다.

일부러 = 맞추지 않고 풀기

일부러 =을 맞추지 않은 풀이 1

일부러 =을 맞추지 않은 풀이 2

　　일부러 =을 맞추지 않고 풀어 보는 것도 좋은 방법입니다. 첫 번째 사진은 =을 쓰지 않고 푼 사진, 두 번째 사진은 =을 적었지만 위치를 다르게 해서 푼 사진입니다. 이렇게 일부러 잘못된 방식으로 풀이를 써 보면 어떤 점을 고쳐야 할지, 이렇게 풀면 왜 실수가 많아지는지 스스로 느낄 수 있습니다. 습관을 고쳐야 하는 필요성을 아이 스스로 깨달을 수 있게 틀린 풀이를 한번 써 보도록 지도해 주세요.

열세 번째 습관: 구한 정답에 동그라미 치기

9. 분수의 덧셈 결과를 비교하세요.

$2\frac{1}{3}+3\frac{3}{4}$ ⓒ $4\frac{1}{4}+1\frac{2}{3}$

$\frac{7}{3}+\frac{15}{4}$ $\frac{17}{4}+\frac{5}{3}$

$\frac{28}{12}+\frac{45}{12}$ $\frac{51}{12}+\frac{20}{12}$

$\frac{73}{12}$ $\frac{71}{12}$

정답을 구하고 동그라미를 안 친 학생

9. 분수의 덧셈 결과를 비교하세요.

$2\frac{1}{3}+3\frac{3}{4}$ ⓢ $4\frac{1}{4}+1\frac{2}{3}$

$=\frac{7}{3}+\frac{15}{4}$ $=\frac{17}{4}+\frac{5}{3}$

$=\frac{28}{12}+\frac{45}{12}$ $=\frac{51}{12}+\frac{20}{12}$

$=\boxed{\frac{73}{12}}$ $=\boxed{\frac{71}{12}}$

정답을 구하고 동그라미를 친 학생

　왼쪽 사진은 4학년 학생의 시험지입니다. 이 문제를 왜 틀렸을까요? 이 학생은 분수의 덧셈을 할 수 있습니다. 문제의 왼쪽 식에서 나온 답 $\frac{73}{12}$과 오른쪽 식에서 나온 답 $\frac{71}{12}$을 보면 알 수 있습니다. 하지만 답을 올바르게 구해 놓고도 큰 쪽을 나타내는 부호를 잘못 적어서 틀렸습니다. 정답만 봤다면 크기 비교를 틀리지 않았겠지만, 풀이에 쓴 여러 숫자를 보고 헷갈려서 답을 잘못 적었을 것이라고 예상됩니다. 여기에 '기초 수학 습관 14가지' 중 '문제와 계산 구분해서 적기'와 '= 맞추어 풀기'도 지키지 않아 실수하게 된 것입니다.

　반면 오른쪽 사진처럼 정답에 동그라미를 친 경우, 풀이 과정에서 생긴 다른 수는 신경 쓰지 않고 계산 결과로 나온 두 수만 신경 써서 크기를 비교하면 되기 때문에 실수를 줄일 수 있습니다.

2학년 학생의 수학 공책입니다. 계산 결과로 나온 정답에 동그라미를 치는 습관이 잡혀 있는 학생입니다. 이런 학생들은 작은 실수를 하지 않기 때문에 갈수록 수학 성적이 오르게 됩니다.

❖ **습관 바로잡기 코칭 포인트 ⑬**

저학년 때부터 연습시키기

학년이 높아질수록 풀이 과정이 긴 문제가 많아질 수밖에 없는데, 특히 원기둥의 겉넓이를 구하는 문제의 풀이가 깁니다. 원기둥의 겉넓이를 구하기 위해서는 밑면의 넓이를 구하고, 원기둥 옆면의 가로 길이를 구한 후, 옆넓이를 구해야 합니다. 그리고 밑면의 넓이와 옆넓이를 더해야 하는데, 중간마다 나오는 정답(원기둥 밑면의 넓이, 옆넓이)에 동그라미 치지 않으면 계산 과정 중에 나오는 수많은 숫자 중에서 어떤 숫자끼리 더해야 하는지 헷갈릴 수 있습니다. 그래서 저학년 때부터 연습해 보는 것이 좋습니다.

사진 비교하고 이야기 나누기

아이 스스로 필요성을 느끼게 하기 위해서는 직접 비교해서 보여 주는 방법이 좋습니다. '한 줄 띄우고 다음 문제 풀기'(181p)에서 알려드린 것처럼 학생의 수학 교과서나 문제집을 펴고 중간 정답에 동그라미 치지 않은 것을 함께 찾아보세요. 분명히 한두 개 정도는 있을 것입니다.

열네 번째 습관: 제목 쓰고 계산하기

'제목 쓰고 계산하기'는 문제를 풀기 전에 어떤 내용을 계산하는지 제목을 쓰면서 계산하는 것을 말합니다.

제목을 쓰지 않고 풀이한 학생 1   제목을 쓰고 풀이한 학생 1

왼쪽 사진은 제목을 쓰지 않고 푼 학생의 풀이입니다. 이 학생의 경우에는 내가 지금 풀이하고 있는 내용이 토끼 지우개의 가격인지 호랑이 지우개의 가격인지 한 번에 알아채기 어렵습니다. 풀이 과정이 길어서 여러 숫자와 중간 정답이 나올 수밖에 없는데, 제목을 적지 않고 풀어서 어떤 내용을 풀었는지 헷갈리기 때문입니다. 이런 문제를 암산으로 풀어서 틀리는 학생들도 많습니다. 하지만 오른쪽 사진처럼 제목을 쓰면서 풀면 여러 내용이 나와도 헷갈리지 않고 풀 수 있습니다. 지금 내가 푸는 식이 어떤 내용인지 파악한 채로 풀 수 있는 것입니다.

제목을 적는 습관이 왜 중요한지 한 가지 사례를 더 볼까요?

5. 어떤 수에 2.42를 더해야 할 것을 잘못하여 24.2를 더했더니 29.7이 되었습니다. 어떤 수는 얼마입니까?   7.92

$$\square + 2.42$$
$$\square + 24.2 = 29.7$$

$$\begin{array}{r} 29.7 \\ -24.2 \\ \hline 5.5 \end{array} \qquad \begin{array}{r} 5.5 \\ +2.42 \\ \hline 7.92 \end{array}$$

제목을 쓰지 않고 풀이한 학생 2

5. 어떤 수에 2.42를 더해야 할 것을 잘못하여 24.2를 더했더니 29.7이 되었습니다. 어떤 수는 얼마입니까?   5.5

어떤수 : $\square$
바른풀이 : $\square + 2.42 = \triangle$
잘못된풀이 : $\square + 24.2 = 29.7$
$$\square = 29.7 - 24.2$$

$$\begin{array}{r} 29.7 \\ -24.2 \\ \hline 5.5 \end{array}$$

제목을 쓰고 풀이한 학생 2

왼쪽 사진은 6학년 은주(가명)의 풀이 사진입니다. 은주는 반에서 수학 성적이 가장 좋은 학생이었음에도 문제를 틀렸습니다.

이 문제는 '어떤 수'만 구해서 정답으로 적으면 되는 문제였습니다. 그러나 은주는 '어떤 수'인 5.5(정답)에 원래 '더해야 할 것'인 2.42를 더해서 7.92를 답으로 썼습니다. 은주의 경우는 문제의 뜻을 정확하게 파악하고 있었고 소수의 덧셈, 뺄셈을 정확하게 할 수 있는 학생이기 때문에, 오른쪽 사진과 같이 제목을 쓰면서 풀었더라면 틀리지 않을 수 있었습니다.

❖ 습관 바로잡기 코칭 포인트 ⑭

알려 주고 보여 주기

두 번째 예시로 소개한 유형은 많은 단원에서 볼 수 있는 흔한 문제입니다. 문제를 충분히 이해하고 풀이를 정확하게 했음에도 제목을 쓰지 않아서 틀리는 경우를 종종 보았습니다. 제목만 쓰면 맞출 수 있는 문제를 틀리는 모습을 보면 학생들을 도와주고 싶은 마음이 듭니다. 실제로 수학을 가르쳐 보면 작아 보이지만 세세한 공부 방법이 중요함을 다시 한번 느낍니다. 학생들은 이런 세세한 안내와 방법을 배워본 적이 없었기 때문에 현재 공부 방식을 유지하고 있는 경우가 많습니다. 그래서 예시를 보여 주고 제목 쓰는 것을 제대로, 천천히 알려 주세요. '연필로 하나씩 체크하면서 풀기'(169p)에서 코칭한 것과 같은 방식으로 올바른 풀이 방법과 올바르지 않은 풀이 방법을 한 번씩 해 보게 하고, 두 가지 풀이 방식을 눈으로 비교하게끔 하면 아이들은 쉽게 깨닫습니다. 아이들 스스로 필요성을 느낄 수 있는 기회를 주세요.

풀이의 단계를 계획하기

문제를 곧바로 풀지 않고 어떤 방식으로 풀 것인지 머릿속으로 계획을 먼저 세웁니다. 초등학교 수준에서 나오는 문제는 대부분 3단계를 넘어서지 않기 때문에 머릿속으로 계획을 먼저 세운다면 문제 풀이의 중심을 잡을 수 있습니다.

한 가지 단계에서는 한 가지만 계산하기

> 1. 철수는 사과를 15개 가지고 있었습니다. 철수는 3개를 먹은 후 친구 4명에게 똑같이 나누어 주려고 합니다. 친구들은 철수에게 사과를 몇 개씩 받게 될까요?

이런 문제를 풀 때 학생들은 15-3=12÷4=3으로 풉니다. 첫 번째 =의 왼쪽과 오른쪽을 보면 결괏값이 12와 3으로 같지 않습니다. 하지만 많은 아이들이 이렇게 대충 풀거나 아무 장소에나 문제를 품니다. 이럴 때는 '한 가지 단계에서는 한 가지 계산만 하기' 습관이 중요합니다.

---

① 철수가 먹고 남은 사과: 15-3=12개

② 철수가 한 명에게 나누어 준 사과: 12÷4=3개

이처럼 제목을 쓰고 한 가지 단계에서 한 가지 계산만 한다면 실수 없이 정확하게 문제를 풀어낼 수 있습니다.

단계에 맞는 이름부터 정하기

문장제나 풀이 단계가 복잡한 문제일수록 이 문제를 어떻게 풀지 나름의 단계를 먼저 생각해 보는 것이 필요합니다. 머릿속으로 대강의 계획을 짠 후 단계에 맞는 이름을 정하는 것부터 시작합니다. 지금 학생이 구하고 있는 것이 무엇인지 알아야 풀이의 큰 흐름을 머릿속으로 그려 볼 수 있기 때문입니다. 192, 193p의 사진에 나온 것처럼 '토끼 지우개 1개', '바른 풀이'라고 이름을 적는 것이 '풀이 단계의 이름 적기'입니다.

기초 수학 습관을
정착시키기 위해 알아야 할 사실

습관 고치기는 생각보다 어려워요

기초 수학 습관을 고치고 잘 할 수 있도록 지향해야 하는 것은 맞지만, "14가지 습관을 가르쳐 줬으니 앞으로는 실수 없이 100% 완벽하게 해!" 하는 자세는 좋지 않습니다. 아이마다 기본 습관의 상태가 다르고 준비 상태, 마음의 여유가 다르기 때문입니다. 6학년인데도 서랍 정리와 사물함 정리를 깔끔하게 못 하는 학생들도 많습니다. 이런 학생들은 기초 수학 습관을 알려 줘도 쉽게 변하지 않습니다. 또 사교육을 많이 하고 있어서 스트레스가 많은 아이는 열린 마음으로 받아들이지 않기 때문에 습관을 바꾸기가 어렵습니다. 반면, 부모와 관계가 좋았던 아이들은 수학 습관의 변화도 빨랐습니다. 그렇지만 포기하지 않는 태도가 중요하기 때문에 지금 당장은 부족하더라도 결국 해내면 됩니다 '롱런'하는 것이 중요합니다. 한두 번 알려 주고선 잘 하지 않는다고 아이를 다그치면 안 됩니다. 당연히 아이들은 원래의 습관으로 돌아가려고 합니다. 그때마다 지치고 포기하지만 않으면 됩니다.

매일 제가 수학 수업을 하면서 반 학생들에게 기초 수학 습관을 강조하는 데도 습관화시키는 것은 쉽지 않습니다. 학생들에게 잘못된 습관의 예시를 PPT로 보여 주면, 학생들은 웃으면서 말합니다.

🧑 학생 1: 선생님~ 저 아이는 너무했어요!

😀 학생 2: 저 아이는 글자를 너무 대충 썼어요!

하지만 얼마 지나지 않아, 학생들의 상당수가 PPT로 보여 준 예시처럼 문제를 잘못 풀고 있다는 사실을 발견합니다. 그만큼 남의 실수를 지적하고 보기는 쉽지만, 나의 습관을 변화시키는 것은 결코 쉽지 않습니다.

이런 상황에서 부모가 아이에게 몇 번 지도한다고 아이의 습관이 금세 바뀔까요? 절대 그런 일은 일어나지 않습니다. 아이는 굳이 바꾸어야 할 이유를 찾지 못합니다. 그래서 바꾸어야 할 이유를 알려 주는 역할을 부모가 해야 합니다.

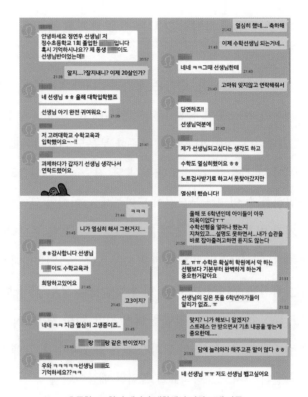

초등학교 6학년 제자가 대학생이 되어 보낸 카톡

6학년 때 제자였던 경수(가명)가 대학생이 되어 연락한 사진입니다. 경수는 수학교육과에 입학했는데 선행 학습을 하는 것보다 기초와 기본을 다지는 것이 중요하다는 저의 평소 교육관에 동의하고 있었습니다.

일 년에 두세 개씩만 고치는 것을 목표로 하세요

앞에서도 이야기했지만, 수학은 장기전입니다. 더 길게 봅시다. 앞에서 제시한 기초 수학 습관 14가지 이외에 또 고쳐야 할 습관이 있을 수 있습니다. 아이마다 현재 부족한 부분도 다릅니다. 그래서 가장 고쳐야 할 것을 두 개 정도만 정한 뒤, 집중적으로 연습하고 스스로 습관화할 수 있도록 부모님이 도와주세요. 아이와 함께 이야기하면서 가장 먼저 고쳐야 할 부분을 '스스로' 정하도록 부모님이 이끌어 주세요. 한 해에 14가지 습관을 모두 고칠 수 없습니다. 저도 처음에는 욕심을 부려서 한 해에 14가지 습관을 모두 고쳐 보려고 잔소리도 많이 하고 다양한 방법을 써 봤지만, 한두 개의 습관만 고치려고 집중했을 때 아이들의 변화가 훨씬 컸습니다. 한 해에 두 개 정도만 확실히 고쳐도 초등학교를 졸업할 때쯤이면 수학 실력이 한 층 더 좋아져 있을 것입니다.

저학년 때부터 시작하면 더 좋아요

1학년을 담임해 보고 알았습니다. 1학년들은 교사가 가르치는 것을 스펀지처럼 잘 빨아들여서 자기 것으로 만듭니다. 1학기에 적응을 끝내고 나서 2학기가 되면 학생들이 정말 많이 성장합니다. 그동안 힘들게 지도한 것들이 빛을 보기 시작합니다. 1학년 2학기가 되어 학생들의 성장을 보면 1학년 담임을 하는 보람이 있습니다.

하지만 고학년을 담임해 보면 학생들의 습관을 바꾸기가 정말 힘듭니다. 초등학교에서 생활한 5~6년 동안 굳어진 습관을 다시 고치기에 일 년이라는 시간은 턱없이 부족합니다. 그래서 저학년 때부터 바른 습관을 지닐 수 있도록 도와주는 것이 중요합니다. 그렇다고 고학년의 아이를 둔 부모님들이 낙심할 필요는 없습니다. 고학년 학생 중 일부는 스스로 중요성을 깨닫도록 계기를 만들어 주면 저학년 학생들이 3개월에 걸쳐서 바꿀 습관을 한 달 만에 고치는 결과를 만들어 내기도 합니다.

양을 줄여 주면 습관을 더 빨리 고칠 수 있어요

계속 이야기하고 있지만, 공부할 양을 줄여 주지 않으면 기초 수학 습관 변화는 일어나지 않습니다. 아이들이 여유가 없는 상태에서는 아무리 좋은 방법을 알려 줘도 또 하나의 과제가 될 뿐입니다. 생각을 하면서 평소 나의 습관을 점검해 보고 수정하는 것이 핵심인데, 풀어야 할 문제집이 많은 현실에서는 습관 변화보다 그저 눈앞에 있는 숙제를 빨리 끝내야 한다는 생각뿐입니다. 이때 부모님의 용기가 필요합니다. 공부할 양을 줄여 주면 아이들은 '생각'하기 시작합니다.

기초 수학 습관을 배운 소감을 써 보게 해요

316 제목: 수학 수업 느낌과 다짐쓰기

오늘 학교에서 수학시간에 노트정리하는 방법 14가지를 알게 되었다. 선생님이 계산을 아무데나 복잡하게 하지말고 글씨를 작게 쓰지말라고 했다. 그런데 나는 하지말라는 데로 이때까지 해와서 실수가 좋았다. 이제부터는 선생님이 가르쳐 주신 14가지 방법들을 조금조금씩 사용하여 실수도 줄이고 좋고 바른 습관을 써야 겠다!

기초 수학 습관을 배운 소감

저는 매년 3월, 첫 수학 수업을 하기 전에 기초 수학 습관 수업을 합니다. 처음에는 기초 수학 습관 수업을 하고 바로 교과서 수업을 시작했는데, 제 생각만큼 학생들의 습관 변화가 이루어지지 않았습니다. 시행착오를 몇 년 겪고 난 뒤, 학생들에게 '나의 생각 변화가 담긴 소감 쓰기'를 시켰습니다. 학생들이 쓴 글을 보니 자신의 문제점과 개선하고자 하는 다짐이 있었습니다. 물론 다짐 글을 쓴다고 해서 그 결심이 1년 내내 이어지지는 않습니다. 그러나 소감을 써 보게 했을 때와 하지 않았을 때의 차이는 컸습니다. 소감을 쓰게 한 이후로는 학생들의 수업 시간에 태도가 달라졌습니다. 집에서도 한 번 시도해 보세요.

'기초 수학 습관 14가지' 인쇄하여 공책에 부착하기

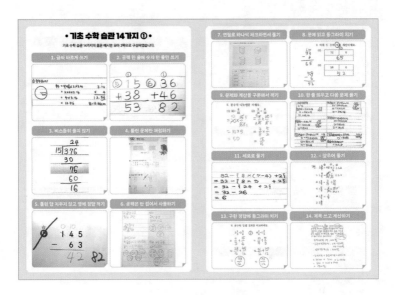

기초 수학 습관 14가지(2쪽용)

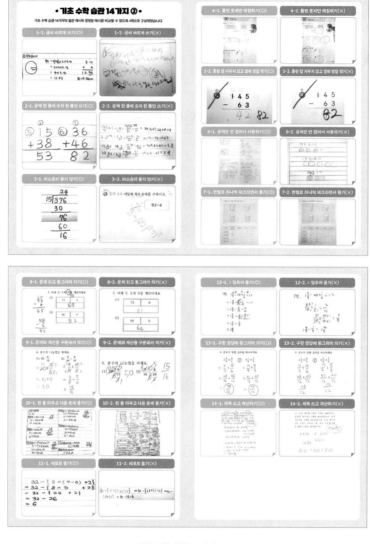

기초 수학 습관 14가지(4쪽용)

'기초 수학 습관 14가지' 내용을 수학 공책 맨 앞에 붙이고, 1년 내내 어떤 습관을 고쳐야 할지 아이 스스로 점검해 볼 수 있도록 해 주세요. 평소에 수학 공부를 할 때, 단원평가를 준비할 때, 단원평가를 본 후에 어떤 습관을 고쳐야 하는지 체크해 보고 바른 예시를 많이 볼 수 있도록 활용해 주세요. 해당 자료는 마지막 페이지에 수록된 QR코드를 스캔하거나 다락원 홈페이지에 접속하면 다운로드할 수 있습니다.

기초 수학 습관이 어느 정도 자리 잡았다면, 이제 수학 실력을 한 층 더 높일 수 있는 '생각 정리 공부법'을 알아볼까요?

4장

수학 성적 향상의 지름길, '생각 정리 공부법'

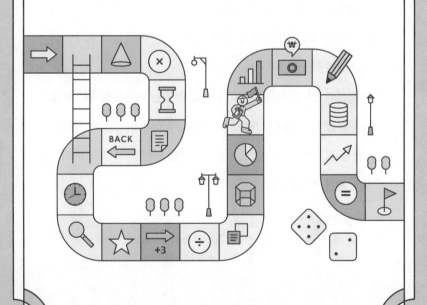

학창 시절에 꼭 그런 친구들이 한 명 정도는 있습니다. 겉으로 보기에는 공부를 열심히 하지 않는 것 같은데 시험을 보면 점수가 잘 나오는 친구 말이지요. 그런 친구들을 잘 살펴보면 한 가지 공통점이 있습니다. 바로 무조건 문제집만 많이 푸는 것이 아니라 '생각하면서' 공부한다는 점입니다. 그래서 배운 내용에 관해 물어보면, 자신이 아는 부분은 정확하게 설명하고 모르는 부분은 어디인지 명확하게 파악하고 있습니다. 이 학생들은 공부하는 순간마다 '자기 생각을 정리하면서' 공부합니다. 이를 여기에서는 '생각 정리 공부법'이라고 이름 짓겠습니다.

생각 정리 공부법이란, '자신이 설명할 수 있는 부분과 설명할 수 없는 부분을 구분 지어서 모르는 부분을 정확하게 파악한 후, 모르는 부분을 집중적으로 학습하는 공부 방법'을 의미합니다. 즉, '메타인지'와 같은 개념입니다.

메타인지와 생각 정리 공부법

메타인지란?

똑같은 영어 단어를 여러 번 쓴 영어 공책

혹시 깜지라고 아시나요? 종이에 공부한 내용을 빼곡히 적어서 제출하는 과제입니다. 지역별로 부르는 이름이 다른데 빽빽이라고 부르는 지역도 있습니다. 제가 중학교에 다닐 때는 이렇게 영어 단어를 빽빽하게 적어서 내는 숙제가 있었습니다. 한 개의 단어를 약 열 번씩 적었는데, 열 개의 단어가 숙제로 주어지면 한 개 단어당 열 번씩 써야 하니 총 백 번을 써야 하는 과제였습니다. 시간이 많이 소요되고 팔과 손이 굉장히 아팠습니다. 무척 효율이 낮은 공부법이지요. 요즘은 연상 기억 학습법을 적용한 영어 단어장, 기출문제를 분석해서 우선순위로 공부하게끔 도와주는 단어장 등 좋은 교재들이 많이 나왔지만, 옛날에는 무작정 많이 쓰는 방식으로 공부했습니다.

209p의 사진은 제가 6학년을 담임했을 때 영희(가명)가 영어 학원 숙제를 한 사진입니다. 아마 영어 학원 선생님이 본인의 학창 시절에 공부했던 방식으로 학원생들에게 숙제를 낸 모양이었습니다. 교실에서 아이들을 관찰하면 의외로 이렇게 영어 단어를 외우는 학생들을 참 많이 볼 수 있습니다.

메타인지란, '인지함을 인식하는 것, 또는 알고 있음을 아는 것'을 의미합니다. 아주대학교 심리학과 김경일 교수는 메타인지 능력에 대해 "세상엔 두 가지 종류의 지식이 있습니다. 첫 번째는 내가 설명할 수 없는 지식, 그리고 두 번째는 내가 설명할 수 있는 지식이에요. 그런데 첫 번째는 지식이 아닙니다. 내가 알고 있다는 느낌만 가지고 있는 거죠."[16]라고 설명했습니다. 내가 어떤 부분을 정확하게 알고 있고 어떤 부분을 모르고 있는지 아는 것, 내가 이해하지 못한 부분을 정확하게 짚을 수 있는 능력이 메타인지입니다.

〈학교란 무엇인가〉 제작팀은 일반 학생팀과 0.1%팀으로 나누어 기억력 테스트를 했습니다. 25개의 단어를 무작위로 보여 주고 기억한 단어를 쓰는 실험이었습니다. 단어를 보여 주고 학생들에게 몇 개의 단어를 쓸 수 있을지 사전 조사를 한 뒤 테스트를 시작했습니다. 결과는 놀라웠습니다. 0.1%의 학생들은 자신이 맞힐 것이라고 예상했던 개수와 실제로 맞힌 개수가 거의 일치했고, 일반 학생들은 예측한 개수와 맞힌 개수가 들쑥날쑥 달랐습니다.[17]

메타인지가 잘 발달한 아이들은 자신이 부족한 부분을 정확하게 알기 때문에 그 부분을 집중적으로 반복해서 공부하면 부족한 부분을 채울 수 있습니다. 하지만 일반 아이들은 자신이 부족한 부분을 잘 모르기 때문에, 공부는 많이 하지만 틀린 부분에서 또 틀리는 실수를 하게 됩니다. 이렇듯 메타인지는 공부에서 아주 중요한 부분을 차지합니다.

---

16 학교란무엇인가제작팀, 학교란 무엇인가?, 중앙북스, 2011, 167.
17 학교란무엇인가제작팀, 학교란 무엇인가?, 중앙북스, 2011, 216.

메타인지를 활용해서 영어 단어 공부를 하는 예시

3학년 아윤이에게 제가 영어 단어 공부하는 방법을 알려 준 사진입니다. 아윤이는 코끼리를 elepant로 적었습니다. h를 적지 않은 것이지요. 일반적으로 학생들에게 틀린 단어를 다섯 번 적으라는 숙제를 내 주면 단순히 단어만 다섯 번 쓰고 숙제를 다 했다고 생각합니다. 하지만 저는 딸에게 몰랐던 단어를 한 번 적은 후, 처음에 내가 몰랐던 부분을 찾아 밑줄이나 동그라미를 치면서 '몰랐던 부분에 대해 알아차려야 한다'고 가르쳤습니다. 이 방법을 활용하여 공부하면 내가 몰랐던 부분을 신경 쓰면서 공부하기 때문에 열 번 적으면서 공부하는 것보다 적게 적으면서도 영어 단어를 잘 기억해 낼 수 있습니다.

메타인지를 활용하지 않는 아이들의 특징

같은 교사에게 수학을 배우고 같은 교재로 공부하는데 수학 성적이 차이가 나는 원인은 무엇일까요? 심지어 다른 친구들보다 수학 문제집을 더 많이 푸는데도 수학 성적이 잘 오르지 않는 이유는 무엇일까요? 비밀은 '메타인지의 활용 여부'에 있습니다.

메타인지를 활용하지 않고 공부하는 아이들은 다음과 같은 특징을 찾아볼 수 있습니다.

❖ 공부하는 양과 시간에 비해 성적이 잘 나오지 않아요

문제집은 많이 풀었지만 내가 어떤 내용을 모르는지 확인하면서 공부하지 않았기 때문에 '중복 공부', '과잉 공부'를 하고 있습니다. 시험을 보기 전에는 내가 틀리거나 몰랐던 부분과 헷갈렸던 부분을 찾아 다시 점검해 보는 시간을 꼭 가져야 하는데, 많은 학생이 학원에서 주는 시험 대비 교재만 푸는 방식으로 공부합니다. 학원에서 나눠 주는 문제집이나 시험지에는 내가 아는 내용과 모르는 내용이 섞여 있습니다. 그래서 무작정 다 풀게 되면 내가 모르는 문제만 골라서 풀이하는 공부 방식에 비해 효율적이지 않습니다.

❖ 배우는 내용을 이해하기보다는 무조건 암기하려고 해요

6학년 때는 각기둥과 각뿔에 대해 배웁니다. 각기둥과 각뿔의 모서리의 수, 꼭짓점의 수, 면의 수를 구하는 방법을 배우고, 전개도를 그리는 방법도 배웁니다.

1. 육각기둥의 모서리 수를 구하시오.	
	정답 : (　　　　)개

이 문제는 연필로 육각기둥 모서리의 개수를 세어 보면 쉽게 답을 쓸 수 있지만, 많은 학생이 (모서리의 개수=각의 개수×3) 공식을 외워서 6×3=18로 답을 씁니다. 이때 공식을 잘못 암기하거나 잊어버려서 문제를 틀리는 경우가 많습니다. 공식을 외우지 않고도 충분히 풀 수 있는 문제임에도 공식을 외워서 푸는 이유는 처음 배울 때부터 단순하게 세면서 풀어 보지 않았거나, 선행 학습으로 이미 알고 있다고 생각했기 때문입니다.

❖ 독서가 부족해요

메타인지가 발달하지 않은 아이 중에는 독서 습관이 잘 잡혀 있지 않은 경우가 많습니다. 예를 들어, 5학년 2학기에는 우리나라 역사 부분을 배웁니다. 평소 역사에 관심이 있어서 사극도 많이 보고, 『조선왕조실록』도 읽고, 『한국사 아파트』나 『한국사 편지』와 같은 한국사 관련 책을 꾸준히 읽어서 배경지식이 많은 아이는 사회 교과서를 공부할 때 쉽게 공부할 수 있습니다. '태정태세문단세'로 시작하는 조선시대 왕의 이름을 줄줄이 꿰고 있다면 사회 교과서에 나오는 '임진왜란이 끝난 뒤 선조의 뒤를 이은 광해군'[18]과 같은 내용을 큰 어려움 없이 이해할 수 있습니다. 하지만 역사와 관련된 책을 많이 읽지 않은 학생들은 왕의 이름부터 헷갈립니다. 그리고 역사적 인물들의 이름을 사회 교과서에서 처음 마주하기 때문에 이름을 외우기에도 벅차 인물들이 어떤 관계를 가지고 있는지 분석하지도 못합니다. 당연히 그 인물들이 어떤 일을 했는지 이해도 못 하고 외우기만 합니다.

❖ 과도한 선행 학습으로 인한 학습 의욕 저하

학교에서 배워야 할 내용을 학원에서 먼저 배워온 학생은 학교에서 배우는 내용에 흥미를 느끼지 않습니다. 문제는 학원에서 배울 때 '수박 겉핥기' 식으로 배웠다는 데 있습니다. 수학이든 사회든 깊이 있게 생각할 수 있도록 배우지 않고 진도만 나가면서 배웠기 때문에 배움에 깊이가 없습니다. 한 학기 분량을 방학 특강으로 한 달 만에 배운 학생이 스스로 질문하고 호기심을 가지며 공부하지는 않습니다. 그저 진도만 나가는 방식으로 선행 학습을 했기 때문에 학교에서는 흥미가 없어집니다. 어디선가 들어본 내용이기 때문에 안

---

18 한춘희 외 23인, 초등학교 사회 5-2, 아이스크림미디어, 2024, 69.

다고 착각하고 학교 수업에서 집중하지 않습니다.

❖ 과도한 숙제로 인한 여유 상실

선행 학습을 할 때 학기 중에 학원에서 내 주는 숙제의 양은 상당합니다. 학원에서 내 주는 숙제를 한번 확인해 보세요. 그 많은 숙제를 해 가야 하는 아이의 입장에서는 깊게 고민할 여유가 없습니다. 지금 당장 숙제를 '해내는' 것이 중요하기 때문입니다. 그래서 장기적으로 보면 성적 향상을 위해 시작한 학원이 성적에는 큰 도움이 되지 않고 오히려 수학 공부에 싫증 나게끔 만들어 버립니다. 그래서 학원에서 나누어 주는 숙제와 학습지를 해내느라 스스로 고민하지 않고 공부하는 경우가 많습니다. 해야 할 숙제가 많으니 '나의 부족한 점'에 대해 살펴보면서 고민할 기회가 없기 때문입니다.

메타인지가 발달하지 않은 아이들은 대부분 '과잉 공부'를 하고 있습니다. 과잉 공부라 함은 절대적인 공부량이 과잉이라고 볼 수도 있고, 절대적인 공부량은 적지만 아이의 심리적, 인지적 상황을 고려하지 않고 강요하여 아이 입장에서 과잉으로 받아들여진 경우도 있습니다. 이 두 경우 모두 아이의 진짜 능력을 발휘할 기회를 빼앗기고 있다고 볼 수 있습니다.

기초 수학 습관에 대한 중요성을 알려 주고 나쁜 습관을 고치는 것을 도와주는데도 잘 고쳐지지 않는 학생들도 많은 양의 공부를 하는 학생들이었습니다. 풀어야 하는 학습지, 문제집이 많은 상태에서 생각하지 않고 기계처럼 문제를 풉니다. 그렇게 몇 년 동안 수학 공부를 하다 보면 습관을 고치기 힘들어집니다.

혹시 '내 아이는 지금 평균 90점 이상 잘 나오고 있으니 괜찮을 거야'라고 생각하시나요? 지금 성적이 잘 나오는 학생 중에 메타인지를 잘 활용하는 학생은 극소수이고 대부분은 비슷한 문제를 많이 풀어서 점수가 잘 나오는 상태입니다. 그래서 우리 아이는 어떻게 공부하고 있는지 다시 한번 점검해 볼 필요가 있습니다.

❖ 메타인지를 경험해 볼 기회 부족

메타인지는 많은 시행착오를 통해 나만의 능력으로 자리를 잡아가는 것인데, 공부할 때 '왜?'라는 질문을 하지 않은 채 선행 학습과 많은 양의 숙제만 하는 아이는 메타인지를 경험해 볼 기회가 계속 없습니다.

메타인지의 특징

학습에서 메타인지는 선택이 아닌 필수입니다. 이렇게 중요한 메타인지는 어떤 특징이 있을까요? 메타인지의 대표적인 다섯 가지 특징에 대해 알아봅시다.

❖ 시행착오를 거쳐야 길러집니다

메타인지도 습관과 같아서 하루아침에 생기지 않습니다. 공부하는 요령이나 요약하는 방법들을 배웠어도 실제 '나의 것'이 되기 위해서는 시간과 노력이 필요합니다. 다양한 자료를 접해 보고, 배운 대로 연습해 보고, 나만의 방식을 개발해 보는 과정을 통해 '많은 실패'를 경험해야 합니다. 실패를 통해 나만의 방식이 생기고 더욱더 단단해집니다. 하지만 많은 부모님은 시험 성적이 조금만 떨어지면 바로 학원으로 보냅니다. 메타인지를 이용해서 가르치는 학원은 거의 없습니다. 학원에 등록한다고 메타인지 능력이 길러지지 않습니다.

요즘 학원에서는 학원 수강생의 시험 성적을 높이기 위해 요약 정리된 프린트를 많이 줍니다. 어떤 학원에서는 앞 글자만 따서 외우는 방법, 재미있게 외울 수 있는 다양한 방법들을 학생들에게 제공합니다. 학생들이 고민하면서 자신만의 공부 방식, 암기 방식을 연습해 나가야 학년이 올라갈수록 자신의 노하우와 내공이 쌓이는데, 학원에서 주는 것만 받아서 공부하다 보니 학원을 오래 다녀도 스스로 공부하는 습관은 생기지 않습니다.

❖ 스스로 터득해야 합니다

사람마다 얼굴 생김새가 다르듯이 자신에게 맞는 공부 방법도 다 다릅니다. 배웠던 내용을 효과적으로 공부하는 방식을 소개해 줄 수는 있어도 모든 사람에게 맞는 공통된 방법은 없습니다. 따라서 메타인지는 학원을 통해서 배울 수 있는 것이 아닙니다. 단지 수많은 시행착오를 거쳐서 자신만의 공부 방식을 만들어 나가야 합니다. 일반 학원에서는 진도를 나가고 문제집 풀기에 바빠서 학생의 메타인지에 대해 잘 알지 못합니다. 더불어 학생의 장기적인 성장, 스스로 공부하는 방법에 관한 관심은 적습니다. 당장의 성적 향상을 위해서는 비슷한 문제를 많이 풀게 하는 방법이 가장 쉽기 때문입니다. '어떻게 하면 시험 대비 문제집을 조금만 풀게 하고 시험 점수를 잘 받게 할 수 있을까? 학생들이 스스로 공부할 수 있도록 우리 학원에서는 어떤 방식으로 지도할까?'라고 고민하는 학원이 없는 것만 보아도 일반 학원에서는 메타인지에 관해 관심조차 없다는 사실을 알 수 있습니다.

6학년을 담임할 때였습니다. 저는 해마다 학생들에게 스스로 공부하는 방법을 알려 줍니다. 거창한 내용이 아니라 문제에 동그라미를 치고, 스스로 생각해 볼 기회를 많이 주며, 스스로 복습하는 방법을 알려 주고 점검해 줍니다. 수찬(가명)이는 그 당시에 공부 방법을 알려 주는 학원에 다녔는데, 그 학원은 자기 주도 학습 학원이라고 광고하는 학원이었습니다. 하지만 스스로 공부할 수 있는 계획표를 제작해서 나누어 주는 정도였습니다. 상담 주간에 수찬이 엄마와 상담을 했는데, 그 학원을 2~3년 정도 다녔던 수찬이가 엄마에게 말했다고 합니다.

> 수찬: 엄마! 선생님이 알려 주는 방식이 훨씬 더 좋고, 덕분에 스스로 공부
> 할 수 있는 힘이 생겼어. 이제 이 학원은 안 다녀도 될 것 같아. 학
> 교 선생님이 진짜 스스로 공부하는 방법을 알려 주시는 것 같아.

똑같이 가르쳐도 학생마다 받아들이는 정도가 다릅니다. 수찬이
처럼 가르쳐 주는 만큼 습득하고 자기만의 습관으로 완전히 정착시
켜서 사교육을 줄이는 학생들을 보면 참 보람이 있습니다.

❖ 여유가 있어야 시도해 볼 용기와 시간이 생깁니다

메타인지는 '생각에 관한 생각'이라고 했습니다. 내가 알고 있는
지식과 모르는 지식을 구분하는 것, 내가 알고 있는 것을 설명해 낼
수 있는 능력들이 메타인지입니다. 메타인지를 기르려면 생각하면
서 문제를 풀 수 있는 충분한 시간이 필요합니다. 그래서 학생들에
게 '여유'를 주어야 합니다. 지금 풀고 있는 양을 반으로 줄이고 어
떤 부분에서 이해가 잘 안 가는지, 어떤 유형의 문제가 어려운지 스
스로 찾아서 다시 풀고 빨간펜으로 체크할 수 있도록 도와주어야
합니다. 그 시작은 '공부하는 양을 줄여 주는 것'에 있습니다.

어떤 학생이 사회 교과서에서 '일본'에 대해 배웠다고 가정해 봅

시다. 1주일에 학원을 네다섯 군데씩 다니고 학습지를 두세 개씩 하면서 학교 숙제도 해내야 하는 학생이 일본에 대해 자발적으로 호기심을 가지고 일본과 관련된 책을 찾아볼 만한 여유가 있을까요? 단지 교과서에 나오는 초밥, 신칸센, 기모노 등 일본을 대표하는 것만 외워서 시험을 볼 것입니다.

지금은 시험 점수가 높게 나오니 부모님은 안심하고 있을 것입니다. 하지만 이렇게 공부하는 아이는 일본 역사가 어떻게 되는지, 일본의 국민성은 어떤지 등 일본에 대해 전반적으로 이해하지는 못합니다. 다른 나라에 대해 전반적으로 이해하기 위해서는 폭넓은 독서가 기반이 되어야 하는데, 독서를 할 시간에 문제집만 풀고 있기 때문입니다. 독서를 통해 쌓인 지식은 훗날 아이의 머릿속에서 조직화, 구조화되어서 공부할 때 도움이 됩니다.

❖ 공부의 시작과 끝입니다

공부의 시작은 '기본 개념 익히기'입니다. 익힌 기본 개념들은 기존에 내가 알고 있던 지식들과 연결됩니다. 이때 메타인지를 활용합니다. 과학 교과에서는 기존에 가지고 있던 생각 중 잘못 생각하고 있던 개념인 오개념을 중요하게 다룹니다. 이처럼 새로운 내용을 배울 때 내가 잘못 알고 있는 내용을 파악한 후, 올바른 개념을 학습하고 새로운 개념을 배우면 배움이 훨씬 더 깊어집니다. 국어 교과에서 자주 활용하는 KWL 전략에서도 메타인지를 찾아볼 수 있습니다. K는 know(아는 것), W는 want to know(알고 싶은 것), L은 learned(배운 것)를 의미합니다. 내가 아는 것, 알고 싶은 것, 배운 것을 구분 지어서 말하고 생각하는 것이 구조화입니다. 부분적 요소나 내용이 서로 관련되어 통일된 조직을 만드는 것이지요. 주차 타워에 차곡차곡 주차하면 원하는 때에 원하는 차량을 쉽게 빼낼 수 있는 것처럼, 지식도 메타인지를 통해 구조화했을 때 인출하기 훨씬 쉬워집니다. 단순 암기만 하면 인출이 어렵습니다. 이처럼 공부의 시작부터 끝까지 지식을 재배열하고 수정, 보완하는 작업이 필요합니다. 이 모든 과정에서 메타인지 능력은 필수입니다.

❖ 개인차가 큽니다

수학 점수를 100점 받는 학생들도 메타인지의 개인차가 큽니다. 100점을 받기 위해 얼만큼의 시간이 필요했는지, 어떤 교재로 얼마나 많은 문제를 풀었는지, 어떤 방식으로 복습했는지에 따라 메타인지에 차이가 있습니다. 같은 내용을 배우고 공책 정리를 시켜 보면 아이들의 차이가 큰 것처럼, 수학 단원평가 점수가 같아도 아이들이 사용하는 학습 전략은 큰 차이가 있습니다.

KBS 〈시사기획 창〉 제작진은 15개 나라의 국기 사진이 있는 카드를 쉬움, 중간, 어려움 세 부분으로 나누었습니다. 학생들에게 한 부분씩 공부할 기회를 준 후, 네 번째 학습을 앞두고 어떤 수준의 카드를 고를 것인지 물어봤습니다. 대부분 1학년 학생들은 쉬움, 중간, 어려움 순으로 학습했으니 '쉬움'이 써진 봉투를 골랐고 4학년 학생들은 더 좋은 결과를 위해 '어려움'이 적힌 봉투를 골랐습니다. 그리고 시험을 본 결과, 15개의 국기 문제 중에서 1학년 학생들은 평균 5.5개, 4학년은 10.3개를 맞췄습니다. 4학년이 1학년보다 국기에 대한 지식이 더 많았을 수도 있지만, 그럼에도 적절한 학습 전략을 사용했기 때문에 더 높은 점수를 얻었다고 예상됩니다. 어떤 1학년 학생은 11개를 맞췄습니다. 이 학생은 네 번째 학습 때 '어려움'이 적힌 봉투를 골라서 공부했습니다.[19] 이렇게 같은 나이인데도 사용하는 학습 전략은 큰 차이가 있습니다.

메타인지를 활용하여 공부하는 것이 중요한 이유

17년 동안 약 400명 정도의 학생들을 가르치면서, 메타인지를 활용하여 공부하는 방법을 매년 지도했습니다. 메타인지를 활용하여 공부하면 어떤 점이 좋을까요?

---

19 시사기획 창, "공부에 관한 공부" 1부, 2014.07.08 방영, KBS.

❖ 평생을 살아갈 연장통을 가지게 됩니다[20]

KBS 〈시사기획 창〉이라는 프로그램에서 '공부에 관한 공부 2' 다큐멘터리를 방영한 적이 있습니다. 네덜란드 레이덴대학 베엔만 교수는 다음과 같은 말을 했습니다.

"아이들에게 메타인지 기술들을 익히게 하는 것은 평생 들고 다닐 수 있는 연장통을 선물해 주는 것과 같습니다. 우리의 목표는 '높은 점수가 써져 있는 종이쪽지'가 아닙니다. 아이들이 높은 점수를 받는 것도 중요하지만 평생 도움이 될 만한 전략과 기술을 갖추게 해야 아이들에게 더 큰 이득이 됩니다. 단순히 지금 당장 좋은 대학에 보내는 것보다 중요합니다. 그게 아이들을 더 좋은 사람으로 만들어 주지는 않거든요."[21]

베엔만 교수님은 지금 아이들이 배우는 수학 덧셈, 뺄셈 등을 하나하나 가르쳐 주는 것보다 스스로 공부하는 방식, 부족한 점을 되돌아보는 방법, 시험 대비를 위해 복습하는 방법 등을 알려 주는 것이 훨씬 더 중요하다는 것을 말하고 있습니다. '메타인지를 활용한 공부 기술'을 익히면 다른 분야의 공부를 할 때도 유용하게 쓰입니다. 커서 제빵사가 되기 위한 자격증 공부를 할 때도, 자동차정비기사가 되기 위한 시험을 볼 때도 메타인지는 도움이 됩니다. 그렇게

---

20 시사기획 창, "공부에 관한 공부" 2부, 2014.09.30 방영, KBS.
21 시사기획 창, "공부에 관한 공부" 2부, 2014.09.30 방영, KBS.

나의 습관으로 만들어진 메타인지는 평생에 걸쳐서 활용할 수 있습니다.

❖ 적은 노력으로 높은 성적을 얻을 수 있습니다

메타인지를 활용하여 공부한다는 것은 내가 아는 것과 모르는 것을 구분하고 그중 모르는 것만 따로 뽑아서 공부한다는 뜻입니다. 그래서 같은 시간을 공부해도 더 효율적으로 공부할 수 있습니다. 그리고 "왜?"라는 질문을 통해 '암기'보다 '이해'를 먼저 해서 모르는 내용만 공부하기 때문에 과잉 공부를 하지 않습니다. 그래서 다른 아이들보다 성적이 좋을 수밖에 없습니다.

결국, 메타인지를 활용해서 공부하면 다른 아이들보다 적은 노력으로 높은 성적을 받을 수 있고, 상대적으로 시간이 남기 때문에 앞에 나온 준서처럼 수영도 다니고 기타도 배우면서 스트레스 없이 학교생활을 할 수 있습니다. 폭넓은 독서를 통해서 나의 역량을 더 키울 수도 있습니다.

❖ 공부하는 재미가 생깁니다

원래 공부는 재미없습니다. 어렵습니다. 하지만 내가 노력한 만큼 결과가 나오거나, 관찰을 통해 발견하는 경험을 하면 재미가 생깁니다. 아이의 내적 동기를 자극하려면 작은 성공을 많이 해야 하는데,

공부한 만큼의 결과를 얻는 것은 그 어떤 동기 부여보다 좋습니다. 공부하는 내용에서 배우는 기쁨, 발견하는 기쁨을 경험하는 것도 공부하는 재미가 생기는 요인으로 작용합니다. 한 번 공부에 재미를 붙인 아이는 시험 결과에 대해 보상을 해 주지 않더라도 스스로 공부하려고 하기 때문에 계속 성적이 좋아질 수밖에 없습니다.

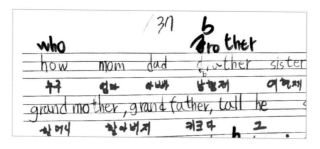

공부하는 재미를 느낀 아윤이의 영어 공책

3학년인 아윤이는 아직 영어 학원에 가지 않고 집에서만 영어 공부를 하고 있습니다. 이제 영어 쓰기를 공부하고 있는데 처음에는 어려워하더니 조금씩 아는 것이 늘어날수록 재미를 찾고 있나 봅니다. 하루는 아윤이가 영어 단어를 공부하다가 갑자기 말했습니다.

🙂 **아윤:** 아빠, 나 이제 '덜~'을 알았어.

🙂 **아빠:** 무슨 말이야?

😊 아윤: 파덜~ 마덜~ 브라덜~ 그랜드마덜~ 그랜드파덜~은 전부 다
'ther'로 끝나.

😊 아빠: 오, 그 어려운 발견을! 대단한 관찰인데? 잘했어~

솔직히 아내와 제가 교사이기 때문에 이와 같은 내용을 빨리 가르쳐 주고 싶은 마음도 있었습니다. 하지만 저희 부부는 아이의 자발성과 호기심을 중시했고, 아이 스스로 '발견하는 기쁨'을 느낄 기회를 주고 싶어서 기다려 줬습니다. 한 번 발견하는 기쁨을 느낀 아윤이는 영어 공부에 전보다 훨씬 더 적극적으로 임하고 있습니다. 아윤이가 이런 경험을 할 수 있게 된 것은 평소 공부하는 양을 줄여준 것도 한몫합니다. 수학도 양을 줄여 주면 메타인지를 활용하며 공부하게 되고, 이렇게 공부하면 재미가 생기게 됩니다.

❖ 조망할 수 있는 능력이 생깁니다

산 정상에 있는 전망대에 올라가서 내려다보면 도시 전체가 보입니다. 조망(眺望)이란, '먼 곳을 바라봄'이라는 뜻입니다. 단순히 문제만 푸는 것은 숲에 갇혀서 나무만 보는 것과 같습니다. 배우는 내용에 대해 스스로 질문하고 궁금증을 가지면서 공부하면 공부의 주인은 내가 됩니다. 학원에서 주어진 숙제만 해 가는 아이는 공부의 주인이 될 수 없습니다. 학원에만 의존하는 아이는 고3이 되어도 스스

로 공부하는 힘이 없어서 과외나 학원에 의존하게 됩니다. 그리고 대학생이 되어서도 스스로 공부하지 못하기 때문에 학원에 의존하는 생활을 계속하게 됩니다.

메타인지를 활용하면 내가 선생님이 되어 공부할 수 있습니다. 시험에 나올 만한 문제와 그렇지 않은 문제를 구분할 수 있는 눈도 생깁니다. 하늘 위에서 보면 모든 것들이 한눈에 보이듯이 메타인지를 활용하면 공부의 내용도 한눈에 보입니다.

메타인지가 발달한 아이들의 특징

그동안 제가 만났던 학생들을 생각해 보면 메타인지가 잘 발달한 학생들은 다음과 같은 특징을 가지고 있었습니다.

1. 정신적, 육체적으로 여유가 있다.
2. 모든 면에서 조급해하지 않는다.
3. 사교육을 많이 받지 않는다.
4. "왜?"라는 질문을 잘 한다.
5. 스스로 공부하는 시간이 많다.
6. 어릴 때부터 독서량이 많다.

7. 부모와 대화를 많이 한다.

8. 부모가 조급해하지 않는다.

9. 어릴 때부터 다양한 경험을 했다.

10. 시험과 점수에 크게 연연하지 않는다.

11. 부모와 관계가 좋다.

12. 예습보다 복습에 더 중점을 두고 공부한다.

메타인지 활용하기

1학년 2학기 국어 시간에는 겹받침을 배우는데, 아직 한글 학습이 완전하지 않은 학생들은 겹받침을 특히 어려워합니다. 하지만 많은 학생이 교과서에 나온 따라 쓰기 글자를 그냥 따라 쓰기만 합니다. 메타인지는 '생각하는 힘'이라고 했습니다. 생각하지 않고 주어진 것을 따라 쓰기만 하면 공부는 하지만 배움이 없습니다. 그래서 받아쓰기를 해 보면 배운 글자도 틀리는 경우가 많습니다.

왼쪽 학생은 '삶아'라고 써야 할 자리에 바르게 따라 쓴 후, 소리가 나는 대로 쓰지 않기 위해 '살마(x)'라고 표시했습니다. 오른쪽 학생은 '끓다'라는 단어를 쓴 후, 자신이 실수할 것 같은 받침 'ㅎ'에 빨간색으로 동그라미를 쳤습니다. 이 두 학생의 공통점은 바로 기계처럼 적기만 하지 않고 메타인지를 활용하면서 국어 공부를 했다는 사실입니다. 이렇게 공부하면 낱말을 열 번이나 쓰지 않아도 내가 어떤 부분에서 약한지 스스로 파악할 수 있기 때문에, 두세 번만 써 보면 이 낱말을 완전히 나의 것으로 만들 수 있습니다.

메타인지를 활용해서 겹받침을 공부하는 두 학생

그렇다면 수학 교과목을 공부할 때는 메타인지를 어떻게 활용할까요?

2장 '수학 공부의 기초 체력 만들기'(93p)에서 수학 수업 시간에 어떤 자세로 공부해야 하는지 그리고 수학책, 수학익힘책을 어떻게 풀어야 하는지 자세하게 배웠습니다. 수학에서 메타인지를 활용하는 핵심은 '스스로 설명해 보고 아는 부분과 모르는 부분을 구분하는 것'과 '몰랐던 부분이나 자주 실수하는 부분을 표시하고 다시 풀어 보는 것'입니다.

설명하면서 문제 풀기

EBS 다큐멘터리 〈우리는 왜 대학에 가는가〉 '5부 말문을 터라' 편에서 제작진은 실험을 합니다. 한 팀에 여덟 명씩 조용한 공부방 팀과 말하는 공부방 팀을 구성했습니다. 한 팀은 칸막이가 있는 장소에서 혼자 조용히 공부하고, 한 팀은 넓은 책상에서 함께 토론하고 이야기하면서 서양사에 관한 내용을 공부하게 했습니다. 두 팀의 결과는 어땠을까요?

조용한 공부방에서 공부한 한 학생은 "막상 시험지를 받고 시험 문제를 풀려고 하니까 딱 중요한 부분에서 생각이 안 나더라고요"라고 말했고, 또 다른 한 학생은 "막상 시험지를 받아 보니까 잘 안 되더라고요"라고 말했습니다. 말하는 공부방에서 공부한 학생은 "설명하면 자기가 아는 것과 모르는 것을 알 수 있으니까 아는 것은 제치고 모르는 것부터 먼저 공부할 수 있어요"라고 말했습니다.

실제 결과도 말하는 공부방에서 공부한 학생들의 성적이 약 두 배 높게 나왔습니다. 단순한 지식을 묻는 단답형 문제, 수능형 문제,

서술형 문제 모든 부분에서 더 높은 성적이 나왔습니다.[22]

　이 실험이 의미하는 것은 무엇일까요?
　스스로 설명하면서 공부하면 자신이 부족한 부분이 나왔을 때 막히게 됩니다. 이렇게 설명하지 못하는 부분이 나오면 그 부분에 대한 이해가 부족한 것이기 때문에 그 부분에 관한 공부를 추가로 하면 됩니다. 하지만 스스로 생각하지 않고 설명하지도 않고 공부하면 내가 어떤 부분을 잘 이해했는지, 어떤 부분이 부족한지 파악할 수 없습니다. 그래서 수학 공부를 하거나 문제를 풀 때 '스스로 설명하면서' 하는 것이 좋습니다. 설명은 평소 수업 시간에 교사가 문제 풀이를 하거나 원리를 설명할 때 잘 들으면 됩니다. 그래서 '경청' 또한 중요합니다.

　학생들이 풀이해 놓은 수학책을 보면 이 학생이 스스로 생각하고 설명하면서 풀었는지 아니면 생각 없이 풀었는지 알 수 있습니다. 다음 사진은 2학년 '시계' 단원에서 시간을 표시하는 문제입니다.

---

22 우리는 왜 대학에 가는가, "5부. 말문을 터라", 2014.01.28 방영, EBS.

4시 10분 전　　　　**4시 10분 전**

설명하기 1　　　　　　　설명하기 2

　설명하기 1의 학생은 4시 10분 전의 시간을 표시하라는 문제에서 '전'이라는 글자에 동그라미를 치지 않았습니다. 그래서 시계에 3시 50분으로 표시해야 하는데 4시 10분으로 표시해 놓았습니다. 이런 학생들은 다른 문제를 풀 때도 문제에 동그라미를 치지 않아서 실수합니다. 이 학생이 시계 문제를 틀렸다고 해서 시계 문제를 더 푸는 것보다, 문제에 동그라미 치는 연습부터 시작해야 수학 실력이 좋아집니다.

　설명하기 2의 학생은 시침과 분침의 길이를 비슷하게 표시해서 시간을 정확하게 알기 어렵습니다. 문제에 동그라미를 치면서 시침과 분침의 위치를 파악하고 길이를 정확히 구별하여 그렸어야 했지만, 동그라미를 치지 않고 대충 풀어 틀린 것입니다.

　이와 달리 설명하기 3, 설명하기 4, 설명하기 5는 스스로 설명하면서 문제를 푼 사진입니다.

설명하기 3   설명하기 4   설명하기 5

설명하기 3의 학생은 문제의 '4시'와 '10분' 사이에 '되기'라는 글자를 쓰고 '전'이라는 글자에 동그라미를 쳤습니다. 그리고 10과 12 숫자 사이에 2개의 물결 표시를 해서 10분을 계산하며 문제를 풀었습니다.

설명하기 4는 '4시'라는 글자 밑에 X라고 표시했습니다. 왜 X라고 표시했을까요? 문제를 풀면서 이 학생은 '4시 10분 전은 아직 4시가 되지 않은 시간이야'라고 생각하면서 X 표시를 한 것입니다. '전'이라는 글자에 동그라미도 치고 밑줄도 쳤습니다. 10과 12 숫자 사이에 물결 표시도 하면서 시간을 계산하고 문제를 풀었습니다.

마지막 사진 설명하기 5는 '전'이라는 글자에 동그라미를 치지 않고 10과 12 사이에 물결 표시도 하지 않았지만, 4시 10분 전이 몇 시 몇 분인지 생각해서 문제 밑에 '3시 50분'이라고 적었습니다.

설명하기 3, 설명하기 4, 설명하기 5처럼 푼 학생들의 공통점은 자신만의 방식으로 문제를 이해하고 메타인지를 활용해서 문제를 풀었다는 점입니다. 문제의 맞고 틀림보다 스스로 설명하면서 문제를 푸는 습관이 형성되어 있는지가 중요합니다. 메타인지 기술은 사용하고 개발할수록 더욱더 발달하기 때문에 평소 학교에서 수학책, 수학익힘책을 풀 때부터 눈으로 풀기, 대충 풀기, 답만 적기 같은 습관을 멀리하고 정답을 적기 전에 문제 또는 문제 옆에 '무엇이든지 하는' 연습을 할 필요가 있습니다. 이런 방식으로 공부하면 시계 문제를 많이 풀지 않아도 정확하게 문제를 풀 수 있는 능력이 생기기 때문에 적은 문제를 풀고서도 수학 단원평가에서 좋은 점수를 받을 수 있습니다.

EBS〈학교란 무엇인가〉제작팀은 '0.1% 학생들의 비밀' 편을 제작했습니다. 상위 0.1% 학생들의 공부법으로 소개된 것 중 하나는 '선생님 놀이'를 통해 개념을 명확하게 이해하는 것이었습니다. 선생님 놀이란, 배운 내용을 다른 사람에게 설명하는 공부 방식을 의미합니다. 고등학생 지우는 엄마 앞에서 선생님이 되어 공부한 서양 역사에 관해 말로 설명합니다. 그렇게 하다 보면 잘 알고 있는 부분과 잘 모르는 부분을 알 수 있다고 말합니다.[23] 이처럼 성적이 좋

23 학교란무엇인가제작팀, 학교란 무엇인가?, 중앙북스, 2011, 220.

은 학생들은 하나같이 '설명하기' 공부 방법을 통해 배운 지식을 자신의 것으로 만드는 과정을 거칩니다. 설명하기 공부 방법은 선택이 아니라 필수로 갖추어야 할 공부 기술입니다.

모르는 부분에 빨간색 표시하기

수학에서 메타인지를 활용하는 두 번째 방법은 '모르는 부분에 빨간색 표시하기'입니다.

빨간색 표시하기란, 문제를 풀다가 틀렸거나 헷갈리는 부분을 빨간색으로 표시하는 것을 뜻합니다. 그냥 틀린 부분을 빗금(/) 치는 것이 아니라 내가 몰랐던 부분을 구체적으로 찾아서 '별표 표시'를 하는 것입니다. 그리고 자신이 부족한 부분이나 실수할 것 같은 부분에 한 글로 주의 사항을 씁니다.

사진은 3학년 1학기 '분수와 소수' 단원의 학습지입니다. 이 학생은 20개의 연습문제 중에서 자신이 풀다가 헷갈렸던 문제에 별표와 세

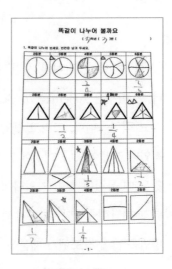

빨간색 표시하기 1

모를 빨간색으로 표시하였습니다. 학습지를 풀다가 삼각형을 6등분 하는 부분은 어려웠던지 세모를 두 개나 표시해 두었습니다. 이렇게 빨간색으로 자신이 잘 몰랐던 부분을 표시해 두면 단원평가를 보기 전에 복습할 수 있습니다. 마찬가지로 교과서에도 빨간펜으로 내가 아는 것과 모르는 것을 표시해 놓으면 좋습니다.

빨간색 표시하기 2

3학년 1학기 '길이와 시간' 단원에 나오는 수학익힘책 문제입니다. 이 학생은 703cm를 7m 3cm라고 적은 후 '30이라고 쓰지 않기'라고 적었습니다. 그리고 빨간색으로 별표를 했습니다. 왜 이렇게 적었냐고 물어보니, 이전에 703cm처럼 0이 중간에 있는 숫자가 나왔을 때 틀렸던 것이 기억나서 다시 틀리지 않기 위해서 별표를 했다고 대답했습니다. 평소 수학 수업을 할 때마다 메타인지의 활용 방법을 많이 강조했기 때문에 학생이 자기만의 방식으로 표시한 것을 보니 참 뿌듯했습니다. 이 학생은 별표를 치고 자신이 실수할 것 같은 부분을 한글로 표시한 것에 더해서, 2장에 나왔던 방법처럼 숫자를 바꿔서(520cm=5m 20cm) 한 번 더 풀어 보았습니다.

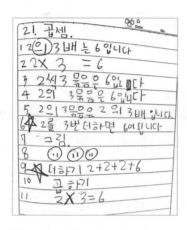

빨간색 표시하기 3

　

2학년 1학기 '2의 몇 배를 알아봅시다'를 배운 후 공책에 정리한 사진입니다. 2×3=6을 총 아홉 가지 방법으로 표현하는 방법을 배웠습니다. 그 후에 자신이 잘 모르는 부분을 찾아서 빨간색으로 표시하라고 하니, 이 학생은 '2를 3번 더하면 6이 된다'라는 부분에 빨간색 별표를 했습니다. 이처럼 공부가 끝난 후 잘 몰랐거나 헷갈렸던 부분을 찾아서 빨간색으로 표시하는 연습을 계속하다 보면 습관으로 자리 잡아서 수학 실력 향상에 도움이 됩니다.

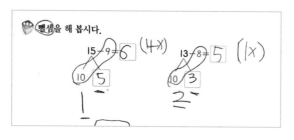

빨간색 표시하기 4

1학년 2학기 '뺄셈'을 공부한 사진입니다. 식 15-9에서 15를 10과 5로 가르기를 한 후에 10에서 9를 빼고 나온 결과인 1과, 가르기를 해서 나왔던 나머지 5를 더해서 6을 적는 문제입니다. 하지만 10에서 9를 뺀 후 생긴 1과 가르기를 해서 나왔던 5를 빼서 4로 적는 학생들이 있습니다. 그래서 이 학생은 자기가 실수할 것 같은 수를 일부러 쓰고 X 표시를 하였습니다. 오른쪽 문제도 같은 방식으로 풀었습니다. 이렇게 자신이 틀릴 것 같은 부분을 먼저 찾아서 빨간색으로 표시하는 것은 약 10초 정도면 할 수 있는 일입니다. 별거 아닌 것처럼 보여도, 같은 유형의 문제를 열 문제 이상 푼 효과를 볼 수 있습니다.

메타인지로
문장제 정복하기

많은 학생이 기본 계산 문제는 잘 풀면서 문장제는 어려워합니다. 충분히 풀 수 있는 실력이 있음에도 겁을 먹고 시도조차 하지 않는 학생들도 많습니다.

EBS 〈학교란 무엇인가〉 제작팀에서 초등학교 4학년을 대상으로 수학 단원평가를 쳤는데 연산 문제보다 서술형 문제의 오답률이 훨씬 더 높게 나왔다고 합니다. 학생들은 "글을 읽으면 무슨 뜻인지 모르겠어요", "뒷장에 문장으로 된 문제가 어려웠어요"라고 대답했습니다.[24]

24 학교란무엇인가제작팀, 학교란 무엇인가?, 중앙북스, 2011, 129-130.

왜 많은 아이가 특히 문장제를 어려워할까요? 기본 계산 문제는 단순히 한두 번만 계산해서 풀 수 있지만 문장제를 풀기 위해서는 여러 단계의 생각 과정을 거쳐야만 하기 때문입니다. 평소에 독서가 부족하거나 생각하는 연습이 잘 되어 있지 않은 아이들은 문장제를 어려워합니다. 다시 말하면 '메타인지'를 활용하지 않는 아이들은 문장제를 어려워하는 것입니다. 문장제는 기본적으로 풀이하는 몇 가지 단계가 있습니다. 이 단계를 충분히 연습하면 문장제도 쉽게 정복할 수 있습니다. 문장제는 어떤 순서로, 어떤 생각의 과정을 거쳐서 풀어야 할까요?

문제 동그라미 치기

3장에서 설명한 것처럼, 모든 수학 문제 풀이의 첫 시작은 문제에 동그라미를 치는 것입니다. 핵심 단어와 핵심 숫자에 동그라미를 치면서 문제를 정확하게 파악하는 것이 중요합니다. 문장제를 풀 때뿐만 아니라 다른 문제를 풀 때도 동그라미를 치는 습관을 지닐 수 있도록 해야 합니다. 시험 때마다 실수가 잦은 아이의 경우, 문제에 동그라미 치는 습관만 바꾸더라도 실수가 줄어드는 경우가 많습니다. 집에서 수학책, 수학익힘책을 복습할 때마다 동그라미 치는 연습을 해야 단원평가나 학교에서 시험을 볼 때 자연스럽게 동그라미를 치게 되고 실수하지 않게 됩니다.

> 1. 한 변의 길이가 5cm인 정사각형의 둘레의
>   길이를 바르게 구한 것은? (3)
>   ①5cm ②20cm ③25cm ④30cm ⑤125cm

문제에 동그라미를 치지 않아서 틀린 문장제 1

위 학생의 경우, 정사각형의 둘레 길이(20cm)를 구하는 문제를 넓이(25㎠)로 계산해서 틀렸습니다. 이 학생은 정사각형의 둘레 길이와 넓이를 구하는 방법을 모두 다 알고 있습니다. 이렇게 잘 아는 학생임에도 문제를 읽을 때 동그라미를 치지 않아 실수하게 되었습니다. 실제 학생들을 지도해 보면 이런 경우가 아주 많습니다. 이렇게 실수하는 학생들 대부분은 기본적으로 수학책, 수학익힘책을 풀 때도 문제에 동그라미를 치지 않는 습관이 있었습니다. 1번 문제는 문제에 동그라미를 잘 치고 푼 문장제 1(244p)처럼 문제에 동그라미를 하면서 풀어야 합니다.

문제에서 '둘레의 길이' 부분을 동그라미 치고 '넓이가 아니라 둘레의 길이를 구해야지'라고 생각하면서 문제를 푸는 것이 메타인지를 활용한 공부 방법입니다. 3초 정도의 시간만 있으면 이렇게 생각하면서 실수를 줄여 나갈 수 있습니다.

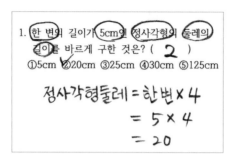

문제에 동그라미를 잘 치고 푼 문장제 1

다음 학생은 원의 넓이를 구하는 공식(반지름×반지름×3.14)을 정확하게 알고 있음에도 반지름이 아니라 지름으로 계산해서 틀렸습니다.

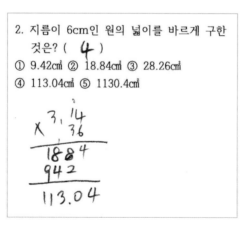

문제에 동그라미를 치지 않아서 틀린 문장제 2

만약 다음 사진과 같이 문제에 동그라미를 치면서 '지름이 6cm
네. 원의 넓이를 구할 때는 반지름으로 계산해야 하니까 지름인
6cm로 계산하는 실수를 하지 않을 거야. 그러니까 반지름인 3cm를
넣어서 계산해야지.'라고 생각했다면 틀리지 않았을 문제입니다.

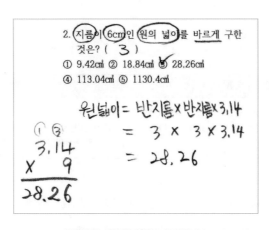

문제에 동그라미를 잘 치고 푼 문장제 2

이렇게 간단한 문제조차 실수로 틀리는 학생들이 많은 이유는 생
각하지 않고 급하게 풀기 때문입니다. 문제에 동그라미를 치면서 이
해하고 생각하는 과정을 거치면, 자연스레 실수를 줄일 수 있습니
다. 그러면 문장제의 50% 이상은 해결한 것이나 다름없습니다.

핵심어를 찾아 풀이 방식 결정하기

문장제는 다른 문제와 달리 한글이 많습니다. 문장 속 많은 내용 중에 가장 중요한 '핵심어'를 찾아서 동그라미를 칠 필요가 있습니다.

예를 들어 '덧셈과 뺄셈'을 배울 때 핵심어는 다음과 같은 낱말입니다.

'덧셈'으로 풀이하는 낱말	'뺄셈'으로 풀이하는 낱말
모았다, 만들었다, 담았다, 잡았다, 찾았다, 샀다, 주웠다, 받았다, 얻었다, 왔다, 생겼다, 고쳤다	남아 있는, 갔다, 버렸다, 팔았다, 먹었다, 깨졌다, 잃어버렸다, 사라졌다, 부서졌다, 찢어졌다, 떨어뜨렸다, 빼앗겼다, (쿠키가) 탔다

만약, 위와 같은 낱말을 그냥 지나치면 덧셈을 뺄셈으로, 뺄셈을 덧셈으로 헷갈려서 틀리게 됩니다. 그래서 핵심어에 동그라미를 치는 것이 아주 중요합니다. 핵심어를 잘 찾으면 문제를 어떤 방식으로 풀어야 할지 쉽게 결정할 수 있습니다.

식을 세우기 위해 필요한 숫자 고르기

문제나 핵심어에 동그라미를 칠 때 '숫자'에도 동그라미를 쳐야 합니다. 대부분의 문장제에 제시되는 숫자들은 문제를 풀 때 필요한 경우가 많기 때문입니다.

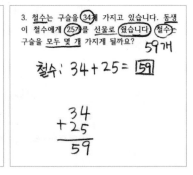

문제와 숫자에 동그라미 치지 않은 학생   문제와 숫자에 동그라미 친 학생

보통 학생들은 3번과 같은 문제를 왼쪽 사진처럼 풉니다. 두 가지 숫자(34, 25) 정도만 등장하는 쉬운 문제는 굳이 동그라미를 치지 않고도 맞출 수 있기 때문입니다. 하지만 오른쪽 사진처럼 문제와 핵심어에 동그라미를 치고 문제를 풀어야 앞으로의 실수를 줄일 수 있습니다.

문제에 제시된 숫자들은 모두 동그라미를 하는 것이 좋습니다. 하지만 문제를 풀 때 문제에 적힌 숫자들을 모두 사용하는 것은 아닙니다.

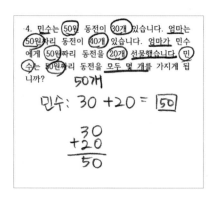

필요한 숫자와 필요 없는 숫자가 섞여 있는 문제

4번 문제에서 등장하는 숫자들은 모두 일곱 개입니다. 하지만 진짜 필요한 숫자는 민수가 원래 가지고 있었던 동전의 개수인 30과 엄마에게 받은 동전의 개수인 20입니다. 그래서 30과 20을 더하는 간단한 문제입니다. 하지만 많은 학생들은 일곱 개나 되는 숫자를 보고 당황합니다. 어떤 숫자들을 골라서 어떤 방식으로 문제를 풀어야 하는지 헷갈립니다. 그래서 필요한 숫자와 필요 없는 숫자를 구분하는 능력이 중요합니다. 구분하기 위해서는 '인지'를 해야 하는데 그 시작은 숫자에 동그라미를 치는 것입니다. 숫자에 동그라미를 치는 목적은 나중에 계산할 때 필요하든 필요하지 않든 일단 동그라미를 하면서 어떤 숫자들이 있는지 '인식'하는 데 있습니다. 사용하고 말고는 나중의 문제입니다.

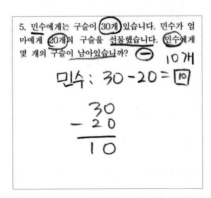

5. 민수에게는 구슬이 (30개) 있습니다. 민수가 엄마에게 (20개의) 구슬을 선물했습니다. (민수에게) 몇 개의 구슬이 남아있습니까? ⊖ 10개

민수: 30-20 = [10]

-30
-20

10

4번 문제에서 필요 없는 숫자를 지우고 쉽게 바꾼 문제

5번 문제는 4번 문제에서 등장하는 숫자의 개수를 줄이고 뺄셈으로 풀이하도록 바꾼 문제입니다. 이런 문제는 학생들이 잘 풉니다. 등장하는 숫자가 두 개밖에 되지 않아서 쉽기 때문입니다. 하지만 4번과 같은 문제는 숫자가 많기 때문에 많이 틀리는 유형입니다. 그래서 평소에 문제를 읽고, 동그라미를 하고, 동그라미 한 숫자들 중에 필요한 숫자를 고르는 능력은 생각보다 중요한 부분을 차지합니다.

한글식 세우기(또는 그림 그리기)

❖ 한글식 세우기

한글식을 세우는 것은 '한글, 숫자, 사칙연산 기호, ='을 사용하여 문제를 식으로 만드는 것을 말합니다. 이전에 나온 1번 문제(243p)를 예로 들면, '정사각형 둘레의 길이=한 변의 길이×4'와 같이 적는 것입니다. 물론 정확하게 모든 요소를 적는 것은 힘든 일입니다. 이런 경우에는 자기만의 방식으로 '정□ 둘레=한 변 길이×4'와 같이 간략하게 수정해도 좋습니다. 중요한 것은 '한글식을 적지 않고 바로 계산하는 습관을 고치는 것'입니다. 한글식을 적는 방법은 아래와 같습니다.

한글식을 적는 방법

① 문장 중에 핵심어와 숫자를 체크한다.

② '은', '는' ➡ '='으로 바꾼다.

③ '의' ➡ '×'로 바꾼다.

특히 곱셈과 나눗셈을 배우기 시작하면 한글식 적기는 더욱더 중요해집니다.

6. 묘목의 높이는 0.75m입니다. 높이가 2.25m인
소나무는 묘목의 몇 배입니까? \
① 0.33배 ② 2배 ③ 3배 ④ 4배 ⑤ 5배

문제에 나온 숫자 순서대로 식을 만들어 틀린 학생

　6번 문제 같은 경우, 옳은 풀이의 식은 2.25÷0.75임에도 대부분 학생이 0.75÷2.25로 계산합니다. 고민해 보지 않고 문제에 적힌 숫자의 순서 그대로 계산하는 것입니다. 그래서 정답은 ③번이지만 오답인 ①번을 체크하는 학생들이 많습니다. 문제는 이처럼 실수하는 학생은 '소수의 나눗셈' 단원에서도, '분수의 나눗셈' 단원에서도 같은 실수를 한다는 것입니다. 이런 학생들은 기본 계산을 못해서 틀리는 것이 아니기 때문에 한글식을 적는 습관을 들이면 실수를 줄일 수 있습니다.

　6번과 같은 문제는 이렇게 풀어야 합니다.

6. 묘목의 높이는 0.75m입니다. 높이가 2.25m인 소나무는 묘목의 몇 배입니까? 3
① 0.33배 ② 2배 ❸ 3배 ④ 4배 ⑤ 5배

소나무 = 묘목의 몇배
소나무 = 묘목 × □
2.25 = 0.75 × □
2.25 ÷ 0.75 = □

$$0.75\overline{)2.25} = 3$$
$$2.25$$
$$0$$

한글식을 잘 적고 '='을 맞춰서 푼 학생

한글식을 적는 예시

1번 문제(243p) 한글식 적기 ➡ 정사각형 둘레의 길이=한 변의 길이×4

2번 문제(244p) 한글식 적기 ➡ 원 넓이=반지름×반지름×3.14

3번 문제(247p) 한글식 적기 ➡ 철수=34+25

4번 문제(248p) 한글식 적기 ➡ 민수=30+20

5번 문제(249p) 한글식 적기 ➡ 민수=30-20

6번 문제(251p) 한글식 적기 ➡ 소나무=묘목의 몇 배

소나무=묘목×몇 배

문제에 따라서 한글식을 적기가 어려운 경우도 있습니다. 그리고

한글식보다 그림을 그려서 푸는 것이 훨씬 더 쉬울 때도 있습니다.
그럴 때는 '그림 그리기'를 통해 문제를 푸는 것이 더 좋습니다.

❖ 그림 그리기

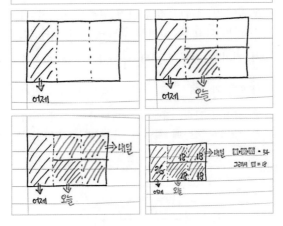

7. 수진이는 108쪽짜리 동화책을 어제 $\frac{1}{3}$ 만큼 읽고 오늘은 나머지의 $\frac{1}{4}$ 만큼 읽었다. 내일까지 이 동화책을 모두다 읽으려고 하는데 남은 쪽수가 52쪽 이었다. 오늘 읽은 쪽수는 얼마일까?

7번 문제를 그림으로 풀이한 예시

7번 문제를 풀기 위해 첫 번째 단계로 사각형을 그렸습니다. 전체가 108쪽을 의미합니다. 그리고 어제 $\frac{1}{3}$ 만큼 읽었으니 사각형을 세 등분하고 한 칸을 색칠했습니다. 그리고 오늘은 나머지의 $\frac{1}{4}$ 만큼 읽었다고 했으니 남아 있는 두 칸을 네 등분한 후 그중에서 한 칸을 색칠했습니다. 마지막으로 내일까지 다 읽어야 하는 나머지 부분은 작은 네모 세 칸 분량이 남았습니다. 남은 쪽수가 52쪽이니 52÷3=18이 나옵니다. 작은 사각형 한 칸은 18쪽만큼을 의미하고 오늘 읽을 쪽수를 의미합니다. 그래서 정답은 18쪽입니다. 7번과 같은 문제는 한글식으로 푸는 것보다 그림으로 풀이하면 훨씬 직관적으로 이해하기도 쉽고 풀기도 쉽습니다.

> 8. 준우는 할머니 집에 가기 위해서 기차와 버스를 타고 간 후 걸어서 할머니 집에 갔다. 먼저 기차로 전체 거리의 $\frac{3}{4}$만큼 간 후 버스로 나머지 거리의 $\frac{4}{5}$를 갔다. 그리고 나머지 거리는 걸어서 갔다. 집에서 할머니집 까지의 거리가 120km 일 때 걸어서 간 거리는 얼마입니까?

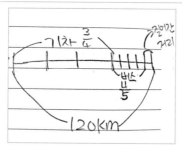

8번 문제를 그림으로 풀이한 예시

8번 문제도 그림으로 푸는 것이 훨씬 쉽습니다. 먼저 기차로 전체 거리의 $\frac{3}{4}$만큼 갔으니 수직선을 네 등분한 후에 삼 등분만큼을 기차로 갔다고 표시합니다. 그다음, 버스로 간 거리는 나머지 거리의 $\frac{4}{5}$라고 했으니, 기차로 가고 남은 한 칸을 다섯 등분한 후 그중에서 네 칸을 버스로 간 부분이라고 표시합니다. 걸어서 간 나머지 거리는 가장 작게 남은 한 칸입니다. 집에서 할머니 집까지 거리가 120km이기 때문에 걸어서 간 거리는 전체를 이십 등분한 것 중의 한 칸이므로 정답은 120÷20=6km입니다.

가로식 세우기(숫자와 네모 옮기기)

한글식을 적었으면 문제를 다시 읽습니다. 그다음, 문제에 제시된 숫자를 한글식 속에서 해당하는 낱말 아래로 옮깁니다. 그리고 '얼마입니까?', '몇입니까?'처럼 구해야 하는 것을 네모(□)로 바꾸어서 '숫자와 네모와 사칙연산 기호만 있는 식'으로 바꿉니다. 한글식 세우기도 가로식 세우기에 해당하지만, 여기서는 □=2.25÷0.75와 같이 숫자와 네모와 사칙연산 기호만 있는 식도 가로식이라고 부르겠습니다.

여기서 학생들이 자주 실수하는 점이 세 가지가 있어서 주의가 필요합니다.

첫 번째 주의할 점은 '숫자가 나오는 순서대로 식을 쓰지 않는 것' 입니다.

숫자가 나오는 순서대로 식 쓰지 않기

찬우는 구슬을 15개 가지고 있습니다. 민수는 구슬을 37개 가지고 있습니다. 누가 얼마나 더 많은 구슬을 가지고 있습니까?

위 문제의 경우, 올바른 식은 37-15=□이지만 문제에 제시된 숫자 순서대로 15-37=□로 식을 세우는 학생들이 상당히 많습니다. 아직 마이너스를 배우지 않았기 때문에 이 계산은 할 수 없어야 하지만 뒷 숫자에서 앞 숫자를 빼는 방식으로 정답을 잘 구하기는 합니다. 이처럼 문제에 나오는 숫자 순서 그대로 식을 써서 계산하면 실수할 확률이 높습니다.

두 번째 주의할 점은 □=5×4처럼 등호의 한쪽에 '네모(□)'만 남을 때까지 가로식을 세워야 한다는 점입니다.

네모만 남을 때까지 가로식을 세우고 나면 바로 다음 단계인 세로식 연산으로 넘어갈 수 있어서 등호의 왼쪽이든 오른쪽이든 네모가 위치할 수 있도록 가로식을 세웁니다.

세 번째 주의할 점은 3장에서도 나온 것처럼 '='을 줄 맞추어 적는 것입니다.

세로식 세우기

가로식을 세웠다면 그에 맞는 세로식을 세워서 풀이하면 됩니다. 세로식을 세울 때 학생들이 가장 많이 실수하는 부분은 숫자를 잘못 옮기는 것과 사칙연산 기호를 잘못 옮기는 것 또는 잘 옮겼지만 잘못 알고 계산하는 것입니다.

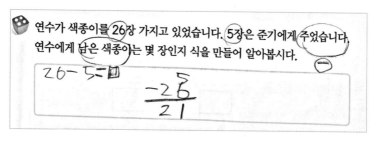

실수 1: 숫자를 잘못 옮겨 적은 경우

이 문제를 푼 학생은 가로식을 26-5=□로 잘 적었습니다. 하지만 가로식을 세로식으로 옮기면서 5와 26의 순서를 바꾸어 적었습니다. 비록 정답은 21로 맞췄지만, 세로식을 틀리게 적은 것입니다. 이처럼 가로식을 세로식으로 적을 때 숫자 위치를 잘못 옮기거나, 8을 6으로 적는 것처럼 다른 숫자로 잘못 옮기는 경우가 많습니다.

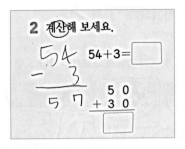

실수 2: 사칙연산 기호를 잘못 옮기거나, 잘 옮겼지만 잘못 알고 계산한 경우

문장제는 아니지만, 가로식을 세로식으로 옮겨서 푼 예시입니다. 옮기는 과정에서 +로 표시해야 할 부분을 −로 표시했지만, 계산은 덧셈으로 풀어서 맞추긴 했습니다. 이런 실수는 학생들이 어릴수록 많이 발생합니다. 그래서 저학년일수록 계산 연습을 많이 하는 것보다 주어진 가로식을 세로식으로 바꿔 보는 기본 연습을 더 해야 합니다.

세로식 풀기

세로식을 정확하게 세웠다면, 이제 바르게 계산할 차례입니다. 아무리 세로식을 정확하게 세웠더라도 세로식을 풀면서 중간에 잘못 생각하는 과정이 생기면 문제를 틀리게 됩니다. 다음 표는 덧셈과 뺄셈을 세로식으로 계산할 때 학생들이 많이 하는 대표적인 실수를 예시로 적어 놓은 것입니다.

덧셈과 뺄셈의 대표적인 오답 유형

오답 유형 1	오답 유형 2	오답 유형 3	오답 유형 4
2 5 + 1 $\overline{}$ 2 4	2 4 + 7 $\overline{}$ 2 1	2 6 − 3 $\overline{}$ 2 9	5 3 − 7 $\overline{}$ 5 4
뺄셈으로 풀이함	4+7을 해서 생긴 받아올림 수 1을 더해 주지 않음	덧셈으로 풀이함	아래에서 위의 숫자를 빼서 계산함

이렇게 실수하지 않도록 스스로 설명하면서 기호에 동그라미를 치고, '덧셈으로 푸는 문제구나', '뺄셈으로 풀어야지'와 같이 생각하면서 문제를 풀어야 실수가 줄어듭니다. 학년, 단원마다 조심해야 할 포인트가 다 다릅니다. 덧셈과 곱셈이 있는 단원에서는 받아올림 수를 더하는 것에 주의해야 하고, 뺄셈이 있는 단원에서는 34-8처럼 일의 자리 수끼리의 뺄셈이 되지 않을 때 십의 자리에서 10을 가져와서 계산하는 것에 주의해야 합니다. 애써서 문장제를 세로식까지 잘 바꾸어 놓고 세로식 계산에서 실수로 틀리지 않도록 꼼꼼하게 스스로 '말하면서' 푸는 습관이 중요합니다.

'식 세우기'까지만 풀어도 괜찮아요

다음에 나오는 네 개의 문제는 3학년 2학기에 나오는 '곱셈' 단원의 문제들입니다. 곱셈 중에서도 '일의 자리 계산에서 올림이 한 번만' 있는 계산들입니다.

	문제		세로식으로 바꾸기
1	$238 \times 2 = \square$		$\begin{array}{r} 2\ 3\ 8 \\ \times \qquad 2 \\ \hline \end{array}$
2	집에서 치과까지의 거리는 439m입니다. 은정이가 집에서 출발하여 치과로 간 다음, 진료를 받고 다시 집까지 걸어서 갔다 오면 은정이가 걸은 거리는 몇 m입니까?	439×2 $= \square$	$\begin{array}{r} 4\ 3\ 9 \\ \times \qquad 2 \\ \hline \end{array}$
3	'행복 쿠키 가게'에서는 쿠키를 하루에 127개 만들 수 있습니다. 이 가게에서 4일 동안 만들 수 있는 쿠키는 모두 몇 개일까요?	127×4 $= \square$	$\begin{array}{r} 1\ 2\ 7 \\ \times \qquad 4 \\ \hline \end{array}$
4	한 상자에는 구슬이 218개 들어 있습니다. 3상자에는 구슬이 모두 몇 개 들어 있을까요?	218×3 $= \square$	$\begin{array}{r} 2\ 1\ 8 \\ \times \qquad 3 \\ \hline \end{array}$

문제 1을 풀기 위해서는 가로식을 세로식으로 고쳐서 풀어야 합니다. 문제 2, 문제 3, 문제 4는 숫자와 내용은 다르지만 모두 일의

자리 계산에서 올림을 한 번만 계산해야 하는 문제입니다. 다시 말하면 2번부터 4번까지 문제는 앞서 설명한 문장제 풀이 방법에 따라 풀어서 가로식과 세로식만 만들면 문제 1과 같아집니다.

아이들이 문장제를 어려워하는 이유는 앞에서도 설명했듯이 문제 동그라미, 한글식 세우기, 세로식 세우기 등 다양한 단계를 해 보며 스스로 생각하는 과정을 거쳐야 하는데 이러한 연습이 부족했기 때문입니다. 그런데 습관이 잘 갖춰져 있고 학습 능력이 되는 아이에게까지 굳이 모든 과정을 거치게 해야 할까요?

아이가 가로식을 세로식으로 정확하게 옮기고 일의 자리 계산에서 올림이 한 번만 있는 계산을 할 수 있는 상태라면 문장제에서 '가로식'까지만 써도 맞다고 채점해 주세요. 왜냐하면 가로식까지만 세우면 세로식으로 바꾸고 계산하는 것은 기본적인 연산이므로 할 수 있기 때문입니다.

이렇게 푸는 양을 줄여 주면 공부 시간을 절약할 수 있고 그만큼의 시간과 노력을 다른 유형의 문제를 푸는 데 집중할 수 있습니다. 그리고 기본 계산에 집착하는 공부보다 '문장제를 푸는 아홉 가지 방법'을 더 집중적으로 연습할 수 있습니다.

문장제는 이렇게 푸는 거예요

> **9.** 행복초등학교에는 1,200명의 학생이 있습니다. 이 학교 3학년에는 한 반에 학생들이 모두 28명씩 있습니다. 행복초등학교 3학년이 7반까지 있을 때, 행복초등학교 3학년 학생들은 모두 몇 명입니까?

	문제 풀이 순서	풀이 예시
1	문제 동그라미 치기	9. 행복초등학교에는 (1200명의) 학생들이 있습니다. 이 학교 3학년에는 한 반에 학생들이 모두 (28명씩) 있습니다. 행복초등학교 3학년이 (7반)까지 있을 때, 행복초등학교 3학년 학생들은 (모두) 몇 명입니까?
2	핵심어를 찾아 풀이 방식 결정하기	3학년이 7반까지 있다고 했으니까 '곱하기'로 푸는 문제구나!
3	식을 세우는 데 필요한 숫자 고르기	• 1,200(명)은 필요 없는 숫자 • 28(명), 7(반)이 필요한 숫자
4	한글식 세우기 (또는 그림 그리기)	3학년 전체 학생 수=한 학급의 학생 수×7개 반
5	가로식 세우기 (숫자와 네모 옮기기)	□=28×7

6	세로식 세우기	$\begin{array}{r} 2\ \ 8 \\ \times \qquad 7 \\ \hline \end{array}$	

			생각의 과정
7	세로식 풀기 ①	$\begin{array}{r} 2\ \ 8 \\ \times \qquad 7 \\ \hline 5\ \ 6 \\ 1\ \ 4\ \ 0 \\ \hline 1\ \ 9\ \ 6 \end{array}$	1) 8×7을 해서 생긴 56을 적어야지. 2) 2×7은 20×7을 뜻하는 것이니 14가 아니라 140이라고 적어야지. 56 아래에 14라고 적는 실수는 안 해야 해! 3) 각 자릿수마다 정확하게 더해야지.
			생각의 과정
	세로식 풀기 ②	$\begin{array}{r} ①\ \ ④ \\ ⑤ \\ 2\ \ 8 \\ \times \qquad 7 \\ \hline 1\ \ 9\ \ 6 \end{array}$	1) 8×7을 해서 생긴 56의 6은 바로 답란에 쓰고 ⑤는 십의 자리 위에 적어야지. 2) 2×7을 해서 생긴 140의 ①④를 백의 자리와 십의 자리에 적어야지. 그리고 ①④에 ⑤를 더해서 19(190)라고 자리를 지켜서 적어야지.
	세로식 풀기 (추가 설명)	처음에는 '세로식 풀기 ①'로 연습하고 점차 '세로식 풀기 ②'로 계산할 수 있도록 연습하면 좋습니다.	

문제집 한 권만으로
수학 실력이 쑥쑥 자라는 12가지 방법

초등학생에게 수학 문제집이 꼭 필요할까요? 네, 꼭 필요합니다. 수학책, 수학익힘책만으로는 충분한 연습이 되지 않습니다. 수학책에서는 계산 원리를 배우고 수학익힘책에서는 그 원리에 따른 문제를 연습합니다. 수학익힘책에는 매시간 배우는 내용에 대해 여섯 문제 밖에 나오지 않기 때문에 다양한 유형의 문제를 풀어 볼 수 없습니다. 그래서 수학 문제집은 꼭 필요합니다. 그렇다면 어떤 문제집을 사야 할까요? 그리고 몇 권이나 사야 할까요?

서점에 가면 수많은 수학 문제집이 있습니다. 크게 연산 문제집, 기본 문제집, 유형 문제집, 심화 문제집, 문장제 문제집, 최상위 문제집 이렇게 여섯 종류의 수학 문제집을 발견할 수 있습니다.

여기서 초등학생은 '기본 문제집' 한 권이면 충분합니다. 기본 문제집이라고 하면 기본 연산 문제, 유형 문제, 심화 문제가 모두 나와 있는 문제집을 말합니다. 간혹 SNS를 하다 보면 엄마표 수학을 하면서 앞서 말한 여섯 종류의 수학 문제집 중 네다섯 권 정도를 풀게 하는 경우를 볼 수 있습니다. 아이가 잘 따라오면 다행이지만 대부분의 아이들은 그렇게 많은 양을 소화하지 못합니다.

기본 문제집, 응용문제집, 최상위 문제집을 동시에 푸는 것은 중학교나 고등학교에 가서 하면 됩니다. 초등학교에서는 기본 문제집 한 권을 세 번 공부하는 것이 더 효율적입니다. 세 번 공부한다는 것의 의미는 첫 번째는 그냥 풀고, 두 번째는 틀린 것만 다시 풀고, 세 번째는 시험 전에 틀린 것만 복습하는 것입니다. 수학 학원에 다니면 선행 학습을 하고, 학교에서 배우는 진도에 맞춰 전체 내용을 한 번 더 배우고, 시험 대비를 위해 또 한 번 더 배웁니다. 이렇게 전체 내용을 세 번 반복해서 배우면 배움이 깊어질까요? 내가 모르는 부분을 찾아내는 능력이 더 향상될까요? 아닙니다. 왜냐하면 내가 틀리는 부분이 어디인지 찾는 연습도 하지 않았고, 자주 실수하는 부분을 집중적으로 복습하지도 않았기 때문입니다.

EBS 〈학교란 무엇인가〉 제작팀에서 제작한 '학교란 무엇인가' 다큐멘터리에서 0.1%에 속한 고등학생 형기는 중학교 때 수학 성적이 '양'이었습니다. 양은 60~70점 사이의 성적을 의미합니다. 열심히 한다고는 하는데 성적이 잘 나오지 않는 이유를 형기는 찾아냈습니다. 그저 문제를 많이 풀기만 했던 것이 잘못이었습니다. 그래서 이후에는 틀린 문제를 따로 표시하고, 틀린 문제만 세 번이고 네 번이고 다시 푸니 성적이 급격히 좋아졌다고 합니다.[25]

기본 문제집에도 이미 충분히 연습할 수 있는 많은 문제가 있습니다. 기본 문제집을 반복해서 푸는 것이 여러 문제집을 푸는 것보다 훨씬 효율적이고 장점이 많습니다. 우선 수학 문제집을 과도하게 풀지 않으면 수학에 대한 부정적인 감정이 생기지 않습니다. 그리고 한 문제집에서 틀린 부분만 반복해서 풀다 보면 나의 부족한 부분을 스스로 찾게 됩니다. 그런 습관은 메타인지를 발달시키고 공부 시간을 절약해 줍니다. 절약한 시간은 휴식을 취하거나 독서를 하거나 다른 과목을 공부하는 데 쓸 수 있습니다.

이제 문제집 한 권만으로 수학 실력이 쑥쑥 자라는 12가지 방법을 알아볼까요?

---

25 학교란무엇인가제작팀, 학교란 무엇인가?, 중앙북스, 2011, 221.

기본 문제집 한 권 고르기

많은 문제집 중에서 어떤 문제집을 골라야 할지 고민되시죠?

가장 먼저 해야 할 일은 '우리 아이의 수준 파악하기'입니다. 좋은 책신사고 출판사에서 나온 『쎈』문제집을 보면 기본 연산 문제집부터 총 열 종류의 문제집이 있습니다. 수준에 따라 세분화시켜서 다양하게 선택할 수 있도록 한 것은 좋지만, 너무 많은 선택지 앞에서 고민이 되는 것도 사실입니다. 다른 출판사들도 대부분 이와 비슷한 콘셉트로 문제집을 출간합니다. 개인적으로 초등학생은 '중' 수준의 기본 문제집을 고르는 것이 좋다고 생각합니다. 제가 학년별로 추천하는 기본 수학 문제집은 다음과 같습니다. 아이의 수준과 성향에 따라 직접 서점에 가서 비교해 보고 고르기를 추천합니다.

	좋은책신사고	동아	디딤돌	비상	천재교육
1~2 학년	신사고 개념쎈	큐브수학 개념	디딤돌 초등수학 기본+유형	개념+유형 기본 완성	수학리더 개념
3~4 학년	신사고 라이트쎈	큐브 유형	디딤돌 초등수학 기본+유형	개념+유형 기본 라이트	수학리더 기본
5~6 학년	신사고 쎈	큐브 유형	디딤돌 초등수학 기본+유형	개념+유형 응용 파워	수학 리더 기본+응용

1~2학년은 아직 어려서 기본적인 학습 습관이 잡혀 있지 않습니

다. 손에 힘이 약해서 글과 숫자를 바르게 빨리 적지 못합니다. 문제를 읽고 이해하는 능력도 부족하고 응용문제를 이해하는 능력도 아직은 부족합니다. 그래서 저학년 때에는 가장 기본적인 계산을 정확하게 하고, 문제 푸는 방법을 배우는 데 집중하는 것이 좋습니다. 그리고 3장에서 배운 '기초 수학 습관'을 연습하는 데 중점을 둬야 하므로, 수준 높은 심화 문제집을 선택하기보다는 쉬운 기본 문제집을 선택해서 수학에 대한 긍정적인 생각을 가질 수 있도록 배려해 줘야 합니다. 저학년 아이들은 문제를 계속 틀리면 고학년 아이들보다 더 쉽게 좌절하고 포기하게 됩니다. 그래서 가장 기본적인 문제집이 좋습니다. 출판사별로 거의 비슷한 형태와 수준으로 구성되어 있기 때문에 아이와 함께 서점에 가서 상의해 보고 고르면 좋을 것 같습니다.

3~4학년은 본격적인 수학 공부를 시작해 나가는 학년입니다. 곱셈과 나눗셈이 시작되면서 기본 계산도 중요하지만, '문제를 읽고 이해하고 풀어 나가는 방법'을 배울 필요가 있는 단계입니다. 따라서 저학년 때보다 조금 더 다양한 유형의 학습을 할 수 있는 중간 수준의 교재를 선택하면 좋습니다. 중학년의 수학 학습은 '수학의 뼈대 세우기'라고 볼 수 있습니다. 이 시기를 잘 넘겨야 고학년에서 더욱더 좋은 결과를 만들어 낼 수 있습니다.

5~6학년은 중학교 입학을 앞두고 조금 더 심화한 학습 방법을 배

울 필요가 있는 학년입니다. 따라서 3~4학년 때보다는 조금 더 높은 수준의 유형 문제집을 기본 문제집으로 선정하면 좋습니다. 그동안 수학 공부를 하면서 다져 놓은 수학 체력을 보강하는 셈입니다. 보강 운동을 하려면 내가 어떤 부분의 운동이 부족한지 알아야 합니다. 5~6학년의 수학 공부는 '초등 수학 전체의 보강학습'이 되어야 합니다. 그래서 졸업할 때는 스스로 수학 공부하는 방법을 완전히 습관화시킨 후 졸업하면 좋습니다. 하지만 과도한 문제집 풀이는 수학에 대한 거부감만 키우기 때문에 5~6학년 때에도 기본 문제집을 세 번 푸는 것으로 충분합니다.

문제집의 구성 이해하기

기본 문제집은 대부분 기본 학습, 유형 학습, 심화 학습, 단원평가 이렇게 네 단계로 구성되어 있습니다.

기본 학습은 수학 교과서에 나오는 가장 쉬운 내용입니다. 계산의 원리를 구체적으로 설명해 놓았고 어떻게 보면 수학 교과서보다 더 상세하고 친절하게 설명해 놓았습니다. 빨간색으로 밑줄을 치고 추가 설명한 부분도 있으며, 옆에 주의할 점까지 설명되어 있는 예시도 있습니다. 그리고 마지막에는 가장 기본이 되는 계산 연습문제가 있습니다.

유형 학습은 다양한 유형의 문제를 연습할 수 있게 해 주는 부분입니다. 대부분의 기본 문제집에서 가장 많은 부분을 차지합니다. 대표적인 유형을 소개한 후, 문제를 5~10 문제 정도씩 제시합니다.

심화 학습은 유형 학습보다 더 어려운 수준의 문제를 모아 놓은 부분입니다.

단원평가는 학교에서 치는 단원평가 수준의 문제로 20개 정도 구성되어 있고, 대부분 기본 계산 문제와 응용문제로 구성되어 있습니다. 심화 문제는 가끔 있습니다.

어느 수준까지 풀게 할 것인지 정하기

기본 문제집에 나온 문제를 모두 다 풀어야 할까요? 아닙니다. 이 질문에 대한 정답은 '아이 수준에 따라 결정된다'입니다.

기본 이해가 안 되어 있으면 수학책, 수학익힘책, 문제집의 가장 처음에 나오는 '기본 학습'을 푸는 것에 집중해야 합니다. 그리고 기본 계산을 힘들어하는 아이는 심화 학습과 유형 학습의 문제 중에서 뒤쪽에 있는 문제들은 풀지 않아야 합니다. 아직 어려운 문제를 풀 실력이 되지 않기 때문입니다. 만약 어느 정도 이해하고 기본 계산을 틀리지 않는다면 기본 계산은 수학책, 수학익힘책에 나오는 문제만으로 충분합니다. 그리고 문제집에서는 기본 계산 문제를 풀지 않거나 홀수 번호의 문제만 풀게 하고 유형 학습에 집중합니다.

이처럼 아이의 수준에 따라 문제집을 푸는 부분과 양을 조절해 주는 것이 필요합니다.

수학 학습의 시간과 양 결정하기

수학 공부를 집에서 부모님과 한다면 언제 공부할 것인지 시간을 정해야 합니다. 태권도에 다녀오자마자 수학 공부를 시켜서는 곤란합니다. 저녁을 먹자마자 피곤해하는 아이를 붙잡고 수학 공부를 하는 것도 효율적이지 않습니다. 학년이 높아질수록 학교에서 내 주는 숙제도 많아집니다. 만약 영어 학원에 다닌다면 영어 단어 암기, 온라인으로 하는 영어책 읽기 등 아이가 해야 할 과제가 늘어나는 것이 사실입니다. 그래서 아이의 성향, 다니고 있는 학원과 방과 후 수업을 고려해서 요일별로 효과적인 계획을 짜야 합니다. 물론 매일 수학 학습을 꾸준히 하면 좋겠지만 여건상 어렵다면 월, 수, 금, 토처럼 계획해도 좋습니다.

더불어 해야 할 분량을 결정할 때 하루에 몇 장이 아니라 '하루에 몇 문제'로 접근하세요. 문제집을 풀다 보면 앞에서 뒷장으로 갈수록 어려운 유형의 문제가 많이 나옵니다. 하루에 몇 장씩 풀기로 계획하면 뒤로 갈수록 아이가 힘들어 하기 때문에 문제를 대충 풀고 모르겠다고 말하는 경우가 많이 생깁니다. 그래서 하루에 몇 문제로 기준을 정하세요.

수학 공부를 하는 시간과 양을 결정할 때 아이의 의견을 최대한 반영해 주세요. 부모님의 입장에서는 더 많이 풀게 하고 싶겠지만, 공부를 하는 사람은 아이입니다. 아이가 공부할 마음을 가질 수 있도록, 수학에 대해 긍정적으로 생각할 수 있도록 도와주세요. 목표하는 시간과 양을 대화로 결정하면 아이는 책임감을 가지고 공부할 수 있습니다. 하지만 부모님이 일방적으로 정한 내용을 수행해야 하는 아이는 반발심이 생길 수밖에 없습니다.

그리고 한 번 정한 시간과 양이라도 시행착오를 거쳐서 수정할 필요가 있습니다. 처음 계획한 대로 며칠 해 보니 월요일보다 화요일에 아이의 컨디션이 더 좋으면 요일을 변경해서 수학 공부를 해야 합니다. 그리고 하루에 15문제씩 풀기로 결정했더라도 심화 문제를 풀 차례가 되거나 아이가 어려워하는 특정 단원이 시작되는 등의 상황이 발생하면 일시적으로 분량을 줄여 주세요. 외식 등의 가족 행사로 주중에 해야 할 학습을 하지 못했을 때는 주말에라도 보충해서 풀어야 할 문제가 쌓이지 않도록 해 주세요.

양을 줄여 주세요 ①: 풀어야 할 문제를 부모님이 골라 주세요

저는 초등학교 수학책과 수학익힘책에 나오는 문제는 다 풀 줄 알아야 한다고 생각합니다(수학익힘책에 나오는 5, 6번 문제는 응용문제이기 때문에 제외할 수도 있습니다). 대부분 아이들이 수학 학습지나 문제집을 풀기 때문에 수학 교과서를 소홀히 하는 경우가 많은데, 가장 기본은 교과서입니다. 수학책과 수학익힘책을 보면 응용문제의 수가 적을 뿐, 기본 계산 문제는 적당히 수록되어 있습니다. 그래서 선행 학습을 하지 않고 학기가 시작된 후에 수학 문제집을 산 경우, 수학 교과서를 위주로 풀고 수학 문제집에 나오는 기본 학습 내용은 넘길 수 있도록 해 주세요. 아이마다 그릇의 크기가 다릅니다. 수학 문제집에 있는 문제를 다 풀라고 했을 때 별 스트레스 없이 푸는 아이들도 있지만, 어려워하고 힘들어하는 아이들도 많습니다.

2학년 1학기에는 '일의 자리에서 받아올림이 있는 덧셈'을 배웁니다. 문제집에는 다음과 같은 유형의 기본 연산 문제들이 많습니다.

문제 1	문제 2	문제 3	문제 4
아래 식을 계산하세요.	아래 식을 계산하세요.	아래 칸에 알맞은 수를 쓰세요.	계산 결과가 같은 것끼리 선으로 이으세요.
$14+7=\square$	$\begin{array}{r} 2\,5 \\ +\quad 8 \\ \hline \end{array}$	<table><tr><td>+</td><td>43</td><td>28</td></tr><tr><td>6</td><td></td><td></td></tr><tr><td>8</td><td></td><td></td></tr></table>	35+9 •　　• 62 57+5 •　　• 44 77+8 •　　• 85

문제는 네 개이지만, 실제로 학생들이 계산해야 하는 식의 개수는 총 아홉 개나 됩니다. 학생들은 문제 1, 2와 같은 단순 연산 문제에서 문제 3, 4처럼 형태만 바뀐 문제들을 풀기 힘들어합니다. 왜냐하면 연산 학습지를 하는 듯한 느낌이 들기 때문입니다. 그래서 단원평가를 볼 때 아이들을 잘 관찰해 보면, 형태만 바뀐 기본 문제에서 시간을 많이 소비하느라 정작 뒷부분에 나오는 응용문제와 문장제를 풀 시간이 부족합니다. 실제로 이런 문제는 수학책, 수학익힘책에도 많기 때문에 문제집에서는 한 문제 정도만 풀게 해 주세요. 실제 문제집을 보면 기본 연산형에서 형태만 바뀐 문제들이 많습니다.

제가 학부모님들에게 '양 줄여 주기'를 매년 말씀드리지만, 실천하는 부모님들은 많이 없습니다. 아직도 문제집에 있는 모든 문제를 다 풀어야 한다고 생각하는 분들이 많기 때문입니다. 어느 날 한 학부모님이 말했습니다.

> 🧑 학부모: 평소에 푸는 수학 문제집의 양을 반의반으로 줄여 주니 아이가
> 달라졌어요.
>
> 👨 교사: 어떤 점이 달라졌나요?
>
> 🧑 학부모: 수학 문제를 풀면서 계속 생각을 해요. 예전에는 무조건 모른다
> 고 했는데, 풀어야 하는 양을 확 줄여 주니 한 문제를 가지고 고
> 민하는 시간이 길어졌어요. 그리고 20분 정도면 다 풀 수 있는 문
> 제를 딴짓하면서 푸느라 1시간씩 걸렸었는데, 이제는 아이가
> 집중해서 빨리 끝내더라고요. 고마워요, 선생님.

참 보람이 있었습니다. 바로 이것입니다. 문제집에 있는 기초 문
제는 수학책, 수학익힘책에서도 이미 많이 풀어 본 문제입니다. 대
부분의 아이가 풀 수 있기 때문에 이런 기본 문제는 과감하게 넘겨
주세요. 대신 수학책과 수학익힘책에 나오는 내용을 완벽하게 풀어
야 한다는 조건이 있어야 합니다. 모든 사람은 집중력에 한계가 있
고, 초등학생은 어리기 때문에 집중력이 짧습니다. 공부를 시작한
처음에는 집중을 잘 하지만, 뒤로 갈수록 집중력이 흐트러질 수밖에
없습니다. 문제를 선별하지 않고 전부 다 풀면 처음에 기본 계산 문
제를 풀 때는 집중을 잘 하다가 진짜 집중이 필요한 응용문제를 풀

차례가 되면 지겨워하고 집중력이 흐트러집니다. 과감하게 기본 문제를 없애 주면 공부를 시작할 때의 높은 집중력으로 응용문제까지 집중할 수 있습니다.

아직 어린 초등학생들은 문제를 보는 눈이 없습니다. 문제의 난이도를 보는 눈도 아직 없으므로 부모님이 풀어야 할 문제를 골라 주세요. 그리고 양을 줄여 주세요.

양을 줄여 주세요 ②: 유형별 문제는 대표 문제만 풀게 하세요

문제의 양을 줄여 주는 또 다른 방법은 '대표 문제만 풀게 하는 것'입니다. 유형마다 첫 번째로 나오는 대표 문제만 부모님이 연필로 동그라미를 쳐주세요. 대표 문제만 풀고 난 후 틀린 부분, 조금 더 학습이 필요한 부분을 찾아서 그 유형만 두 문제 정도 더 풀게 하세요. 이렇게 하면 모르는 유형에 학습의 힘을 집중할 수 있습니다.

기본 문제집에서 가장 많은 분량을 차지하는 부분이 유형 학습입니다. 예를 들어 좋은책신사고 출판사에서 나온 3학년 2학기 『쎈』 문제집의 '1. 곱셈 단원'에는 총 38개의 유형, 144개의 문제가 있습니다. 한 유형당 약 4개의 문제가 있는 셈입니다. 이 문제를 다 풀지 않고 38개 유형의 대표 문제만 한 문제씩 풀었다고 가정해 봅시다. 그리고 틀리거나 헷갈렸던 약 20개의 유형에서 각각 두 문제씩만 더 풀었습니다. 그렇다면 푼 문제의 개수는 총 38+40=78문제가 됩니다. 이렇게 풀면 문제집의 절반만 풀고도 완전 학습을 할 수 있습니다.

학년이 올라갈수록 아이가 감당할 수 있는 문제 유형이 늘어납니다. 1학년 때 백 가지 유형을 학습시킨다고 백 가지 유형을 모두 맞출 수 없습니다. 아이의 이해력이 자라는 데는 시간이 필요합니다. 실제 자녀들을 지도해 보시면 알겠지만, 아무리 설명해도 어려워했던 유형의 문제를 일 년이 지나서 쉽게 푸는 경우도 많습니다. 시간을 갖고 기다려 주면 아이가 풀 수 있는 때가 옵니다. 지금은 초등학생이기 때문에 수학에 대한 긍정적인 마음을 심어 주는 것이 더 중요합니다. '모든 유형을 완벽하게 풀어냈으면' 하는 부모 욕심을 내려놓을 필요가 있습니다.

문제집을 풀 때 세 가지는 꼭 지켜야 해요

초등학생들이 풀이한 문제집을 보면 거의 99% 이상의 학생들이 문제집을 대충 풉니다. 문제집을 대충 푼다는 말은 앞에서도 설명했듯이 문제에 동그라미도 안 치고, 글씨도 정성 들여서 쓰지 않고, 문제집을 빨리 해치우고 싶어 하면서 푸는 것을 의미합니다. 대충 푸는 습관이 굳어지면 생각하지 않고 수학 공부를 하는 학생이 되기 때문에 문제집을 푸는 더 좋은 방법을 배울 필요가 있습니다.

　다음 내용에 제시된 세 가지만이라도 지키면서 풀 수 있도록 해 주세요. 수학책, 수학익힘책을 풀 때의 방식과 같습니다.

❖ 문제 동그라미 치기

　2장 '3. 수학책, 수학익힘책 제대로 푸는 방법'(119p)에서도 말했 듯이 문제를 빨리 푸는 것이 습관이 된 학생들은 문제에 동그라미 를 치지 않습니다. 귀찮기 때문입니다. 하지만 많은 학생들이 문제 를 잘못 읽어서 틀려본 경험이 한 번씩은 있다는 사실을 생각해 본 다면, 문제에 동그라미 치기는 수학 공부에서 가장 기본이 되는 습 관입니다.

❖ 무엇이든지 하기

　아이가 문제집을 풀면서 "모르겠어요"라고 말하면 곧바로 가르쳐 주지 마시고 "무엇이든지 일단 해 봐"라고 말해 주세요. 중간 계산을 해서 중간 답 옆에 적어 놓기, 그림으로 그려서 문제 이해하기, 표로 나타내기 등 다양한 형태로 '자기 스스로 이해하는 과정'을 거쳐야 합니다. 그렇게 하다 보면 정답이 구해지는 경우가 많습니다.

　'무엇이든지 하기'는 별거 아닌 것 같이 보여도 모르는 문제의 반 이상을 해결할 수 있는 마법 같은 비법입니다. 실제 반에서도 지도

해 보면 학생들이 "선생님! 처음에는 모르는 문제 같았는데 선생님이 시키는 대로 무엇이든지 하다 보니 정답을 구했어요!"라고 말합니다. 1학년도 할 수 있습니다. 실제로 1학년 학생들도 연습을 시켜보니 가능했습니다.

❖ **글씨 바르게 쓰기**

부모의 바람처럼 아이의 습관이 빨리 고쳐지면 얼마나 좋을까요? 하지만 아이의 습관 고치기는 참 어렵습니다. 교사를 엄마, 아빠로 둔 아이들도 마찬가지입니다.

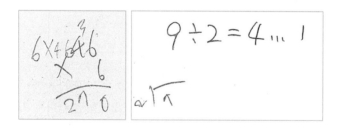

숫자 6을 대충 쓴 아윤이   숫자 9를 대충 쓴 아윤이

왼쪽 사진은 3학년인 아윤이가 46×6을 계산한 사진입니다. 정답을 276으로 적었는데 276인지 270인지 알아보기 힘들게 적었습니다. 오른쪽 사진은 검산하는 방법을 헷갈려 하는 아윤이를 위해 9÷2=4...1을 제가 적고 세로식을 아윤이에게 적어 보게 하는 과정이었

습니다. 식에서 나누어지는 수인 9를 아윤이는 7처럼 적었습니다. 평소에 아윤이는 문제집을 풀 때 특히 6과 0, 9와 7을 구분되지 않게 적는 습관이 있었습니다. 제가 여러 번 고치라고 말해도 귀담아 듣지 않고 귀찮아했습니다. 몇 주가 지난 뒤, 겨울 방학을 앞두고 단원평가 점수를 말해 주면서 아윤이가 말했습니다.

아윤: 엄마! 오늘 수학 시험 봤다~ 그런데 한 개 틀렸어.

엄마: 잘했네~

아윤: 9를 구로 계산해서 틀렸어. 실수야.

엄마: 잘하긴 했는데... 아윤아, 평소에 엄마랑 아빠가 숫자를 똑바로 쓰라고 했지? 안 고치니까 또 틀려서 억울하잖아. 앞으로는 문제 풀 때 숫자 똑바로 쓰기다, 알았지?

아윤: 응.

이 대화를 듣고 있던 저는 아윤이가 풀었던 문제집에서 숫자를 대충 쓴 부분을 보여 줬습니다. 아윤이는 그제야 말했습니다.

아윤: 진짜 엄마, 아빠 말이 맞네. 앞으로 숫자 똑바로 쓸게.

2023년 겨울에 있었던 실화입니다. 아이들은 스스로 글씨를 바르게 써야겠다고 생각할 '계기'가 필요한 것 같습니다. 아무리 교사나 부모가 잔소리해도 바뀌지 않습니다. 아윤이처럼 실제로 틀려 보고 억울해하는 경험이 필요할 수도 있습니다. 때로는 아이가 좋아하는 당근이 필요할 수도 있습니다. 중요한 사실은 하루아침에 변하지 않고, 특히 기초 수학 습관 변화에는 시간이 걸린다는 사실입니다.

채점해 주기

5학년이 되기 전까지는 부모님이 문제집을 채점해 주세요. 4학년까지는 부모님의 도움이 많이 필요한 시기입니다.

3장에서 설명했던 채점할 때 주의할 점은 다음과 같습니다.

첫째, 틀린 부분만 빗금 치기
둘째, 맞은 부분은 문제 번호만큼 작게 동그라미 치기
셋째, 정답은 오답 옆에 표시해서 오답 원인을 파악할 때 다시 보기

이외에도 채점할 때 주의할 점이 또 한 가지가 있는데, 바로 '잔소리하기 금지'입니다. 아이가 푼 문제집을 채점하다 보면 잔소리가 나올 수밖에 없습니다. 집중해서 풀면 풀 수 있는 문제인데 틀리는 모습을 보면 안타깝기도 하고 화도 납니다. 그래서 나도 모르게 잔

소리를 하게 되는데, 그러면 아이는 죄인이 됩니다. 표정이 좋지 않습니다. 내가 열심히 푼 문제를 틀리면 가장 속상해하는 사람은 아이 본인입니다. 부모님이 잔소리하지 않아도 아이는 충분히 속상해합니다.

솔직히 저도 아이의 문제집을 채점해 주다 보면 잔소리하는 경우가 많습니다. 하지만 아내와의 대화를 통해 점점 잔소리하는 횟수를 줄여 나가고 있습니다. 채점할 때는 어떠한 말도 하지 않는 것이 좋습니다.

채점 후 틀린 습관 이야기하기

❖ 수고했다고 말해 주기

채점을 끝내고 아이에게 가장 먼저 해야 할 말은 "수고했다"라는 말입니다. 잘했든 못했든 아이는 열심히 풀었습니다. 열심히 한 부분에 대해서 인정해 주고 짚어 주는 것이 필요합니다. 틀린 문제를 다시 푸는 것은 그다음의 일입니다.

❖ 틀린 원인 분석하기

이 부분은 아이들 스스로 하기 어려워서 부모님의 도움이 필요합니다. 먼저 기초 수학 습관 14가지를 지키고 풀었는지 확인합니다.

다음으로는 문제 자체에 집중합니다. 다시 풀기 전에 틀린 원인을 분석하지 않으면 메타인지를 활용하지 않고 공부하는 것입니다. 더 자세한 설명은 4장 '5. 나의 빈틈을 채워 주는 오답 풀이 방법'의 '학생들이 자주 실수하는 오답 원인 아홉 가지'(306p)에 나와 있습니다.

틀린 문제 다시 풀기

틀린 문제를 다시 풀 때는 문제집의 빈 곳에 풀면 됩니다. 공간이 부족한 경우에는 수학 공책에 다시 풀이합니다. 틀린 문제를 다시 풀 때는 틀린 풀이와 틀린 답을 지우지 않는 것이 중요합니다. 틀린 원인을 정확하게 분석하고 천천히 풀면서 '선생님처럼 설명하는 과정'을 꼭 거쳐야 합니다.

많은 아이가 "실수로 틀렸다"라고 말합니다. 그럴 때는 "어떤 실수를 했어?"라고 물어주세요. 그래서 본인이 구체적으로 "받아올림을 안 했어요", "삼각형을 사각형으로 잘못 봤어요"처럼 자세한 답을 말할 수 있도록 유도해 주세요. 그리고 "다시 안 틀리려면 어떤 점을 고쳐야 할 것 같아?"라고 물어봐주세요. 아이는 "받아올림을 할 거예요", "문제에 동그라미를 잘 할 거예요"라고 말할 것입니다. 그러면 아이는 방금 말한 방법을 적용해서 틀린 문제를 다시 풉니다.

여기서 부모님이 주의할 점 두 가지가 있습니다.

첫째, "틀려야 배운다"라고 말해 주세요. 틀려도 괜찮다는 사실을 알려 주세요. 앞에서 설명한 것처럼 부모님이 '진심으로' 틀려도 괜찮다는 생각을 먼저 해야 아이들에게 그 마음이 전달됩니다. 그리고 반복해서 말로 직접 전달해야 합니다. 그래야 아이들은 틀리는 것이 부끄럽거나 잘못된 것이 아니라는 것을 깨달을 수 있습니다.

둘째, 시간이 걸리는 부분도 있음을 알아주세요.

1학년 문제	3학년 문제
5. □ 안에 들어갈 수 있는 수를 모두 찾아 쓰세요. $41+6 \langle 4\square$	6. □ 안에 들어갈 수 있는 수를 모두 찾아 쓰세요. $456\times4 \rangle 300\times\square$
정답: 0, 1, 2, 3, 4, 5, 6	정답: 0, 1, 2, 3, 4, 5, 6

1학년인 둘째의 문제집을 채점해 주다가 표의 왼쪽과 같은 문제를 틀린 것을 보게 되었습니다. 최대한 자세하고 친절하게 설명했음에도 둘째는 이해하지 못했습니다. 몇 번이고 설명해서 이해시키고 비슷한 유형을 풀게 했지만 또 틀렸습니다. 아직 1학년인 둘째는 이 문제를 풀 만큼의 생각 주머니가 자라지 않았다는 사실을 알게 되었습니다. 동시에 3학년인 첫째의 수학 문제집에도 이와 비슷한 유형의 문제가 있었습니다. 첫째는 별 무리 없이 풀어냈습니다. 어떻게 풀었는지 설명해 보라고 하니 정확하게 설명했습니다. 생각해 보

니 첫째가 1학년일 때도 이와 같은 어려운 유형의 문제를 어려워했습니다. 그때 아내와 "기본 계산과 기본 유형의 문제만 풀 수 있으면 넘어가자"라고 이야기했던 것이 기억났습니다.

아이들마다 생각 주머니의 크기가 다르고 발달 시기도 다릅니다. 저 문제를 지금 풀지 못했다고 4학년, 5학년이 되어서도 풀지 못할까요? 기본만 탄탄한 아이라면 시간이 지나서 충분히 풀 수 있는 능력이 생깁니다.

저학년 학생들을 가르치다 보면 이런 경우가 참 많습니다. 어른이 보기에 정말 간단한 문제인데 학생들은 이해하지 못하는 문제들이 있습니다. 조금만 응용한 문제인데도 문제 자체를 이해하지 못하는 학생들이 많습니다. 이런 학생들에게 지금 비슷한 문제를 많이 풀게 한다고 해서 바로 배우지 못합니다. 기본 계산 문제와 기본적인 유형 문제를 풀 수 있으면 아이가 힘들어하는 유형의 문제는 넘어가 주세요. 이 아이의 뇌가 자라면 풀 수 있습니다. 지금은 때가 아닌 것입니다.

틀린 문제와 비슷한 유형 한 문제만 더 풀기

틀린 문제를 다시 풀면 완전히 학습한 것일까요? 틀린 문제를 다시 푸는 것만으로는 부족합니다. 틀린 문제에서 숫자와 문제 형태를 조금씩 바꾼 비슷한 유형의 문제까지 맞출 수 있어야 완벽히 이해한 것입니다. 따라서 대표 유형 문제를 틀렸으면 그 다음에 나오는 비슷한 유형의 문제 중 한 문제를 골라서 다시 풀어야 합니다. 풀고 난 후 부모님께 설명까지 완벽하게 한다면 완전히 학습한 것으로 봐도 좋습니다. 간혹 풀이할 문제가 부족하면 부모님이 빈 공간에 숫자만 바꿔서 문제를 내 주세요. 아이들은 아직 그 수준이 되지 않기 때문에 부모님들의 도움이 필요합니다.

문제 조망하는 연습하기

등산하는 동안에는 산의 모습을 한눈에 볼 수 없습니다. 하지만 산 정상에서 산을 조망하면 골짜기와 산의 능선이 한눈에 보입니다. 문제를 조망하는 것은 산 정상에서 산 전체를 한눈에 보는 것과 비슷한 과정입니다. 단순히 오답 풀이를 하는 것이 아니라 맞은 문제와 틀린 문제를 구분하지 않고 전체 문제를 보면서 문제를 분류하는 과정입니다. 그리고 자신이 푼 문제를 쭉 보면서 어떤 문제들의 본질이 같은지, 문제들끼리 어떤 점이 다른지 찾아가는 과정을 말합니다.

KBS 〈시사 기획 창〉 '공부에 관한 공부 1부'에 나온 네덜란드 라이덴대학 베엔만 교수는 "초등학교 3~4학년 정도부터는 메타인지 훈련을 시작해도 됩니다. 왜냐하면 그 나이가 되어야 공부라는 맥락 안에서 계획과 자기 조절에 대한 기본적인 메타인지가 발달하는 걸 볼 수 있기 때문입니다."라고 말했습니다.[26] 베엔만 교수의 말처럼 메타인지를 활용한 공부법은 3학년 이상이 되면 필수적으로 배워야 할 공부법입니다. 하지만 1~2학년 학생들에게도 메타인지 훈련처럼 문제의 본질을 찾아가는 과정을 연습시키면 문제를 보는 눈이 달라집니다. 저는 평소에 수학 교과서나 제가 만든 학습지를 풀게 할 때 이런 과정을 많이 거치도록 합니다. 그렇게 일정 기간이 지나면 학생들이 먼저 이야기합니다.

🧑 학생1: 선생님! 이 문제랑 이 문제는 식만 세우니까 같아지네요!

평소에 문제를 조망하는 연습을 많이 했기 때문입니다. 문제를 많이 푸는 연습이 아니라 많이 '보는' 연습을 해야 합니다.

무작정 많이 푸는 방식의 수학 공부는 한계가 있습니다. 문제를 조망해 보는 과정을 통해 아이들은 '문제를 보는 눈'을 기를 수 있습니다. 겉으로 보기에는 달라 보여도 결국 같은 유형이라는 것을 알

---

26 시사기획 창, "공부에 관한 공부" 1부, 2014.07.08 방영, KBS.

게 되면 문제를 풀 때 겁먹지 않고 풀 수 있는 자신감이 생깁니다. 더 나아가면 풀지 않아도 맞출 수 있는 문제와 꼭 풀어야 하는 문제를 구분할 수 있는 수준까지 올라갑니다. 이렇게 되면 과잉 공부를 벗어나서 효율적인 공부를 할 수 있습니다. 채점하고 틀린 답을 다시 고쳤다고 해서 공부가 끝난 것은 아닙니다. 거기서부터 '공부 조망 능력'은 시작합니다.

문제를 조망하는 연습은 구체적으로 어떻게 하는 것일까요? 3학년 1학기 '곱셈' 단원을 예로 들어 설명하겠습니다. 이 단원에서 배우는 내용은 아래와 같습니다.

유형	예시
몇십×몇	30×2
몇십몇×몇(올림이 없는 경우)	24×2
몇십몇×몇(십의 자리에서 올림이 있는 경우)	92×4
몇십몇×몇(일의 자리에서 올림이 있는 경우)	18×7
몇십몇×몇(올림이 두 번 있는 경우)	36×7

3학년 1학기 '곱셈' 단원에서 배우는 내용

❖ 문제의 네 가지 유형 알기

오늘 '몇십몇×몇(십의 자리에서 올림이 있는 경우)' 부분을 공부했다고 가정해 봅시다. 문제집에 있는 문제 대부분은 다음 표와 같이 네 가지 유형으로 구성되어 있습니다. 문제마다 이 네 가지 유형에서 크게 벗어나지 않습니다. 그래서 아이가 문제를 보고 이 네 가지 유형 중에 어떤 유형에 속하는지 구분 지어서 말해 볼 수 있도록 지도해 주세요.

몇십몇×몇(십의 자리에서 올림이 있는 경우) 계산의 대표적인 네 가지 문제 유형

기본 계산 문제	$92 \times 4 = \square$
문장제	한 묶음에 구슬이 92개 들어 있습니다. 총 4묶음이 있다면 구슬은 모두 몇 개가 있습니까?
유형 문제	③ $\begin{array}{r} 9\ 2 \\ \times\quad 4 \\ \hline 3\ 6\ 8 \end{array}$ 위 곱셈식에서 네모 안의 수 ③이 실제로 의미하는 수는?
심화 문제	$9\square \times 4 = 3\square 8$ 곱셈식에서 네모 안에 들어갈 수들의 합은?

❖ 틀린 문제 조망하기

틀린 문제 조망하기란, 단순히 틀린 문제를 다시 푸는 것이 아니라 틀린 문제와 비슷한 문제를 찾는 과정을 말합니다. 만약 수학익힘책에서 맞혔는데 문제집에서는 틀렸다면 수학익힘책을 풀 때 확실히 알지 못하는 상태에서 맞혔던 것이고, 수학익힘책과 문제집에서 모두 틀렸다면 이 유형에 대한 이해가 부족하다는 뜻입니다. 그래서 이 유형의 문제만 더 찾아서 연습해야 합니다. 더이상 같은 유형의 문제가 없을 경우에는 학생 스스로 숫자만 바꾼 문제를 만들어서 이 유형에 대해 더 학습해야 합니다.

❖ 교재의 앞장, 뒷장을 다시 살피면서 문제 조망하기

여기서 말하는 교재란, 수학책, 수학익힘책, 수학 문제집을 말합니다. 앞장, 뒷장을 다시 살피는 것은 교재를 앞뒤로 넘기면서 문제를 분석하는 것입니다. 예를 들어, '한 묶음에 구슬이 92개 들어 있습니다. 총 4묶음이 있다면 구슬은 모두 몇 개가 있습니까?'와 같은 문장제는 $92 \times 4 = \square$ 식으로 쓸 수 있습니다. 식을 써 보니 기본 계산 문제가 되므로, '문장제라서 어려워 보였지만 식만 세우면 기본 계산 문제로 바뀌네. 이 문제랑 비슷한 뒷장의 17, 18번 문제도 식만 세우면 기본 계산 문제로 바뀌는 쉬운 문제였구나.'라고 스스로 깨닫는 과정을 말합니다. 또 다른 예로는, '수학익힘책 45쪽에 있는 6번 문제는 내가 가진 수학 문제집의 50쪽에 7번 문제와 비슷한 유형의 문제네. 숫자만 바뀌었는데 수학익힘책에서는 틀리고 수학 문제집에서는 맞혔어!'라고 알아채는 과정을 말합니다.

❖ 단원평가 문제로 조망하기

먼저 학교에서 단원평가를 치기 전에 문제집에 있는 단원평가 문제를 푼 다음, 단원평가 문제를 보고 네 가지 유형으로 분석합니다. 이렇게 문제별로 분류하는 경험을 해 보면 문제를 출제하는 선생님의 눈과 같은 문제를 보는 눈이 생깁니다.

학생들에게는 이미 풀었던 문제를 다시 마주해서 고민하고 분석해 보는 과정이 귀찮을 수 있습니다. 하지만 이 과정이 한 문제를 더 푸는 것보다 훨씬 더 중요합니다. 이 과정을 잘 해내기 위해서는 생각을 해야 합니다. '이 문제와 이 문제는 숫자만 바꿨네', '이 문제는 처음 볼때는 어려웠는데 식만 세우니 쉬운 문제였네', '이 문제는 핵심만 파악하니 바로 풀리는 문제였네'와 같이 생각하다 보면 문제에 대해 더 깊이 이해할 수 있습니다. 생각하는 과정이 왜 필요한지 아이가 이해할 수 있도록 잘 설명해 주세요. 아이가 이해하고 납득하면 훨씬 더 적극적으로 이 학습 과정에 참여하게 됩니다. 이해하는 과정 없이 진행한다면, 아이에게는 단순히 하나의 학습 활동이 더해지는 것뿐입니다. 아이가 필요성을 못 느낀 상태에서 '문제 조망하기'를 연습하면 효과적이지 않습니다.

나의 빈틈을 채워 주는
오답 풀이 방법

3학년인 민우(가명)는 성실한 남학생입니다. 민우의 담임 교사는 수학 단원평가 시험을 볼 때마다 오답 노트 숙제를 내 줍니다. '오답 노트 숙제'란, 틀린 문제를 수학 공책에 다시 풀어 오는 숙제를 뜻합니다. 민우는 교사가 내 주는 숙제를 잘 해냅니다. 하지만 민우의 수학 성적은 큰 변화가 없습니다. 왜 민우는 수학 시험을 볼 때마다 오답 노트를 작성하는데도 수학 성적이 그대로일까요?

민우처럼 많은 학생이 오답 노트를 작성합니다. 하지만 수학 실력 향상에 큰 도움은 안 되는 것이 현실입니다. 과연 오답 노트가 공부에 도움이 되지 않는 것일까요? 틀린 문제를 다시 틀리지 않기 위해 복습하는 방법은 어떤 것들이 있는지 설명하도록 하겠습니다.

왜 오답 노트를 사용하는데도 수학 성적은 그대로일까요?

이 이야기를 시작하기 전에, 오답 노트와 관련한 말들을 한번 모아서 생각해 보는 것이 좋겠습니다. 오답 노트, 오답 노트 사용하기, 오답 풀이, 틀린 문제 다시 풀기, 고쳐 풀기 등 다양한 말이 있지만, 이 낱말들의 공통점은 '틀린 문제를 다시 풀어 보는 것'이라는 의미를 담고 있습니다.

학생들은 수학 공부를 하다가 문제를 틀리면 다양한 방법으로 다시 풉니다. 오답 노트를 사서 이용하는 학생들도 있고, 그냥 일반 수학 공책에 다시 푸는 학생도 있고, 풀고 있는 교재의 빈 곳에 다시 푸는 학생도 있습니다. 오답을 풀이하는 방식도 학생마다 다릅니다. 틀린 풀이와 답을 지우고 다시 푸는 학생도 있고, 틀린 풀이와 답을 그대로 두고 옆에 있는 빈 곳에 바른 풀이와 정답을 적는 학생도 있습니다. 꼼꼼하게 틀린 원인을 적는 학생도 있고 단순히 계산만 다시 하는 학생도 있습니다. 학생마다 자기 나름의 방법으로 틀린 문제에 대해 학습은 하고 있는데, 왜 수학 성적은 크게 변화가 없을까요? 저는 그 원인을 '잘못된 오답 풀이 방식'에서 찾았습니다.

수학 단원평가는 한 단원을 다 배우고 난 후에 보는 마무리 성격의 시험입니다. 다시 말해, 그동안 이 단원을 잘 공부했는지 알아보는 시험입니다. 1단원 '곱셈'을 마무리하는 단원평가에서 민우가 263×3=□와 같은 기본 연산 문제를 틀렸다고 가정해 봅시다.

민우가 틀린 풀이	민우가 오답 풀이한 공책	
<div align="center">2 6 3 × 3 **6 8 9**</div>	① <div align="center">2 6 3 × 3 **7 8 9**</div>	[오답 원인] 십의 자리 계산 6×3=18에서 받아올림 수 ①이 나왔기 때문에 백의 자리 계산 2×3=6에 ①을 더해야 하는데 더해 주지 않아서 6으로 잘못 적었다.

　민우는 교사가 시키는 대로 수학 공책에 오답 풀이를 했습니다. 오답 원인도 정확하게 적었습니다. 그렇게 1단원 공부를 마쳤습니다. 이제 2단원 '나눗셈'을 배우기 시작합니다. 과연 민우가 2단원 단원평가를 잘 칠 수 있을까요? 2단원 평가에서는 기본적인 나눗셈 문제를 실수 없이 잘 맞출 수 있을까요?

　1단원 평가에서 기본 연산 문제를 틀린 민우는 2단원 평가에서도 64÷2=□와 같은 기본적인 문제를 틀릴 확률이 높습니다. 왜냐하면 민우가 1단원 평가에서 기본 연산 문제를 틀린 원인은 '처음 수학 책, 수학익힘책, 수학 문제집을 풀 때 대충 풀었기 때문'입니다. 지금까지 문제를 풀면서 받아올림 수를 적지 않고, 받아올림 수를 더하지 않았을 확률이 높습니다. 민우가 2단원을 배울 때에도 대충 푸는 습관을 유지한다면, 아무리 오답 풀이를 해도 2단원 평가에서 또 간단한 문제를 틀리게 될 것입니다.

잘못된 오답 풀이 습관 네 가지

❖ 부모님이 대신 해 주기

오답 풀이를 할 때 첫 번째로 잘못된 습관은 부모님이 대신 해 주는 것입니다. 단원평가를 본 후 오답 풀이 숙제를 내 주면, 부모님이 문제를 대신 적어 주고 학생은 답만 적는 경우를 가끔 볼 수 있습니다. 저학년일 경우에 이런 모습을 많이 볼 수 있는데, 오답 풀이를 하는 목적은 나의 부족한 점을 아는 것이기 때문에 비록 부족하더라도 '아이 스스로' 해야 합니다. 297p의 오른쪽 사진을 자세히 보면 한글 문제와 식은 부모님이 적어 주고 28, 16과 같은 답만 학생이 적었다는 것을 알 수 있습니다. 부모님 입장에서는 아이가 오답 풀이하는 방법을 배우지 않았을 것이라고 예상하고 대신 적어 줬을 것입니다. 하지만 많은 교사가 단원평가 후에 오답 풀이 숙제를 내 주고 어떻게 하는 것인지 상세하게 안내해 주기 때문에, 아이 스스로 할 수 있도록 옆에서 도와주세요.

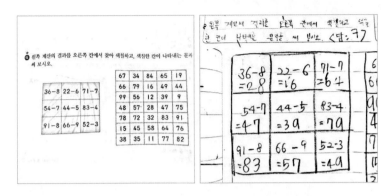

수학익힘책 문제 | 부모님이 문제를 대신 적어 준 오답 풀이 공책

❖ 문제와 답만 그대로 옮겨 쓰기

두 번째 잘못된 습관은 '문제와 답만 그대로 옮겨 쓰는 것'입니다. 공책에 틀린 문제와 답을 그대로 옮겨 쓰기만 하는 학생들이 의외로 많습니다. 이런 학생들은 오답 풀이 방법을 제대로 배우지 않았거나 아직 습관으로 자리 잡지 않았을 확률이 높습니다. 문제와 답을 그냥 공책에 옮겨 적는 행동은 시간 낭비, 공책 낭비입니다. 겉으로 보면 무언가가 쓰여 있으니 공부를 한 것 같은 뿌듯한 생각이 들수도 있습니다. 하지만 이런 방식의 오답 풀이는 나의 부족한 점을 채울 수가 없습니다. 단순노동이기 때문입니다.

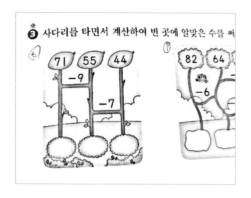

수학익힘책 문제

문제와 답을 그대로 옮겨 적은 오답 풀이

　사진처럼 그림을 통째로 옮겨 그리는 학생들도 많습니다. 오답 풀이에서는 오답의 원인을 찾는 것과 계산 과정을 쓰는 것이 핵심이기 때문에 올바르게 오답 풀이를 할 수 있도록 지도해 주세요.

　세 번째로 잘못된 습관은 '오답 원인을 정확하게 적지 않는 것'입니다. 많은 학생이 사진과 같이 오답의 원인을 정확하게 적지 않습니다. 왜 이렇게 대충 적는지 관찰하고 이야기를 나눠 보니, 첫 번째 이유는 귀찮아서입니다. 오답 원인을 길고 자세하게 적기 위해서는 성실한 태도가 뒷받침되어야 하는데 평소 학습 습관이 성실하지 않은 학생들은 오답 원인을 단순히 '실수로', '몰라서', '어려워서'라고 적습니다.

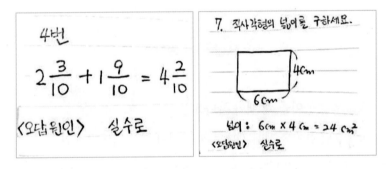

오답 원인을 정확하게 적지 않은 학생

　두 번째 이유는 오답의 원인을 찾지 못해서입니다. 내가 어떤 과정을 거쳐서 오답을 적게 되었는지 분석해야 하는데, 그 방법을 배워본 적이 없거나 아직 숙달되지 않은 상태에 머물러 있는 학생들은 오답 원인을 대충 적습니다. 그래서 다음 306p에 나오는 다양한 오답 원인을 알아두고 자신이 틀린 원인을 정확하게 쓸 수 있는 능력을 길러야 합니다.

❖ 숙제로만 생각하기

많은 아이가 오답 풀이를 숙제로만 생각합니다. 대부분 교사가 단원평가를 본 후 오답 풀이 숙제를 내 주기 때문입니다. 하지만 숙제로 내 주지 않아도 평소 수학 교과서와 문제집을 풀 때 오답 풀이를 잘 해 놓고 부족한 부분을 채워 놓아야 합니다. 그래야 수학 단원평가를 쉽게 볼 수 있고 높은 점수를 받을 수 있습니다.

오답 풀이 Q&A

Q. 오답 풀이를 왜 해야 하나요?

A. 오답 풀이를 제때 제대로 하는 것이 결국 더 효율적인 공부 방식이기 때문입니다.

EBS 다큐프라임 〈학교란 무엇인가〉 '0.1% 비밀' 편에 나온 형기는 상위 0.1%의 성적을 받는 학생입니다. 형기는 틀린 문제가 있으면 알 때까지 풀어 본다고 합니다. 틀렸을 때의 기분을 물어보는 질문에는 "당연히 틀린 게 나오면 짜증 나죠. 보기도 싫고요. 그렇지만 시험을 잘 치려면 그것을 제 것으로 만들어서 다시 나왔을 때 안 틀려야 하거든요. 처음에는 좀 기분이 나빠도 받아들이고, 설명 듣고, 계속 제 것으로 만들려고 하죠."라고 말했습니다.[27]

마라톤 선수에게 종아리 근육은 중요한 요소라고 합니다. 그래서 마라톤 코치가 종아리 근육이 약한 선수에게 아주 힘든 종아리 훈련을 시켰습니다. 하지만 아무런 설명 없이 시작되는 힘든 훈련을 선수는 어떻게 받아들일까요? 나의 발전을 위한 훈련이라고 생각은 하겠지만 구체적인 이유와 목적을 모르기 때문에 열심히 하지 않을 것입니다. 그렇다면 만약 지금 하는 종아리 강화 훈련이 마라톤 선수에게 얼마나 필요한 훈련인지 과학적인 데이터를 제시하거나, 권위 있는 의사의 인터뷰를 보여 줘서 선수가 충분히 이해할 수 있도록 도와준다면 선수는 어떤 태도로 종아리 훈련에 임할까요? 아마 힘들지만 더 적극적으로 훈련에 참여할 것입니다.

공부의 주도성은 부모가 아니라 아이에게 있어야 합니다. 주도성은 아이가 이해하고, 받아들이고, 진짜 필요하다는 생각이 들어야 생깁니다. 그래서 아이에게 오답 풀이의 중요성과 필요성을 '설득하고 이해시키는' 과정이 본격적인 오답 풀이보다 선행되어야 하는 것입니다. 틀린 문제를 다시 풀고, 오답 원인을 분석하고, 오답 노트를 사용하는 것이 성적 향상에 도움이 된다는 것을 아이들이 스스

---

27 학교란무엇인가제작팀, 학교란 무엇인가?, 중앙북스, 2011, 220.

로 느끼고 알 수 있도록 해 주어야 합니다. '예전에는 1단원 평가에서 90점을 받으려고 수학 문제를 100문제나 풀었는데, 오답 풀이를 제대로 하고 습관을 고치니까 2단원 평가는 50문제만 풀고도 같은 점수를 받았네!'라고 생각할 수 있도록 말이지요. 이렇게 틀린 문제를 제대로 다시 푸는 것이 더 효율적인 공부 방식이라는 것을 스스로 알게 되면, 오답 노트를 사용하지 말라고 해도 사용하게 됩니다.

다음 내용을 아이에게 알려 주세요.

오답 풀이의 효과

① 자신의 부족한 점을 정확히 알게 된다.

② 자신의 부족한 점을 정확하게 알고 나서 모르는 부분만 공부할 수 있다.

③ 자신이 알고 있는 부분은 공부하지 않아도 되기 때문에 '과잉 공부'를 줄일 수 있다.

④ 문제집을 한 권 풀더라도 다섯 권을 푼 효과가 있기 때문에 최대한 적은 노력으로 높은 성적을 얻을 수 있다.

⑤ 내가 모르는 부분을 하나씩 공부해 나가기 때문에 공부할수록 공부할 양이 줄어든다.

Q. 오답 풀이는 어디에 해야 하나요?

A. 오답 풀이는 교재의 빈 곳에 하면 됩니다.

수학책, 수학익힘책, 수학 문제집을 풀다가 생기는 모든 틀린 문제를 수학 공책이나 오답 노트에 제대로 풀이하는 것은 사실상 불가능합니다. 시간과 노력이 너무 많이 소모되기 때문입니다. 틀린 문제를 다시 푸는 것은 기본적으로 내가 지금 풀고 있는 '교재의 빈 곳'에 하면 됩니다.

Q. 꼭 수학 공책에 오답 풀이를 해야 하는 문제들도 있나요?

A. 대부분 문제는 교재의 빈 곳을 이용해서 오답 풀이를 하면 되지만, 아래 다섯 가지 요소 중 한 가지라도 해당하는 문제는 수학 공책에 '제대로' 풀이해야 합니다.

기본 연산 문제

24+3=□, 45×7=□와 같이 기본 연산 문제를 틀린다면 수학 공책에 오답 풀이를 제대로 할 필요가 있습니다. '제대로'라는 말의 의미는 '오답 원인을 정확하게 밝혀 적는 것'을 의미합니다. 수학 공책에 오답 원인을 정확하게 밝혀 한글로 적어 보는 활동을 하면, 어떤 생각을 하면서 풀었고 어떤 과정을 놓쳤는지 아이 스스로 생각해 볼수 있는 기회가 됩니다. 그래서 반복하여 연산 문제를 풀어 보는 것

보다 자신의 습관 점검에 더 도움이 됩니다. 오답 원인을 정확하게 밝히고 스스로 인지한 후 기본 연산 문제를 더 풀어 봐야 합니다.

기초 수학 습관 14가지와 관련하여 틀린 문제

문제에 동그라미를 안 쳐서 문제를 잘못 읽고 틀렸거나, 글씨를 바르게 적지 않아서 틀린 것과 같이 기초 수학 습관 14가지와 관련한 문제를 틀렸다면 또 같은 실수를 해서 틀릴 확률이 높습니다. 이런 경우에도 수학 공책에 제대로 오답 풀이를 하면서 자신의 습관을 확실히 점검해 볼 필요가 있습니다.

반복해서 틀리는 문제

문제를 풀다 보면 아이마다 특별히 약한 문제가 있습니다. 예를 들어, '①, ⑤, ⑦, ⑨ 카드를 한 번씩만 사용해서 만들 수 있는 가장 큰 두 자릿수와 가장 작은 두 자릿수의 합은?' 같은 카드 문제를 어려워하는 아이들이 있습니다. 아이가 특별히 약한 부분은 반복해서 틀리게 됩니다. 예를 들어, 3학년 1학기에 나오는 '나눗셈' 단원에서 카드 문제를 틀린 아이는 뒷 단원인 '분수' 단원에서도 카드 문제를 틀릴 확률이 높습니다. 반복해서 틀리는 유형은 오답 원인을 자세하고 정확하게 공책에 적어 보는 활동을 하여 오답 원인을 정확하게 짚어 보는 활동이 필요합니다.

중요한 응용문제

요즘 나오는 문제집은 참 좋습니다. 문제마다 상, 중, 하 수준을 표시해 놓았고 '중요해요', '잘 틀려요'와 같은 표시를 해 놓았습니다.[28] 이런 표시가 있는 문제는 꼭 풀 수 있어야 하기 때문에 틀렸을 때 수학 공책에 오답 풀이를 하는 것이 좋습니다.

풀이 공간이 많이 필요한 문제

문제에 따라서 풀이 공간이 많이 필요한 문제도 있습니다. 그런 경우에는 수학 공책에 오답 풀이를 하면 좋습니다. 문제와 문제 사이 또는 문제 옆에 공간이 부족한데도 억지로 오답 풀이를 하다 보면 글자도 작아지고 한눈에 들어오지도 않기 때문입니다.

Q. 오답 풀이는 언제 해야 하나요?

A. 오답 풀이는 틀리는 문제가 있을 때마다 해야 합니다.

수학을 월요일부터 금요일까지 하루에 한 시간씩 배워서 다음 주 월요일에 수학 단원평가를 쳤다고 가정해 봅시다. 이때, 오답 풀이는 학교에서 틀렸던 문제들을 다시 풀면서 매일 해야 합니다. 여기서 말하는 오답 풀이는 '오답의 원인을 제대로 밝히고 오답이 나오

---

28 홍범준, 쎈 초등 수학 3-2, 좋은책신사고, 2023, 65.

게 만든 습관을 고치는 것'까지를 의미합니다.

학생들이 자주 실수하는 오답 원인 아홉 가지

❖ 각 단원의 핵심 개념을 몰라서

가장 많은 학생에게 해당하는 유형입니다. 지금 배우는 단원의 핵심을 아직 모르거나, 알고는 있어도 완전히 숙달되지 않아서 틀리는 경우입니다. 예를 들어, 3학년 때 배우는 '원'에서 (원의 지름=원의 반지름×2)라는 개념을 알아야 응용문제를 풀 수 있는데, 이 핵심 개념을 잘 모르는 상태에서 문제를 풀어 틀리는 것입니다. 이런 실수를 줄이기 위해서는 어떻게 해야 할까요?

해결 방법 ①: 알아채기

'알아채기'란, 공부하면서 모르는 부분, 친구에게 설명하면서 설명이 잘 안 되는 부분, 시험에서 틀린 부분을 알아채는 것입니다. 이 부분을 빨간색으로 체크하고 '왜 내가 모를까? 어떤 부분에서 모를까? 어떻게 하면 실수를 하지 않을까?'라고 다양한 측면에서 생각하면 내가 모르거나 헷갈렸던 내용, 틀린 내용을 정확히 알 수 있게 됩니다.

	알아채기	주의할 점
학교에서	• 내가 부족한 부분, 약한 부분 • 친구에게 설명하지 못한 부분 • 선생님이 중요하다고 말한 부분 • 친구가 자주 실수하는 부분	• 수업 시간에 선생님 설명 잘 듣기 • 친구의 실수로부터 배우기 • 부족한 부분 빨간색 표시하기
집에서	• 숙제를 하면서 내가 설명 못 하는 부분 • 내가 선생님이라면 시험 문제로 내고 싶은 부분 • 친구들이 많이 틀릴 것 같은 부분	• 부족한 부분 빨간색 표시하기 • 채점 후 오늘 공부한 내용 중에서 고쳐야 하는 수학 습관을 찾아 빨간색으로 적고 별표 표시하기

해결 방법 ②: 설명하기

'설명하면서 문제 풀기'(232p)에서 이야기한 것처럼 스스로 설명하면서 문제를 풀어야 내가 어떤 개념을 모르고 있는지 알아챌 수 있습니다. 그리고 '천천히 생각하면서' 문제를 풀 수 있기 때문에 실수를 줄일 수 있습니다.

❖ 번호를 잘못 체크해서

2. 다음 중 원기둥에 대한 설명으로 틀린 것은 어느 것입니까? (2)
① 원기둥의 높이는 밑면과 밑면 사이의 거리이다. ○
② 원기둥을 위에서 보면 원모양이다. ○
③ 원기둥을 앞에서 보면 삼각형모양이다. X
④ 원기둥의 밑면의 모양은 원이다. ○
⑤ 원기둥의 밑면은 2개이다. ○

2. 다음 중 원기둥에 대한 설명으로 틀린 것은 어느 것입니까? (3)
① 원기둥의 높이는 밑면과 밑면 사이의 거리이다.
② 원기둥을 위에서 보면 원모양이다.
③ 원기둥을 앞에서 보면 삼각형모양이다.
④ 원기둥의 밑면의 모양은 원이다.
⑤ 원기둥의 밑면은 2개이다.

답을 잘못 옮겨 적어서 틀린 경우

대부분 학생이 풀이하는 방식

문제의 정답은 ③번입니다. 왼쪽 사진의 학생은 문제를 정확하게 알고 ③번 내용에 X 표시를 했습니다. 하지만 정답을 쓰는 괄호에는 ②라고 잘못 옮겨 적어서 틀렸습니다. 이런 학생들은 많이 억울해합니다. 학생으로서는 정확히 풀었는데, 단순히 정답을 잘못 옮겨 적어서 틀렸으니 충분히 억울할 수 있습니다. 하지만 이런 실수는 너무나 흔히 볼 수 있는 실수입니다. 대부분 꼼꼼하지 못하고 그저 빨리 풀려는 습관 때문에 틀린 것입니다.

또, 많은 학생이 오른쪽 사진처럼 답만 씁니다. 문제에 동그라미를 치지도 않고, 번호마다 맞고 틀림을 표시하지도 않으며, 머릿속으로만 문제를 풀이합니다. 이렇게 풀고도 정답을 맞혔으니 습관 변화의 필요성을 느끼지 못합니다. 이런 학생들은 지금 당장 문제는 맞혔을지라도 학년이 높아질수록 계산 단계가 복잡해지기 때문에 실수가 잦아집니다.

해결 방법

문제를 풀 때 제시된 문항의 끝이 아닌 번호(①, ②, ③, ④, ⑤)에 옳고 그름을 체크합니다. 정답이 ③번이면 ③번에 체크하고 '③번을 정답으로 옮겨야지'라고 속으로 말하면서 괄호 안에 정답을 적습니다.

2. 다음 중 원기둥에 대한 설명으로 틀린 것은 어느 것입니까? (3)
① 원기둥의 높이는 밑면과 밑면 사이의 거리이다.
② 원기둥을 위에서 보면 원모양이다.
③ 원기둥을 앞에서 보면 삼각형모양이다. → 사각형
④ 원기둥의 밑면의 모양은 원이다.
⑤ 원기둥의 밑면은 2개이다.

❖ OMR카드에 숫자를 잘못 옮겨서

중학교에 입학하면 시험을 볼 때 OMR카드에 답을 옮겨 적어야 합니다. 이때 시험지에는 ③번을 체크했는데 OMR카드에는 ②번으로 잘못 옮겨 적어서 틀리는 학생들이 많습니다. 문제는 정확하게 풀었으나 답을 옮겨 쓰는 과정에서 일어나는 실수입니다. 내가 아는 만큼 다 맞히기 위해서는 작은 습관까지도 중요하게 생각해야 합니다.

해결 방법

OMR카드에 답을 옮겨 적을 때는 한 번에 하나씩 적어야 합니다. 만약 1번부터 5번까지의 정답이 ②, ①, ③, ⑤, ④번이라면 ②, ①, ③, ⑤, ④라고 외운 다음 OMR카드에 한 번에 표시해서는 안 됩니다. 정답 여러 개를 한꺼번에 외워서 옮기다 보면 실수로 잘못 옮기는 숫자가 생기게 됩니다. 시험지에 적은 정답을 OMR카드로 옮길 때, 다음 두 가지 사항을 지키면 실수가 줄어듭니다.

① 한 번에 숫자 한 개씩 옮겨 쓰기

② 속으로 말하면서 옮겨 쓰기

OMR카드에 옮겨 적을 때는 시험지에 적은 정답을 왼손으로 한 번에 하나씩 체크합니다. 그리고 시험지를 보면서 '1번은 ②번이네'라고 속으로 말한 다음, OMR카드를 보고 1번의 ②번에 색칠합니다. 그리고 다음 문제를 보며 '2번은 ①번이네'라고 속으로 말한 다음, OMR카드를 보고 2번의 ①번에 색칠합니다.

❖ 문제를 잘못 읽어서

2장 '3. 수학책, 수학익힘책 제대로 푸는 방법'(119p)의 '문제 동그라미 치기'에서 설명한 것처럼, 내용은 잘 알고 있지만 문제를 잘못 읽어서 실수하는 경우가 많습니다. 이런 학생들은 대부분 문제를 대충 읽는 경향이 있기 때문에 중요한 낱말을 지나쳐서 틀리곤 합니다.

4. 한 변의 길이가 3cm인 정육면체의 부피는 얼마인지 바르게 구한 것은? (4)
① 9㎠ ② 27㎠ ③ 27㎤ ④ 54㎠ ⑤ 54㎤

$$3 \times 3 \times 6 = 54$$

4. 한 변의 길이가 3cm인 정육면체의 부피는 얼마인지 바르게 구한 것은? (2)
① 9㎠ ② 27㎠ ③ 27㎤ ④ 54㎠ ⑤ 54㎤

$$3 \times 3 \times 3 = 27$$

문제를 잘못 읽어서 틀린 학생   보기 속의 단위를 잘못 보고 틀린 학생

　4번 문제의 정답은 ③번입니다. 하지만 왼쪽 사진의 학생은 ④번을 정답으로 골랐습니다. 왜 ④번으로 골랐을까요? 정육면체의 부피를 구하지 않고 정육면체의 겉넓이를 구했기 때문입니다. 오른쪽 사진의 학생은 정답을 27로 바르게 구했지만 보기 속의 단위까지 꼼꼼하게 보지 않아서 오답인 ②번을 골랐습니다. 두 학생의 경우, 다른 과목의 공부를 하거나 시험을 칠 때도 같은 실수를 많이 하는 학생일 확률이 높습니다. 문제집을 많이 풀어도 핵심어에 동그라미 치는 습관을 들이지 않으면 문제를 대충 보고 문제 파악을 잘못

하기 때문에 반복해서 틀립니다.

해결 방법

이런 습관을 고치기 위해서는 과목과 관계없이 시험 기간이 아닐 때도 교과서부터 항상 동그라미 치는 연습을 해야 합니다. 어떤 책이든 문제를 읽고 핵심 단어와 주의해야 할 부분에 동그라미를 칩니다. 동그라미를 치면서 내가 실수할 것 같은 부분이나 주의해야 할 부분을 한 번 더 생각하고 주의 깊게 보면서 문제를 풉니다.

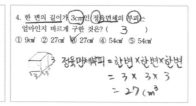

정답은 맞혔지만
문제에 동그라미를 치지 않은 학생

모든 것을 바르게 풀이한 학생

왼쪽 사진은 정답을 맞혔지만 문제에 동그라미 치기, 한글식 쓰기를 하지 않고 답만 적은 학생입니다. 많은 학생이 이렇게 풀지만, 오른쪽 사진처럼 풀이하는 습관을 지니면 좋습니다. 오른쪽처럼 푼 학생은 다음과 같은 생각의 과정을 거치면서 문제를 풀었을 것입니다.

정육면체에 동그라미를 치며
'다른 도형이 아니라 정육면체구나'라고 생각하기

그다음, 부피에 동그라미를 치며
'부피와 헷갈릴 수 있는 것은 넓이인데,
넓이가 아니라 부피를 구하는 문제구나'라고 생각하기

❖ 풀이 과정에 숫자를 잘못 옮겨서

문제를 대충 읽고 동그라미를 치지 않다 보면 숫자를 잘못 옮겨
서 푸는 경우가 생깁니다. 다음은 숫자를 잘못 옮긴 대표적인 사례
입니다.

> 5. 영식이는 구슬이 50개 가지고 있습니다. 민수는
> 구슬을 30개, 철수는 구슬을 20개 가지고 있습니
> 다. 민수가 가지고 있는 구슬에 대한 철수가 가지
> 고 있는 구슬의 비는 얼마입니까? (50 : 30)

> 5. 영식이는 구슬이 50개 가지고 있습니다. 민수는
> 구슬을 30개, 철수는 구슬을 20개 가지고 있습니
> 다. 민수가 가지고 있는 구슬에 대한 철수가 가지
> 고 있는 구슬의 비는 얼마입니까? (50 : 20)

필요하지 않은 숫자 50을 넣어서 답으로 적은 학생들

이 문제에서 나오는 숫자는 50, 30, 20입니다. 세 가지 숫자 중에
서 필요한 숫자는 민수의 구슬 30, 철수의 구슬 20입니다. 하지만
두 학생은 필요 없는 숫자인 50을 넣어서 오답을 적었습니다.

> 5. 영식이는 구슬이 50개 가지고 있습니다. 민수는
> 구슬을 30개, 철수는 구슬을 20개 가지고 있습니
> 다. 민수가 가지고 있는 구슬에 대한 철수가 가지
> 고 있는 구슬의 비는 얼마입니까? (30:20)

숫자 순서를 잘못 적어서 틀린 학생

이렇게 틀리는 학생도 많습니다. 비의 개념을 정확하게 이해했다면 정답을 20:30으로 적어야 하지만, 사진처럼 30:20으로 적는 실수를 많이 합니다. 생각하지 않고 빨리 푸는 것에 익숙해졌기 때문입니다. 이 문제를 단순한 실수라고 생각해서 대수롭지 않게 여기면 수학 성적에 변화가 없을 것입니다.

해결 방법

비와 비율 단원에서 중요한 것 중 하나는 '순서'입니다. 각 항이 위치한 순서가 중요합니다. 하지만 답을 4:7로 적어야 하는 문제를 7:4로 적는 실수를 많이 합니다. 어떻게 해야 숫자를 옮길 때 실수하지 않을 수 있을까요? 다음과 같이 문제에 동그라미를 치고, 속으로 말해 보고, 숫자를 한 개씩 옮기면서 생각의 과정을 거쳐 문제를 푸는 것이 좋습니다.

5. 영식이는 구슬이 50개 가지고 있습니다. 민수는
구슬을 30개, 철수는 구슬을 20개 가지고 있습니
다. 민수가 가지고 있는 구슬에 대한 철수가 가지
고 있는 구슬의 비는 얼마입니까? (20 : 30)

철수 : 민수
= 20 : 30

문제를 읽고

'구슬의 비 문제네'라고 생각하기

⬇

'문제에 동그라미를 쳐야지'라고 생각하며

문제 다시 읽기

⬇

영식, 50, 민수, 30, 철수, 20에 동그라미 치기

⬇

"~에 대한'은 선생님이 중요하니까 표시하라고 했어'라고

생각하며 밑줄 긋기

⬇

"철수가 가지고 있는 구슬의 비'에 밑줄을 그어야지'라고

생각하며 밑줄 긋기

⬇

'이제 한글식을 써야지'라고 생각하기

⬇

"'~에 대한' 앞에 나오는 내용은 식에서 뒤로 가야 하니까
한글식은 '철수:민수'로 써야 해'라고 생각하며 식 쓰기

'이제 숫자를 옮겨 볼까?'라고 생각하기

철수가 가진 구슬의 개수를 찾아 연필로 찍으면서 확인하고
'철수는 20이네'라고 생각하기

철수라고 적은 한글식 밑에 20 적기

민수가 가진 구슬의 개수를 찾아 연필로 찍으면서 확인하고
'민수는 30이네'라고 생각하기

민수라고 적은 한글식 밑에 30 적기

이런 방식으로 문제를 풀면 처음에는 시간이 오래 걸려서 매우 답답하고 '왜 이렇게까지 해야 하지?'라는 생각이 들 수 있습니다. 그러나 지금까지 오답 풀이를 많이 해도 시험 점수가 크게 변하지 않았다면, 시험을 칠 때마다 시험 점수의 폭이 컸다면, 지금부터라도 '생각하면서 푸는 습관'을 들여보세요. 문제 푸는 습관을 바르게 고치는 것이 '밑 빠진 독에 물 붓기'를 고칠 수 있는 가장 빠른 지름

길입니다.

❖ 생각하지 않고 풀이해서

① $\dfrac{3}{4} \div \dfrac{2}{5} = \dfrac{3 \times \Box}{4 \times 5} \div \dfrac{2 \times \Box}{5 \times 4}$

② $\dfrac{3}{4} \div \dfrac{2}{5} = \dfrac{\Box}{4} \times \dfrac{5}{\Box}$

①번 문제와 ②번 문제는 실제로 같은 문제입니다. ②번 문제를 풀기 위해서는 ①번과 같은 과정을 거쳐서 ②번처럼 풀게 되는 것이라고 교과서에서 배웁니다. 하지만 학생들은 어떻게 풀까요?

①번 문제는 분모와 분자에 같은 수를 곱해도 분수의 크기는 같다는 사실을 바탕에 두고 분모와 분자에 같은 수를 곱하는 문제입니다. 그래서 ①번 문제에 나오는 네모 칸에는 5와 4를 순서대로 적어야 합니다. 하지만 학생들은 고민 없이 3과 2를 적습니다. 왜냐하면 문제를 생각 없이 기계적으로 풀었기 때문입니다. 분수의 나눗셈 계산에서 단순히 나눗셈을 곱셈으로 바꾸고 뒤에 나오는 분수의 분모와 분자를 바꾸어 계산하는 연습을 계속해 왔기 때문에, ②번 문제는 잘 풀지만 ①번 문제는 틀립니다.

해결 방법

아무리 쉬운 내용이라도 풀이 과정을 모두 다 말로 설명하는 연습을 해야 합니다. 수학 교과서에 나오는 '계산 원리'를 한 살 어린 동생도 이해할 수 있을 만큼의 설명을 해낼 수 있어야 합니다. 계산 연습은 그 이후에 하는 것이 좋습니다.

❖ 문제 풀 시간이 부족해서

한 반에 20명 정도 있다고 가정을 하면, 주어진 40분 안에 20문제의 단원평가 문제를 다 풀지 못하는 학생들이 네다섯 명 정도 있습니다. 이 중에는 시간만 더 주면 다 풀어낼 수 있는 학생도 있지만 시간을 충분히 더 줘도 못 푸는 학생도 있습니다. 따라서 학생이 단순 계산 속도가 느려서 못 풀었는지 전반적인 개념이 부족해서 못 풀었는지 구분할 필요가 있습니다.

해결 방법

내용은 알고 있는데 시간이 부족해서 틀린 아이들은 기초 계산 연습을 많이 해야 합니다. 물론 이 경우에도 기계적으로 문제를 푸는 것이 아니라, 문제의 원리를 다 아는 상태에서 스스로 설명하며 계산 속도를 높이는 연습을 해야 합니다. 수학에서는 정확함도 중요하지만 시간 내에 문제를 푸는 것도 중요하기 때문입니다. 핵심 개

넘을 몰라서 못 푼 경우에는 수학책과 수학익힘책부터 다시 공부해야 합니다. 교과서에 나오는 기본 개념을 스스로 설명하면서 풀 수 있는 수준까지 연습해야 합니다.

❖ 계산할 공간이 부족해서

"계산은 해야 하는데 공간이 부족해서 틀렸어요"라고 말하는 학생은 거의 없습니다. 하지만 학생들이 풀이한 시험지를 보면 문제와 문제 사이, 문제 옆에 있는 작은 공간을 효과적으로 사용하지 못하는 학생들이 많습니다. 학년이 높아질수록 시험 문제는 길어지고 내가 사용할 수 있는 공간이 줄어듭니다. 그래서 주어진 시험지만으로 계산할 줄 아는 능력도 분명히 필요합니다.

해결 방법

평소 숫자나 글자를 쓸 때 필요 이상으로 글씨를 크게 적는 학생들이 가끔 있습니다. 글씨를 바르게 적으면서도 너무 크지 않게 글자와 숫자 크기를 줄이는 연습도 필요합니다. 그리고 교과서를 풀면서 빈 곳을 적절하게 이용하고 글씨 크기를 조절하여 주어진 공간 내에 문제 푸는 연습을 하면 좋습니다.

❖ 문제 자체를 이해하지 못해서

이 경우는 응용문제에 한정해서 말하는 것입니다. 수학익힘책의 5, 6번 문제나 수학 문제집의 중, 상 난이도 문제 중에서는 학생들이 이해 자체를 하지 못하는 문제가 있습니다. 그래서 어떻게 문제를 해결해야 하는지 전혀 감을 잡지 못합니다. 이런 학생들은 두 유형으로 나눌 수 있습니다.

해결 방법

첫 번째 유형은 다른 과목의 성적도 낮고 수학 성적도 낮은 학생들입니다. 이런 학생들은 다른 친구들에 비해서 독서량이 부족한 경우가 많습니다. 또, 기초 습관이 잘 안 잡혀 있어서 수학 공부만으로 수학 성적을 높일 수 없는 경우입니다. 수학 공부를 하기에 앞서 독서를 하면서 문제가 요구하는 것이 무엇인지 파악할 힘을 키워 줘야 합니다. 수학 공부와 함께 독서 습관을 길러 줄 필요가 있습니다.

두 번째 유형은 다른 과목의 성적도 좋으면서 수학 성적도 좋은 아이들입니다. 이런 학생은 기본 수학 실력은 괜찮은데 특히 문장제에 약한 경우입니다. 이 경우는 문장제를 보고 한글식 쓰기, 식 세우기, 숫자 옮기기 연습을 많이 하면 고칠 수 있습니다. 특정 유형을 몹시 어려워하면 그냥 넘어가도 됩니다. 지금은 아이가 그 문제를 받아들일 만큼 이해력이 발달하지 않았을 수도 있습니다. 기다려 주면 일 년 후에는 가르쳐 주지 않아도 같은 유형의 문제를 스스로 풀어낼 수 있을 정도로 이해력이 자랄 수 있습니다.

수학 체력을 보완해 줄 오답 풀이 방법

같은 육상 선수라고 하더라도 부족한 부분이 다 다릅니다. 출발 속도가 느린 선수, 지구력이 부족한 선수, 주법에 문제가 있는 선수, 팔 동작과 호흡법에 문제가 있는 선수 등 선수마다 부족한 부분이 달라서 개인마다 보충해야 할 부분도 다릅니다. 무작정 많은 양의 달리기 연습을 한다고 해서 기록이 좋아지지 않습니다. 기록 향상을 위해서 가장 먼저 해야 할 일은 '나의 부족한 부분을 아는 것'입니다. 부족한 부분을 스스로 알고 잘 보완한 선수는 기록 향상으로 이어집니다.

수학 공부에서도 마찬가지입니다. 수학 공부를 열심히 하고 문제를 많이 풀었을지라도 실수가 계속되어서 수학 성적 향상이 더디다면 수학 공부에 자신감과 흥미가 떨어집니다. 수학 공부에 대한 거부감이 생기면 수학은 잘할 수 없습니다. 수학을 잘하고 싶은 마음이 있는 아이라면, 실수를 줄이는 방법을 알려 주고 반복해서 연습할 수 있도록 도와줘야 합니다.

틀린 문제를 어떻게 다시 공부해야 나의 부족한 부분을 알고 그 부분을 충분히 연습해서 수학 성적 향상으로 이어지게 할 수 있을까요? 비밀은 다음 '오답 풀이 4단계'에 있습니다.

❖ 1단계: 오답 다시 풀기

수학책, 수학익힘책, 수학 문제집을 풀다가 틀린 문제가 있으면 다시 풉니다. 모든 아이가 문제를 다시 풀어야 합니다. 앞서 설명한 내용처럼 반복해서 틀리는 문제이거나 중요한 문제가 아니면 풀고 있는 교재의 빈 곳에 다시 풀면 됩니다.

민우가 틀린 풀이	민우가 다시 풀이한 내용
$\begin{array}{r} 2\ 6\ 3 \\ \times \qquad 3 \\ \hline \boxed{6\ 8\ 9} \end{array}$	① $\begin{array}{r} 2\ 6\ 3 \\ \times \qquad 3 \\ \hline \boxed{7\ 8\ 9} \end{array}$

앞에서 민우는 표의 왼쪽처럼 풀어서 곱셈 문제를 틀렸습니다. 그래서 민우가 빈 공간에 오른쪽과 같이 다시 바르게 풀었습니다. 여기까지만 하고 마무리하면 무엇이 문제일까요? 바로 '원인 분석'을 하지 않았다는 것입니다.

❖ 2단계: 원인 분석하기

오답 풀이하는 방법을 배운 학생들이라면 다음과 같이 오답 원인을 잘 분석해서 적습니다.

민우가 틀린 풀이	민우가 오답 풀이한 공책	
$\begin{array}{r} 2\ 6\ 3 \\ \times \quad\quad 3 \\ \hline \boxed{6\ 8\ 9} \end{array}$	$\begin{array}{r} ① \\ 2\ 6\ 3 \\ \times \quad\quad 3 \\ \hline \boxed{7\ 8\ 9} \end{array}$	[오답 원인] 십의 자리 계산 6×3=18에서 받아올림 수 ①이 나왔기 때문에 백의 자리 계산 2×3=6에 ①을 더해야 하는데 더해 주지 않아서 6으로 잘못 적었다.

이 단계까지 하는 학생들도 조금 있습니다. 하지만 민우처럼 오답 원인을 정확하고 자세하게 적는 학생들은 적습니다.

❖ 3단계: 습관 분석하기

'습관 분석하기'란, 수학책, 수학익힘책, 수학 문제집에서 같은 실수를 한 문제, 실수는 하지 않았지만 같은 실수를 할 뻔한 문제를 찾아서 내가 고쳐야 하는 습관을 찾는 것을 뜻합니다.

민우는 받아올림 수 ①을 더하지 않아서 문제를 틀렸습니다. 이를 통해 민우의 모든 책에는 받아올림 수가 표시되어 있지 않을 확률이 높다는 것을 확인할 수 있습니다. 그리고 받아올림 수를 적는 연습을 충분히 하지 않았기 때문에 틀린 문제와 맞힌 문제가 섞여 있을 것입니다. 민우처럼 오답 풀이는 잘 했지만 오답 분석 후에 나의 습관을 분석하지 않는다면 같은 실수를 또 반복할 가능성이 큽니다.

❖ 4단계: 습관을 바꾸기 위해 충분히 연습하기

나의 습관을 분석했다면 다음은 나의 습관을 바꾸기 위해 충분한 연습을 해야 합니다. 예를 들어, 민수는 앞으로 수학책, 수학익힘책, 수학 문제집을 풀 때 받아올림 수 적기를 연습해야 합니다. 이미 풀이가 끝난 문제일지라도 받아올림 수를 적지 않은 문제가 있다면 찾아서 적어야 합니다. 몇 문제를 이런 식으로 적으면서 '받아올림 수를 적은 것도 있고 안 적은 것도 있네. 오늘은 안 적어서 틀렸으니까 지금부터라도 적는 연습을 많이 해서 앞으로는 같은 실수를 하지 말아야겠다.'라고 생각해야 합니다.

나의 실수를 미리 알아볼 수 있는 오답 유형 만들기

매해 아이들을 지도하면서 같은 실수를 하는 아이들의 습관을 고쳐 주고 싶었습니다. 그래서 '오답 유형 만들기' 활동을 진행하였습니다. '오답 유형 만들기' 활동을 하면 아이들이 어쩔 수 없이 생각하게 되고, 그 과정 속에서 자주 틀리는 부분에 대해 인식하게 됩니다.

오답 유형 만들기

오답 유형 발표하기

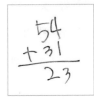

뺄셈으로 풀이

+ 위치 잘못 쓰기

숫자 그대로 다 적기

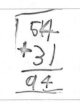

가로로 더하기

❖ 1학년도 할 수 있어요

1학년 2학기에는 '올림이 없는 덧셈'을 배웁니다. 그래서 수학식 54+31=□를 칠판에 적어 주고 자신이나 친구들이 실수할 것 같은 오답 유형을 만들어서 발표하는 수업을 했습니다.

학생들이 적극적으로 수업에 임하며 찾아낸 대표적인 오답 유형은 네 가지였습니다. 이 오답 유형을 실물화상기로 하나씩 확대해서 보여 주고, 어떻게 풀면 이런 결과가 나오는지 맞추는 과정을 게임처럼 진행했습니다. 한 학생이 말했습니다.

😊 학생: 선생님! 더하기로 적고 빼기로 푸는 학생이 진짜 있어요?

😊 교사: 그럼! 선생님은 매년 그런 학생들 많이 보는데?

😊 학생: 에이~ 그런 애가 어디 있어요?

😊 교사: 진짜 있다니까~

이후 해당 단원의 단원평가를 쳤습니다. 아니나 다를까, 몇 명의 학생이 덧셈을 뺄셈으로 풀어서 틀렸고, 두 번째 사진처럼 +의 위치를 잘못 쓰는 바람에 틀린 학생도 발생했습니다. 실물화상기로 학생들에게 오답들을 보여 줬습니다.

😊 학생: 진짜로 이렇게 틀리네요!

😊 교사: 선생님 말이 맞지? 실수하는 학생 있다고 했지?

😊 학생: 네.

😊 교사: 그래서 수학책, 수학익힘책을 풀 때부터 이런 실수를 하지 않도록 하나하나 신경 써야 해요. 알겠죠?

😊 학생: 네~

학년이 올라갈수록 많은 학생들이 수학을 싫어합니다. 하지만 오답 유형 만들기 수업에서는 딴짓하는 학생들이 한 명도 없습니다. 이 수업을 하고 나면 학생들은 수학 시간에 말합니다.

🧑 학생: 선생님 오답 유형 만들기 수업 언제 또 해요?

🧑 교사: 오답 유형 만들기 수업이 재밌었어?

🧑 학생: 네, 또 하고 싶어요!

저희 반 학생들은 이제 기초 수학 습관에 대해 이야기하면 잔소리로 받아들이지 않습니다. '오답 유형 만들기'를 몇 번 거치니 학생들 스스로 기초 습관의 중요성에 대해 알고 받아들이게 되었기 때문입니다. 그리고 수업 중 문제에 동그라미 치는 것을 한 번씩 놓치면 학생들이 먼저 이야기합니다.

🧑 학생 1: 선생님, 문제 동그라미 안 쳤어요~

🧑 학생 2: 선생님, 여기는 빼기로 풀면 안 되고 더하기로 풀어야 해요~

🧑 학생 3: 선생님, 저 어제 이렇게 잘못 풀어서 실수로 틀렸어요~

❖ 오답 유형 만들기

〈오답 유형 만들기〉 학습지

3학년 학생들과 함께 오답 유형 만들기 수업을 진행하면서 작성한 학습지입니다. 먼저 바른 풀이를 적어 보고 오답 유형을 두 개 만듭니다. 그 후 모둠에서 친구들과 서로 자신들이 만든 오답 유형이 왜 틀렸는지 찾아봅니다. 마지막으로 친구들이 만든 오답 유형 중에서 내가 적지 않은 새로운 유형들을 적습니다.

오답 유형 만들기는 가정에서도 충분히 해 볼 수 있습니다. 학생과 부모님이 오답 유형을 두 개씩 만들어 보기, 부모님과 자녀 중 누가 더 오답 유형을 많이 만드는지 대결하기, 학생들이 가장 많이 틀리는 유형 BEST 3 만들고 이야기하기 등과 같이 변형시켜서 해 보아도 좋습니다. 해당 자료는 마지막 페이지에 수록된 QR코드를 스캔하거나 다락원 홈페이지에 접속하면 다운로드할 수 있습니다.

❖ 내가 자주 실수하는 오답 유형 만들기

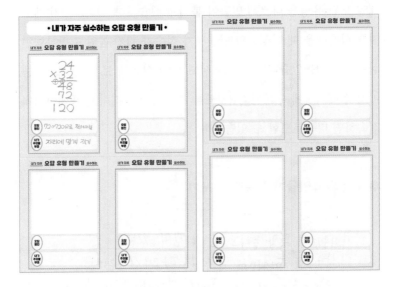

〈내가 자주 실수하는 오답 유형 만들기〉 메모지

많은 학생들이 기계적으로 문제를 풀기 때문에 많은 문제를 풀어도 단원평가에서 같은 실수를 반복합니다. 그래서 저는 〈내가 자주 실수하는 오답 유형 만들기〉 메모지를 만들었습니다. 수학 교과서에 있는 문제 3개를 푼 후, 문제를 틀렸을 때 틀린 문제와 비슷한 오답 유형을 만들게 합니다. 그리고 모두 다 맞췄을 때는 평소 내가 자주 실수하는 부분이나 친구가 실수를 많이 할 것 같은 부분을 생각해서 오답 유형을 만들게 했습니다. 만든 오답 유형 메모지는 수학익힘책에 붙이게 하여 수학익힘책을 푸는 동안 계속 상기시킬 수 있도록 지도했습니다. 이렇게 한 단원 전체의 공부가 끝날 때까지 매일 오답 유형을 다르게 만들어 붙이게 했습니다. 그 결과, 이 메모지를 사용했을 때 학생들의 단원평가 점수가 훨씬 높았고 반복했던 실수도 줄어들었습니다. 가정에서도 많이 활용해 보세요. 메모지는 마지막 페이지에 수록된 QR코드를 스캔하거나 다락원 홈페이지에 접속하면 다운로드할 수 있습니다.

❖ 오답 유형 만들기 후 느낀 점 쓰기

오답 유형 만들기 후 느낀 점을 쓴 학생

오답 유형 만들기 수업을 한 후 작성한 느낀 점입니다. 단순한 수학 연산 문제 풀이는 지겨워하던 아이들이 오답 유형 만들기 수업을 하면 수업에 적극적으로 참여합니다. 수업 시간에 말이 많아지고, 수학 내용에 대해 먼저 말하는 아이들이 많아집니다. 가정에서도 오답 유형 만들기 활동을 한 후에 느낀 점을 말하거나 글로 써 보세요. 느낀 점을 나누면 이 활동을 하면서 느꼈던 생각들을 더 오래 기억할 수 있고, 이는 점차 습관 변화로 이어질 수 있습니다.

초등학교 수학 시험은
어떻게 준비해야 할까요?

어떻게 하면 수학 시험을 잘 칠 수 있을까요? 앞에서 설명한 것처럼 '메타인지'를 활용해서 공부해 놓으면 잘할 수 있습니다. 이렇게 공부를 해 놓으면 시험 대비를 위해 특별히 공부할 것이 없습니다. 내가 부족하다고 표시해 놓은 부분, 틀린 부분만 다시 공부하면 되기 때문에 시간과 노력을 절약할 수 있습니다. 그 구체적인 방법을 알아봅시다.

초등학교에서는 어떤 시험을 목표로 공부해야 할까요?

수학 교과의 경우, '수학 단원평가'를 목표로 공부해야 합니다.

학교와 담임 교사에 따라 다르지만, 수학 단원평가는 대부분 진행합니다. 수행평가도 진행하긴 하지만, 수행평가는 문제의 양이 적기 때문에 어떤 부분이 부족한지 파악하기에는 다소 어려운 측면이 있습니다. 단원평가는 한 단원을 다 배운 후에 가장 마지막으로 치는 평가입니다. 그래서 단원평가가 끝나면 다음 단원이 시작되기 때문에 이전 단원을 복습할 시간이 없습니다. 지금 배우는 내용에 집중해야 하기 때문입니다. 단, '도형', '측정', '규칙성' 단원처럼 아이들이 다소 쉽게 느끼는 단원의 진도를 나가고 있다면 '수와 연산'과 같은 단원을 복습하면서도 학교 수업을 따라갈 수 있습니다. 하지만 연속해서 '수와 연산' 단원이 나오면 이전 단원을 복습할 시간이 없습니다. 그래서 수학 단원평가를 가장 마지막에 마무리하는 시험으로 생각하고 준비해야 합니다. 학교에서 수학 단원평가를 치지 않는다면, 수학 문제집에서 각 단원의 가장 마지막에 있는 단원평가를 이용하면 됩니다.

단원평가에서 절대 틀리면 안 되는 문제는?

단원평가가 20문제로 구성이 되어 있으면 약 13문제 정도는 기본 계산 문제입니다. 형태는 조금씩 다르지만 단순한 계산 문제입니다. 5문제 정도는 기본 연산 개념이 들어간 응용문제입니다. 마지막 2문제 정도는 처음 보는 유형이나 심화 문제로 구성이 됩니다.

크게 보았을 때 기본 연산 문제, 응용문제, 심화 문제로 구성되는 수학 단원평가에서 절대로 틀리면 안 되는 문제는 어떤 문제들일까요? 앞에서도 설명했지만, 단원평가는 가장 마지막으로 공부했던 내용들을 확인하는 단계이므로 기본 연산 문제를 절대 틀려서는 안 됩니다. 틀리더라도 나머지 7문제 정도의 응용문제와 심화 문제 중에서 틀려야 합니다. 왜냐하면 수학책, 수학익힘책, 수학 문제집을 공부하면서 기본 연산 문제를 수없이 연습했는데 기본 계산 문제를 틀렸다는 것은 그동안 공부를 꼼꼼하게 하지 않았다는 의미이기 때문입니다. 그리고 단원평가에서 기본 연산 문제를 틀리면 다시 그 단원 전체를 복습해야 하기 때문에 학습 부담이 너무 큽니다. 그래서 기본 연산 문제는 단원평가를 치기 전까지 확실히 풀 수 있는 수준이 되어야 하고, 그렇기 때문에 새로운 문제집을 푸는 것이 아니라 응용문제와 심화 문제, 내가 틀렸던 문제, 헷갈렸던 문제를 다시 푸는 공부를 해야 합니다.

단원평가 대비하는 방법

❖ 처음 공부할 때부터 빨간색으로 중요한 부분 표시해 두기

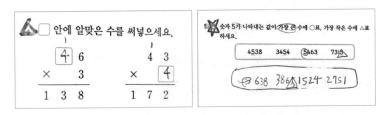

틀리거나 모르는 문제에 빨간색으로 세모, 별표 표시한 학생

사진처럼 틀린 문제, 모르는 문제, 헷갈리는 문제, 나는 다 알아도 친구들이 헷갈릴 것 같은 문제를 골라서 빨간펜으로 별표와 세모를 칩니다. 한쪽에 한 문제 정도 표시하면 좋습니다. 처음 공부할 때부터 이렇게 해 놓으면 시험 대비 공부하기가 훨씬 쉽습니다. 공부해야 할 양이 확 줄기 때문입니다. 아이들에게 아무리 좋은 방법을 소개해 줘도 아이들이 따라서 하지 않는 이유는 알려 주는 방법이 좋다고 인식하지 못하기 때문입니다. 다양한 방법을 동원해서 이렇게 해두는 것이 나중에 공부를 훨씬 덜 하고도 좋은 성적을 받을 수 있음을 알게 도와주시고 설득해 주세요. 무조건 부모님이 시켜서 하는 공부 습관은 오래가지 못합니다. 교실에서 저도 가장 신경 쓰는 부분은 학생들 스스로 '하고 싶어 하는 마음'이 들게끔 설득하는 것입

니다. 그리고 학생들이 교사의 말을 온전히 이해하며 자신의 습관을 변화시키고자 하는 생각을 가질 수 있도록 도와주고 있습니다.

❖ 수학책, 수학익힘책 복습하기

평소 공부를 할 때 빨간색 표시를 잘 해두었다면 시험 대비를 위해 공부하는 것은 쉬운 과정입니다. 수학책과 수학익힘책을 보고 빨간색 별표, 세모, 틀린 표시가 된 문제를 찾아 다시 푸는 과정으로 복습합니다. 이때는 단순히 틀린 문제만 다시 풀이하는 것이 아니라 나의 기초 수학 습관을 함께 점검하면서 복습하면 좋습니다. 그리고 2장에서 설명한 것처럼 '틀린 문제 빈 공간에 다시 풀기'(133p), '숫자 바꿔서 문제 만들기'(134p) 등의 방식으로 공부합니다. 아이 스스로 '숫자 바꿔서 문제 만들기'가 어렵다면 수학책, 수학익힘책에 빨간색으로 표시한 문제를 공책에 그대로 옮겨서 다시 풀기만 해도 좋습니다. 수학책, 수학익힘책을 복습하는 것은 계산 원리나 기본 연산 문제를 꼼꼼하게 보는 단계입니다. 응용문제나 심화 문제는 문제집을 복습할 때 공부하면 됩니다.

❖ 수학 공책 활용하는 방법

제가 중학교 3학년 때 처음 만난 수학 선생님이 계십니다. 그때 처음 수학 공책 사용 방법을 배웠습니다. 어느 날 선생님께서 수학 공책을 사 오라고 하시면서 문제를 수학 공책에 풀라고 하셨습니다. 중학교 3학년 이후가 되면 풀이 과정이 길어져서, 문제와 문제 사이의 공간에 풀이를 쓸 공간이 부족하기 때문입니다. 하지만 그때 저와 제 친구들은 수학에 자신이 있었기 때문에 '굳이 수학 공책을 사용해야 하나?'라고 생각했었습니다. 하지만 선생님께서 수학 공책을 검사해 주시며 A+, A0, A- 등과 같이 점수를 매겨 주시고 고칠 부분을 하나하나 가르쳐 주신 덕분에 갈수록 실수가 줄어들었고, 한 두 개씩은 꼭 틀리던 수학 시험에서 계속 100점을 받게 되었습니다. 물론 어려운 문제나 처음 보는 유형의 문제가 나오면 종종 틀리기는 했지만, 한 번씩 실수하는 습관은 수학 공책을 사용한 이후로 완전히 없어졌습니다. 저뿐만 아니라 저의 친구들도 같은 경험을 했고 선생님의 깊은 뜻을 나중에 알게 되었습니다.

수학 공책은 학년이 높아질수록 반드시 사용해야 합니다. 하지만 많은 아이가 수학 공책을 사용하지 않고 있고, 사용하고 있어도 방법을 제대로 모르고 있습니다. 그렇다면 수학 공책은 어떻게 사용하면 될까요? 다음 원칙을 지키면서 수학 공책을 사용하면 수학 실력이 쑥쑥 자랍니다.

① 공책은 반으로 접기

② 단원 제목 쓰기

③ 문제의 번호 쓰기

④ 계산하기

문장제는 문제가 길어서 공책에 그대로 옮겨 적지 않아도 됩니다. 문제를 푸는 데 필요한 숫자만 적은 뒤, 바로 43×5=□와 같이 식을 적고 계산하면 됩니다.

⑤ 내가 조심해야 할 부분 빨간색으로 표시하기

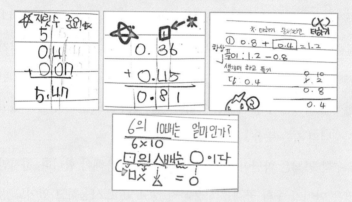

조심할 부분을 빨간펜으로 적으면서 교과서에 나온 내용을 복습한 학생

⑥ 오답 분석하기

⑦ 숫자 바꿔서 한 문제 내고 풀기

❖ 교사가 나눠 준 학습지 복습하기

수업을 하다 보면 학생들이 공통으로 많이 실수하는 부분을 발견할 수 있습니다. 그러면 교사는 더 연습해야 할 내용들로 학습지를 만듭니다. 담임 교사가 학생들에게 준 학습지는 '중요한 시험 대비용 교재'이기도 합니다. 단원평가 시험 문제를 낼 때 이 학습지에서 내는 경우도 있습니다. 문제는 교사가 나누어준 학습지를 A4 파일에 차곡차곡 잘 정리해 놓는 학생들을 보기 힘들다는 것입니다. 한 중학교 영어 교사는 학생들에게 학습지 열 장을 나누어 주고 이 학습지로 수업도 하고 숙제도 냈다고 합니다. 그런데 나중에 확인해 보니 다섯 장만 가지고 있는 아이, 일곱 장만 가지고 있는 아이 등 일부만 가지고 있는 아이들이 많다고 말했습니다.

실제로 반에서 학습지를 나누어 주고 수업하면 서랍에 구겨 넣거나 잃어버리는 경우가 아주 많습니다. 교사가 나누어 준 학습지를 A4 파일에 잘 정리하는 것도 배워서 습관으로 만들어야 합니다. 교사가 준 학습지를 풀고 난 뒤, 틀린 문제나 빨간색으로 표시한 문제를 골라서 수학 공책에 다시 풀어 보고 어떤 부분을 조심해야 하는지 잘 생각하면서 복습합니다.

❖ 문제집 복습하기

수학 문제집은 교과서보다 다양한 문제를 접할 수 있어서 문제집을 복습하는 것도 상당히 중요합니다. 문제집을 복습할 때는 '응용문제'와 '심화 문제'를 위주로 복습합니다. 아이의 수준에 따라 다를 수 있지만, 심화 문제가 다소 어렵게 느껴진다면 응용문제만 완벽하게 풀 수 있으면 됩니다. 수학 단원평가 대비를 위해 문제집을 복습할 때는 수학 공책에 다시 풀이하는 것이 좋습니다.

❖ 문제집에 있는 단원평가 풀어 보기

학교 교사가 내는 수학 단원평가 문제와 문제집의 단원평가 문제 수준은 크게 다르지 않습니다. 그래서 학교 시험을 보기 전에 문제집의 단원평가 문제를 한 번 풀어 보고 나의 부족한 부분을 파악하는 것이 좋습니다. 주어진 시간 안에 풀어내는 능력도 중요하기 때문에 시간을 재면서 제한 시간(40분) 이내에 풀 수 있도록 연습하면 긴장감도 생기고 실전과 같은 경험을 할 수 있어서 좋습니다.

단원평가를 보는 날이 내일인데 가족 행사 등의 이유로 문제집을 풀 시간이 부족한 날도 간혹 있습니다. 그럴 때는 문제집에 있는 단원평가 20문제 중에서 홀수 번호 10문제만 풀어도 좋습니다. 어느 정도 수학 실력이 있는 아이라면 번호에 상관없이 응용문제와 심화 문제만 풀어도 좋습니다. 문제집에 있는 단원평가를 본 후에 틀린 문제는 수학 공책을 이용하여 다시 풀면서 복습합니다.

❖ 단원평가 후 복습하는 방법

많은 학생이 대부분 학교에서 단원평가를 본 후 틀린 문제를 다시 푸는 것만으로 그 단원의 공부를 끝냅니다. 하지만 이런 방식으로 공부하면 다음 단원에서도 성적에 큰 변화가 없습니다. 단원평가를 본 후에는 틀린 문제를 다시 풀어 보고 왜 틀렸는지 원인을 철저히 분석해야 합니다. 분석할 때는 다음 세 가지 방법을 사용합니다.

① 수학책, 수학익힘책, 수학 문제집에 비슷한 문제 있는지 확인하기
② 그 문제를 교과서와 문제집에서는 맞혔는지 틀렸는지 확인하기
③ 교과서와 문제집에서는 맞혔는데 단원평가에서 틀렸다면, 왜 틀렸는지 분석하기

분석한 후에 부족한 부분에 대하여 추가로 충분히 연습해야 그 단원에 관한 공부가 끝이 나는 것입니다.

❖ 수학 시험 결과와 나의 습관을 비교해 보는 글쓰기

매년 첫 수학 수업 시간에 기초 수학 습관을 알려 준 후 느낌과 다짐을 쓰게 해도 학생들의 결심은 오래가지 않습니다. 그래서 저는 수학 단원평가를 칠 때마다 학생들에게 '시험 결과와 나의 습관을

비교해 보는 글'을 쓰게 합니다. 반성문이 아닙니다. 나의 점수가 높든 낮든 나의 습관을 다시 한번 점검해 보는 계기를 마련해 주기 위함입니다.

수학 시험친 느낌　　　3/29

시험치기 전에. 공책에　문제　몇개 만들어서 풀어보기를 했다.

시험을 치니까 내가 미리 연습해본 문제가 몇개 나와서 뭔가

시험 전 공부를 제대로 했다는 느낌이 들어서 기분이 은근 좋았다.

계속 어려운 방법으로 귀찮아도 연습했었는데 보람이 느껴졌다.

근데 아까웠던 건 12번문제다. 다 계산 했는데 적지를 않아서 틀렸다.

앞으로는　다 풀고 다시한번 보는 습관을 들여야 겠다.

생각보다 공부를 안해도 모듬판한데 제대로 하면　거의　맞출 수

있어서　모듬판을 한대 더 열심히 해야겠다.

단원평가 후 자신의 습관을 점검해 보는 글을 쓴 학생

6학년 학생이 첫 수학 단원평가를 본 후에 쓴 글입니다. 시험 전에 직접 문제를 만들어서 풀어 보는 활동을 한 후, 실제 시험에서 내가 만든 문제가 나왔던 경험을 적었습니다. 시험 대비를 위해 공부한 내용이 시험에 그대로 나오면 앞으로도 공부를 해 나갈 힘과 동기를 얻습니다. 이런 경험을 통해 학생들은 '평소 수학 습관의 중요성'에 대해 인식하게 됩니다. 습관을 비교하고 점검해 보는 글은 짧

게 두세 줄만 적어도 좋습니다. 아이들 스스로 습관 변화의 필요성을 느낄 수 있도록 글쓰기를 지도해 주세요.

단원평가 후 부모님들은 어떤 반응을 해 줘야 할까요?

아이가 시험 결과를 가지고 온 날, 부모님은 어떤 반응을 해 줘야 할까요? 점수부터 확인할까요? 틀린 문제를 다시 풀라고 할까요? 무작정 잘했다고 칭찬해 줄까요? 시험을 치고 온 날 아이에게 해 줄 말은 딱 한 가지입니다.

> 🙂 엄마: (아이의 눈을 마주 보고 볼을 두 손으로 감싸 안으며) 시험 보느라 고생했어! 엄마는 0점을 받아 와도 널 사랑해. 오늘 맛있는 거 뭐 해 줄까?

틀린 풀이에 대한 수정과 연습은 이후로 미루세요. 초등학생들은 아직 어리기 때문에 시험 불안이 높습니다. 성적이 낮은 아이들은 낮은 대로, 성적이 높은 아이들은 높은 대로 한 문제라도 실수하지 않기 위해 신경 쓰기 때문에 아이들의 걱정이 많아지고 예민해지는 날이기도 합니다. 그래서 시험을 보고 온 날은 시험에 관해 이야기하지 않는 것이 좋습니다.

수학 단원평가를 보고 난 후 만족스러운 점수를 얻지 못한 학생들은 교사에게 다음과 같이 말합니다.

> 😀 학생 1: 선생님, 저 오늘 죽었어요.
>
> 😐 교사: 왜?
>
> 😀 학생 1: 우리 엄마는 점수를 90점 밑으로 받아 오면 무섭게 혼내거든요.
>
> 😀 학생 2: 우리 엄마도 그런데.
>
> 😀 학생 3: 나는 우리 수학 학원 선생님께 혼나는데.

이처럼 많은 학생들이 시험 불안 속에서 살아가고 있습니다. 100점을 받은 학생들을 제외하고는 대부분 만족스러워하지 않습니다. 집에 가서 혼날 것을 예상하고 하교하는 학생들을 보면 참 안쓰럽습니다. 시험을 보고 온 날만큼은 온전히 아이를 안아 주고 수고했다고 말해 주세요.

시험이 끝난 다음 날, 시험 결과에 관해 이야기할 때는 이 네 가지를 꼭 지켜 주세요.

❖ 친구와 비교하지 않기

3학년 이상이 되면 친구와 성적을 비교하는 학생들이 많아집니다. 과목이 많아지면서 단원평가를 치는 횟수가 늘어나고 친구들 사이에서 점수 이야기를 하다 보면 자연스럽게 성적에 관심을 가지고 비교하기 시작합니다. 그런데 부모님까지 아이에게 "철수는 몇 점이야?", "반 평균은 몇 점이야?", "너보다 잘한 아이는 몇 명이야?", "너보다 못한 친구들도 있어?"라고 비교하는 말들을 하면 아이들은 상처를 많이 받습니다. 남과 비교하지만 않아도 행복하게 살아갈 수 있습니다.

❖ 점수에 대해 비난하지 않기

물론 부모님이 원하는 점수만큼 받아 오지 못한 경우도 많을 것입니다. 하지만 점수 자체에 대해서 비난하는 것은 가장 안 좋은 행동입니다. 갑자기 90점 받던 아이가 50점을 받아 오는 일은 거의 없습니다. 대부분 평소 점수와 비슷하게 받아 옵니다. 비록 부모님의 기준에는 못 미치더라도 점수에 대해서 비난하지는 말아주세요.

❖ 실수한 부분에 대해 비난하지 않기

아이들이 받아 온 시험 점수에 대해 비난하지 않고 참으려고 해도 아이가 한 작은 실수를 보면 화가 날 수 있습니다. '왜 이런 것을 틀렸을까?' 하는 생각에 다음과 같이 말하고 싶어집니다.

👩 엄마: 문제부터 차근히 읽으라고! 옳지 않은 것을 찾으라는데 옳은 것을 찾으니까 틀리잖아. 실수도 다 네 실력이야!(비난)[29]

하지만 비난해서 해결되고 고쳐질 문제가 아닙니다. 아직 연습이 충분하지 않았던 것일 수도 있습니다. 『엄마의 말 연습』 저자인 윤지영 선생님은 비난 대신 다음과 같이 말하는 것을 추천합니다.

👩 엄마: 문제부터 읽는 데 익숙하지 않아서 그래. 연습하다 보면 좋아질 거야. 자, 문제부터 차근차근 읽어 보자!(긍정적 해석)[30]

부끄럽지만 저는 책 『엄마의 말 연습』을 접하기 전에는 항상 비난하는 말을 사용했습니다. 두 딸에게도, 저희 반의 학생들에게도 "동그라미만 치면 맞출 수 있는데 또 안 쳐서 틀렸잖아!"라고 말했습니다. 안타까운 마음에서 말했지만, 딸과 학생들의 표정은 밝지 않았습니다. 왜냐하면 제가 한 말은 비난이었기 때문입니다. 하지만 이 책을 접한 후로는 집에서든 학교에서든 다음과 같이 말합니다.

👩 교사: 이 부분은 동그라미만 치면 맞출 수 있는데 틀렸네~ 괜찮아, 선생

---

29 윤지영, 엄마의 말 연습, 카시오페이아, 2022, 57.
30 윤지영, 엄마의 말 연습, 카시오페이아, 2022, 59.

님 집에 3학년 딸이 있는데 3학년도 잘 안 고쳐져~

🧑‍🤝‍🧑 **학생들:** 진짜요?

🧑 **교사:** 응, 선생님이 집에서 매일매일 알려 주는데도 고치는 게 잘 안 되나 봐. 지금 너희는 1학년이니까 잘 안 되는 게 당연해. 그러니까 계속 연습하면 돼. 대신 절대 다른 사람이랑 점수를 비교하거나 내가 받은 점수가 낮다고 기죽으면 안 돼, 알겠지?

🧑‍🤝‍🧑 **학생들:** (표정이 밝아져서) 네~

🧑 **교사:** 그럼 우리 문제에 동그라미 치는 연습을 다 같이 더 해 볼까요?

🧑‍🤝‍🧑 **학생들:** 네~

🧑 **교사:** 수학책이랑 수학익힘책 펴세요~

말하는 방식을 조금 바꿨을 뿐인데 학생들은 마음을 열고 수업에 참여했습니다. 자칫 잔소리가 될 뻔했던 말이 진심 어린 조언이 되어 학생들이 열린 마음으로 저의 조언을 받아들이게 되었습니다. 이유는 '비난하지 않고 말한' 덕분이었습니다.

❖ 잘한 부분 찾아서 칭찬하기

수학 시험을 친 후 대부분 부모님은 틀린 문제에 대해서만 이야기하기 때문에 잔소리로 이어지는 경우가 많습니다. 그래서 아이들은 혼난다고 느껴서 채점하는 시간을 긴장되는 시간이라고 생각하기 쉽습니다. 틀린 부분에 대해 알려 주기 전에 아이가 잘한 부분을 찾아서 먼저 칭찬해 주세요. 그렇게 하면 아이들이 마음을 열고 경청합니다.

저는 단원평가를 치고 풀이를 할 때 학생들 한 명 한 명의 잘한 점을 찾아서 실물화상기로 보여 줍니다. 아무리 시험 점수가 낮은 학생도 꼭 하나씩 찾아서 다음과 같이 칭찬해 줍니다.

교사: 철수는 2번 문제에 동그라미를 잘 쳤네.

교사: 영희는 8번 문제를 눈으로 풀지 않고 연필로 표시하면서 풀었구나.

교사: 영수는 15번 문제를 머릿속으로만 풀지 않고 '무엇이든지 하기'를 해서 풀었네.

교사: 민수는 숫자를 참 정성 들여서 썼네.

교사: 미희는 받아올림 표시를 빠지지 않고 잘했어.

교사: 준서는 갈수록 글씨를 바르게 쓰고 있네. 잘했어~

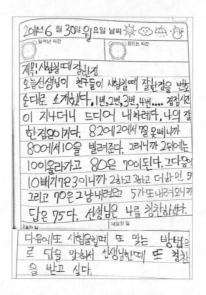

수학 단원평가를 친 후 칭찬하기를 경험한 학생의 일기

　칭찬을 받은 후에 2학년 학생이 쓴 일기입니다. 82-7 같은 식은 암산으로 푸는 학생들도 많은데 이 학생은 받아내림 수를 정확히 쓰고 동그라미를 쳤습니다. 그리고 헷갈리지 않도록 중간 식을 따로 써서 계산했던 부분을 칭찬해 주었습니다. 이렇게 학생의 잘한 점을 찾아서 공개적으로 칭찬하면 그 학생은 앞으로도 칭찬받았던 습관을 계속 유지합니다.

5장

학년별
수학 공부법

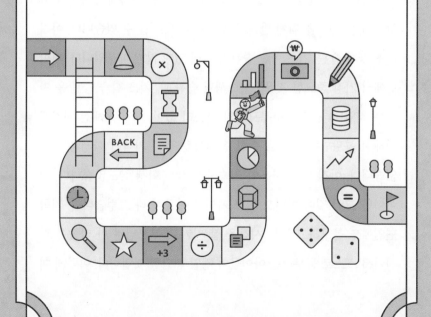

저학년:
수학의 기초 체력 쌓기

저학년에서 가장 필요한 수학적 능력은 무엇일까요?

1학년과 2학년을 학교에서 직접 가르쳐 보면 나라에서 왜 배워야 하는 학습 내용을 적게 만들어 놓았는지 바로 알 수 있습니다. 아직 기초 생활 습관, 기초 학습 습관이 잡혀 있지 않기 때문입니다. 저학년에서 가장 중요한 것은 '기초 생활 습관'과 '기초 학습 습관'을 만드는 것입니다. 집에서 부모님의 잔소리 없이, 매일 정해진 시간에 정해진 분량만큼 스스로 수학 문제집을 푸는 저학년 학생은 거의 없습니다. 아직 연필 사용이 익숙하지 않은 학생들도 많습니다. 내 아이만 그런 것이 아니고 이 시기의 아이들이 다 그렇습니다. 저학년임에도 불구하고 공부 시간을 잘 지키고, 부모님과 한 약속을 잘 지켜서 스스로 공부하는 아이들이 정말 대단한 것입니다. 이렇게 대부분의 아이들은 기초 습관 형성도 아직 힘든 단계입니다. 그래서 저학년 아이들은 수학 공부를 할 수 있는 기초 체력을 쌓는 것이 중요합니다.

기본 습관 만들기

저학년 때는 매일매일 약속된 시간에 책상에 앉는 것만으로도 칭찬을 해 줘야 합니다. 그리고 부모님이 보기에 다소 부족하더라도 칭찬을 많이 해 주는 것이 필요합니다. 글씨가 삐뚤삐뚤하더라도 어제보다 조금 나아졌으면 칭찬을 해 주세요. 칭찬으로 아이의 지속적인 행동 변화를 유도해야 합니다.

그리고 담임 교사가 수학익힘책을 숙제로 내 준다면 스스로 숙제를 챙기고, 문제를 푼 다음, 가방에 수학익힘책을 넣고 알림장을 체크하는 습관을 가지도록 지도해 주세요.

쉬운 수학 접하기

저학년 때는 가장 기본적인 수준의 문제집을 풀면서 문제 푸는 방법을 조금씩 배우는 것이 좋습니다. 내용은 알아도 문제의 뜻을 몰라서 틀리는 경우가 많기 때문에 연습하는 것이 필요합니다. 다만,

너무 많은 문제를 풀게 해서 수학에 대한 거부감이 생기게 하는 것은 곤란합니다.

안 바뀌는 습관 집중적으로 고치기

기초 수학 습관 14가지 중에서 습관화가 잘 안 되는 것을 찾은 후, 기한을 정해두고 집중적으로 연습해서 고치는 것을 목표로 하면 좋습니다. 한 학년씩 올라갈수록 고쳐야 할 습관이 줄어들면 성공입니다.

중학년:
본격적인 수학 체력 쌓기

중학년에는 어떤 수학적 능력이 필요할까요?

1학년과 2학년 때는 수학에 큰 고민이 없었던 학생들도 3, 4학년이 되면서 큰 어려움을 느끼기 시작합니다. '곱셈'과 '나눗셈', '분수' 단원이 시작되기 때문입니다. 그리고 3학년부터 배우는 과목의 수도 많아지기 때문에 상대적으로 수학 공부에 쓸 수 있는 시간이 줄어듭니다. 영어 학원에 다니는 여부와 관계없이 영어 단어 암기는 기본이고, 과목이 많아진 만큼 학교 숙제도 많아집니다. 이 시기에는 컴퓨터나 한자를 배우기 시작하는 학생들도 많아서 저학년 때보다 여유가 적어집니다. 하지만 3, 4학년 때 수학은 정말 중요합니다. 초등학교 수학 중에 가장 중요하다고 말할 수 있을 정도로 '초등 수학의 뼈대'와 같은 역할을 합니다. 저학년 때 배웠던 단순한 덧셈과 뺄셈과 구구단을 바탕으로 더 심화한 내용을 배우기 때문에 수준이 높아집니다. 그래서 이때부터 가정에서 수학 공부를 도와주는 것을 멈추는 경우가 많습니다.

바른 습관 만들기

저학년 때 기른 습관을 바탕으로 이제는 약속된 시간에 스스로 앉아서 정해진 분량을 학습할 수 있어야 합니다.

설명하면서 공부하기

물론 설명하면서 공부하는 것은 모든 학년에서 공통으로 중요한 부분입니다. 하지만 중학년 때 배우는 연산 내용은 모든 공부의 바탕이 되기 때문에 특히 설명하면서 공부하는 것의 중요성이 더욱 큽니다.

예를 들어, 78×4=312와 같은 계산을 할 때 "일의 자리 수 8과 4 끼리 곱해서 생긴 32에서 받아올림 수 3을, 십의 자리에 있는 7과 일의 자리에 있는 4를 곱해서 생긴 28에 더한다"라고 말로 설명하면서 풀 수 있어야 합니다. 그리고 분수의 학습에서도 $\frac{3}{4}$이 피자 한 판을 사 등분한 것 중 세 개에 해당하는 크기라고 정확하게 설명할 수 있는 상태에서 계산 연습을 해야 합니다. 이런 설명은 교과서에도 있고 수업 시간에 교사의 입을 통해서 배울 수 있으니 수업 시간에 '경청'을 잘 해야 합니다.

유형별 문제 학습하기

이제 중학년이면 다양한 문제를 풀면서 여러 가지 문제 해결 방법을 연습할 필요가 있습니다. 여기서 말하는 다양한 문제란, 여러 유형의 문제를 뜻합니다. 아이의 수준이 어느 정도 될 때는 문제집의 수준을 저학년 때보다 한 단계 높여서 사용해도 좋습니다. 유형별 학습을 다양하게 하면서 내가 알고 있는 것과 부족한 부분을 구별해 나가는 연습을 해야 합니다. 이때 부모님의 도움이 필요합니다. 아직은 온전히 스스로 해내는 학습이 어렵기 때문에 문제를 잘 분석했는지, 기초 수학 습관을 지키면서 문제를 풀었는지 등을 점검해 주시면 좋습니다. 모든 문제를 풀기보다 '전략적'으로 푸는 것이 중요합니다. 방과 후에 사용할 수 있는 시간은 제한적이고, 많은 문제를 푸는 것이 높은 성적을 보장하는 것은 아니기 때문입니다.

메타인지 능력 발달시키기

다양한 문제를 접하면서 나만의 풀이 방법을 개발하고, 본격적으로 틀린 문제를 간추려 보는 연습을 시작합니다. 3학년 이후가 되면 메타인지 능력을 본격적으로 연습할 수 있는 나이가 된다고 합니다. 문제집에 있는 다양한 응용문제를 스스로 해결할 수 있도록 연습시켜 주세요. 항상 과도한 문제 풀이는 지양해야 합니다. 중학년 아이들은 이제 협상이 가능한 아이들이기 때문에, 기본을 잘 지켜서 풀면 양을 줄여 주는 방향으로 조정하는 것이 중요합니다.

고학년:
수학 체력 완성하기

　고학년 아이들이 갖추어야 할 수학적 능력은 어떤 것들이 있을까요?

　고학년이 되면 중학교 선행 학습을 하는 아이들이 많습니다. 그래서 쉬는 시간에 학원에서 내 준 중학교 문제집을 풀고 있는 학생들을 볼 수 있습니다. 이 학생 중에는 진심으로 힘들어하는 학생도 있지만 다른 친구들보다 앞서서 공부하고 있다는 것을 자랑으로 여기는 학생들도 있습니다. 하지만 그런 친구들의 속도와 비교하지 않고 자신만의 속도로 공부하는 것이 중요합니다. 고학년 학생들은 한 개를 알려 줘도 두 개를 알아내는 능력이 있습니다. 그만큼 메타인지가 발달하고 사고력이 발달했기 때문에, 어떻게 보면 지금까지 부족했던 부분을 한 번에 채울 기회가 있다는 말이기도 합니다.

기본 습관 완성하기

고학년은 지금까지 다져 왔던 수학 체력을 완성하는 단계입니다. 스스로 공부 시간을 정하고 매일 정해진 분량을 꾸준히 학습하는 것은 기본입니다. 그리고 수업 시간에 경청하기, 수학 교과서 제대로 풀기와 같은 기본적인 사항은 이제 습관화가 되어야 할 시기입니다. 기초 수학 습관 14가지도 고학년쯤이면 완전히 자기 것으로 만들어야 합니다.

나의 공부 습관 분석하기

고학년은 메타인지를 잘 활용하기 때문에 조금만 도와주면 다음과 같은 질문을 스스로 해 보는 것도 가능합니다.

공부 습관 점검표

번호	항목	질문	확인하기		
1	학교 수업 시간에 (수학책, 수학익힘책을 보면서 점검해 보세요)	수학 수업 시간에 경청을 잘 했나요?	○	△	✕
		중요한 부분과 모르는 부분을 알아챘나요?	○	△	✕
		내가 몰랐거나 헷갈렸던 부분, 내가 설명하지 못했던 부분을 알아챘나요?	○	△	✕
		몰랐던 부분을 빨간색으로 표시했나요?	○	△	✕

2	집에 가기 전에	숙제를 하기 위해 수학익힘책을 잘 챙겼나요?	○	△	×
3	집에서 수학 숙제 (공부)를 하기 전에	부모님이 시키지 않아도 스스로 정해진 시간에 숙제를 시작했나요?	○	△	×
4	집에서 수학 숙제(공부)를 할 때	수학 공부를 하는 동안 핸드폰을 한 번도 만지지 않았나요?	○	△	×
		무엇이든지 하면서 문제를 풀었나요?	○	△	×
		기초 수학 습관 14가지를 지켰나요?	○	△	×
		모르는 것을 빨간색으로 표시했나요?	○	△	×
		숫자를 바꿔서 문제를 내 보고 풀었나요?	○	△	×
		오답 원인을 정확하게 분석했나요?	○	△	×
5	집에서 수학 숙제(공부)를 한 후에	숙제를 다 한 뒤, 알림장에 동그라미를 쳤나요?	○	△	×
		숙제한 것을 가방에 넣었나요?	○	△	×
6	시험 보기 전에	수학책, 수학익힘책을 복습했나요?	○	△	×
		수학 문제집에서 틀린 것을 다시 풀어 봤나요?	○	△	×
7	시험 본 후에	시험에서 틀린 문제와 같은 유형의 문제를 수학책, 수학익힘책, 수학 문제집에서 찾아봤나요?	○	△	×
		만약 수학책, 수학익힘책, 수학 문제집에서는 맞추었는데 시험에서는 틀렸다면 그 원인은 무엇인지 생각해 보았나요?	○	△	×
		만약 수학책, 수학익힘책, 수학 문제집에서 틀렸었는데 시험에서 또 틀렸다면 그 원인은 무엇인지 생각해 보았나요?	○	△	×
		오답 풀이를 확실하게 했나요?	○	△	×

초등 수학을 점검하며 수학 체력 완성하기

고학년이 되면 중학교 학습을 선행하는 것보다 지금까지 만든 수학 습관을 점검해 보고 부족한 부분을 고쳐 나갈 필요가 있습니다. 다양한 응용문제에 익숙해지기 위해 많은 문제를 '분석하면서' 풀어 보는 것도 필요합니다. 기본 수학 습관을 습관화시키지 않은 채로 중학교 선행 학습을 해서는 곤란합니다.

사칙연산의 대표 오답 유형 파악하기

학년마다 배우는 수학 내용의 수준은 다르지만, 학생들이 실수하는 대표 유형은 몇 가지 정해져 있습니다. 사칙연산에서 대표적으로 자주 실수하는 유형들을 보고, 아이들이 어떤 부분에서 실수하는지 정확하게 원인을 파악한 후, 그 부분을 집중적으로 연습하여 보완해 나갈 수 있도록 다음 내용을 활용해 보세요.

덧셈의 대표 오답 유형

오답 유형 1	오답 유형 2	오답 유형 3	오답 유형 4	오답 유형 5
① ① 7 9 + 5 6 1 2 5	7 9 + 5 6 2 3	7 9 + 5 6 1 2 1 5	7 9 + 5 6 1 3 7	① 7 9 + 5 6 8 4 6

❖ 오답 유형 1: 받아올림 수를 더하지 않은 경우

받아올림 수가 생겼을 때 그 수를 더해 주지 않고 계산한 경우입니다. 받아올림 수를 적지 않는 경우가 가장 많고 받아올림 수를 적었지만 덧셈을 하지 않아서 틀리는 사례도 있습니다.

❖ 오답 유형 2: 뺄셈으로 풀이한 경우

문제를 제대로 파악하지 않고 덧셈 문제를 뺄셈으로 풀이한 경우입니다. 덧셈(+) 부분에 동그라미를 치면 이런 실수를 방지할 수 있습니다.

❖ 오답 유형 3: 받아올림 수를 답으로 적은 경우

9와 6을 더한 15의 받아올림 수 1을 십의 자리 수 위에 적지 않고 아래에 적어서 자리 계산이 잘못된 경우입니다. '오답 유형 3'은 다음과 같은 두 가지 방식으로 계산해야 합니다.

오답 유형 3의 바른 풀이 예시 1	오답 유형 3의 바른 풀이 예시 2
① ① 7 9 + 5 6 1 3 5	7 9 + 5 6 1 5 1 2 0 1 3 5

❖ 오답 유형 4: 단순한 덧셈 실수인 경우

단순한 덧셈 실수로 틀리는 경우도 아주 많습니다.

❖ 오답 유형 5: 세로식으로 적을 때 자리를 잘못 맞춘 경우

문제를 세로식으로 옮길 때 자리를 맞추지 않고 적어서 계산을 틀리는 사례입니다.

뺄셈의 대표 오답 유형

오답 유형 1	오답 유형 2	오답 유형 3	오답 유형 4	오답 유형 5
			① ①	
8 6	8 6	8 6	8 6	8 6
− 2 7	− 2 7	− 2 7	− 2 7	− 2 7
5 3	6 9	5 4	1 1 3	6 1

❖ 오답 유형 1: 받아내림 수에서 숫자를 뺀 후 남아 있던 수를 더하
 지 않은 경우

학생들이 가장 어려워하고 실수가 많은 부분입니다. 받아내림한
후에 생긴 10, 원래 있던 수 6, 빼야 하는 수 7 이렇게 숫자가 세 개
등장하면 학생들은 어떤 수에서 어떤 수를 빼야 하는지 헷갈립니다.
그래서 이 부분에 대한 연습이 많이 필요합니다.

❖ 오답 유형 2: 받아내림을 생각하지 않고 원래 수에서 빼는 경우

뺄셈을 할 때 많이 실수하는 부분입니다. 받아내림 해 주고 남은 십의 자리 수 7에서 2를 빼야 하는데, 원래 있던 수 8에서 2를 빼서 틀렸습니다. 받아내림할 때 원래 수(8)를 빗금 치고 그 위에 새로 생긴 수(7)를 적도록 연습하면 이런 실수를 줄일 수 있습니다.

❖ 오답 유형 3: 받아내림 수에서 엉뚱한 숫자를 뺀 경우

받아내림 한 10에서 7을 빼고 6을 더해야 하는데, 받아내림 수 10에서 6을 뺀 결과입니다. 이것 또한 등장하는 숫자가 세 개라서 헷갈린 것입니다.

❖ 오답 유형 4: 뺄셈을 덧셈으로 풀이한 경우

덧셈에서와는 반대로 뺄셈 문제를 덧셈 문제로 풀이해서 틀리는 경우입니다. 의외로 이런 단순한 실수를 하는 학생들이 많습니다.

❖ 오답 유형 5: 아래에서 위로 뺀 경우

위에 있는 숫자에서 아래 숫자를 빼야 하는데 일의 자리 숫자만 아래 숫자에서 위의 숫자를 빼서 계산한 사례입니다.

곱셈의 대표 오답 유형

오답 유형 1	오답 유형 2	오답 유형 3	오답 유형 4	오답 유형 5
$\begin{array}{r} 67 \\ \times\quad 4 \\ \hline \boxed{248} \end{array}$	$\begin{array}{r} 67 \\ \times\quad 4 \\ \hline 28 \\ 24 \\ \hline \boxed{52} \end{array}$	$\begin{array}{r} 67 \\ \times\quad 4 \\ \hline \boxed{2428} \end{array}$	$\begin{array}{r} 67 \\ \times\quad 4 \\ \hline 28 \\ 100 \\ \hline \boxed{128} \end{array}$	$\begin{array}{r} 87 \\ \times\quad 36 \\ \hline 42 \\ 480 \\ 2400 \\ \hline \boxed{2922} \end{array}$

❖ 오답 유형 1: 받아올림 수를 더해 주지 않은 경우

곱셈에서 가장 많이 하는 실수입니다. 받아올림 수를 더해 주지 않아서 틀리는 사례입니다.

❖ 오답 유형 2: 곱셈 결과를 자리에 맞지 않게 적은 경우

일의 자리 수와 십의 자리 수들을 각각 곱한 후 곱셈 결과를 자리에 맞지 않게 적어서 틀리는 사례입니다.

❖ 오답 유형 3: 받아올림 수를 답으로 적은 경우

'덧셈 오답 유형 3'과 마찬가지로 받아올림한 수를 바로 답으로 적은 사례입니다.

❖ 오답 유형 4: 일부 계산을 덧셈으로 계산한 경우

곱셈 계산에서 어떤 것은 곱셈으로, 어떤 것은 덧셈으로 계산해서
틀린 사례입니다.

❖ 오답 유형 5: 곱셈을 네 번 해야 하는데 세 번만 한 경우

곱셈을 네 번 해야 하는데 곱셈을 세 번만 하고 계산해서 틀리는
경우입니다. 숫자가 많아지고 곱셈이 복잡해질수록 이런 실수를 하
는 학생들이 많습니다.

❖ 추천 풀이법: 아래로 풀이를 다 적으면서 계산하기

숫자가 작을 때는 받아올림 수를 적고 암산을 하며 계산해도 큰
실수가 없지만, 곱하는 횟수가 많아지면 받아올림 숫자를 모두 다

추천풀이법
8 7
× 3 6
4 2
4 8 0
2 1 0
2 4 0 0
3 1 3 2

적기에는 숫자들이 너무 많아지기 때문에 헷갈
립니다. 암산으로 풀기에도 너무 숫자가 많습니
다. 받아올림 수를 적고 암산을 하며 계산하는 것
이 힘든 학생들은 다음과 같이 문제 아래에 풀이
를 다 적고 계산하는 방식으로 실수를 줄일 수
있습니다.

나눗셈의 대표 오답 유형

오답 유형 1	오답 유형 2	오답 유형 3	오답 유형 4	오답 유형 5

```
        3 1              1 2 5            9 4.7              3 4            9.4 7
   24) 8 5 5        24) 8 5 5        9) 8 5.2 4        24) 8 5 5       9) 8 5.2 4
       7 2              2 4              8 1                7 2            8 1
       ─────            ───              ───                ─────          ───
       3 5              6 1                4 2              1 3 5            4 2
       2 4              4 8                3 6                9 6            3 6
       ─────            ─────              ───              ─────          ───
      │1 1│             1 3 5              6 4              │3 9│            6 4
                        1 2 0              6 3                             6 3
                        ─────            ─────                            ─────
                       │1 5│              │1│                             │1│
```

오답 유형 6	오답 유형 7	오답 유형 8	오답 유형 9

```
      2   3          2 3            2 3 0          2 3
   3) 6 0 9       3) 6 0 9       3) 6 0 9       3) 6 9 0
      ─────          ─────          ─────          ─────
      6 0 9          6 0 9          6 0 9          6 9 0
      ─────          ─────          ─────          ─────
     │    0│        │    0│        │    0│        │    0│
```

❖ 오답 유형 1: 단순 뺄셈 실수

나눗셈 계산을 하면서 중간중간 해야 하는 많은 뺄셈 중, 한 부분을 잘못 계산한 사례입니다.

❖ 오답 유형 2: 몫 실수 ①

가장 기본적인 나눗셈의 개념이 부족해서 생기는 오답 유형입니다.

❖ 오답 유형 3: 몫 실수 ②(소수점)

소수의 나눗셈에서 9.47로 몫을 적지 않고 94.7과 같이 적어서 틀리는 사례입니다. 나눗셈의 계산은 맞게 했지만 소수점의 위치를 잘못 적어서 틀리는 경우가 많습니다.

❖ 오답 유형 4: 몫 실수 ③(계산)

135 안에는 24가 5번 들어가는데 4번만 들어가는 것으로 계산한 것처럼, 중간 계산을 틀리는 경우입니다.

❖ 오답 유형 5: 나머지 자릿수 실수

'오답 유형 5'는 계산은 바르게 했습니다. 하지만 정답으로 나머지를 적을 때 0.01로 적어야 하는데 1로 적는 학생들이 많아서 오답 유형으로 제시했습니다.

❖ 오답 유형 6~9: 0과 관련한 오답

오답 유형 6번부터 9번까지는 몫에서 0의 위치를 잘못 적거나 적지 않아서 생기는 오답 유형입니다.

수학 공부에 도움이 되는 보드게임

　조금만 검색해 보면 수학 공부에 도움이 되는 교구들이 참 많습니다. 문제는 비싼 가격에 있습니다. 한 세트에 몇십만 원씩 하는 교구도 있습니다. 원목으로 된 교구들은 더 비쌉니다. 그런 프로그램들을 다 소화해야 수학을 잘할 수 있을까요? 물론 종이로 된 학습지를 푸는 것보다는 훨씬 낫다고 생각합니다. 하지만 비용 측면에서 너무 비쌉니다. 가격은 비싸지 않으면서 아이들 수학 학습에 도움이 되는 보드게임을 간단히 소개하겠습니다. 소개하는 보드게임은 수학 공부를 보조하는 것이지, 중심이 되어서는 곤란합니다. 아이들이 놀이를 통해서 수학을 접하고 재미를 느낄 수 있도록 가정에서 보드게임을 잘 활용해 보세요.

저학년

❖ 기본 주사위

기본 주사위

1에서 6까지 숫자나 점이 찍혀져 있는 기본적인 주사위입니다. 기본 주사위는 어느 집에서나 쉽게 볼 수 있습니다. 이 주사위를 이용해서 덧셈, 뺄셈, 곱셈을 연습할 수 있습니다. 예를 들어, 주사위 두 개를 굴려서 나온 수를 더하거나 빼거나 곱하면서 연습할 수 있습니다.

❖ 10면체 주사위

10면체 주사위

10면체 주사위는 0부터 9까지의 숫자가 적힌 주사위를 말합니다. 10면체 주사위는 한 개에 500원 정도의 가격입니다. 사용하다 보면 잃어버리기도 하고 배송비도 들기 때문에 한 번 살 때 열 개 정도 사두는 것도 괜찮은 방법입니다. 10면체 주사위의 장점은 0부터 9까지의 숫자가 있어서 구구단을 배울 때 좋습니다. 무작위로 나오는 두 숫자

의 곱을 빠르게 말하는 연습을 할 수도 있고 덧셈, 뺄셈 연습도 할
수 있습니다.

❖ 내가 만드는 주사위

　유니아트 사이트[31]에서 '1500 편백나무'를 사면 20개의 주사위가
들어 있습니다. 이 주사위에 다음 사진처럼 숫자를 적습니다. 주사
위 한 개에 여섯 개까지 숫자를 적을 수 있기 때문에 〈123123〉〈45
6456〉〈789789〉〈123456〉〈987654〉와 같이 다섯 개의 주사위에 숫
자를 적습니다. 이렇게 만든 주사위로 덧셈, 뺄셈, 곱셈 놀이를 하면
좋습니다. 공기놀이를 해도 좋습니다. 네임펜으로 숫자를 적으면 더
선명하게 보입니다.

내가 만드는 주사위

❖ 〈메이크텐〉

　〈메이크텐〉은 0부터 9까지 적힌 숫자 타일을 이용하여 10과 20을

---

31 https://www.uniartkorea.com/

〈메이크텐〉

만드는 게임입니다. 게임의 규칙은 '더해서 15 만들기'와 같이 바꾸어서 진행해도 됩니다. 1, 2학년 아이들의 암산 실력을 높여 줄 수 있는 보드게임입니다.

❖ 〈할리갈리〉

많이 알려진 유명한 보드게임입니다. 과일이 그려진 카드를 번갈아 가면서 내다가, 같은 과일이 다섯 개 모였을 때 종을 먼저 치는 사람이 카드를 모두 가져가는 게임입니다. 〈메이크텐〉처럼 구성원끼리 규칙을 바꾸어서 진행해도 좋습니다. 간단한 한 자릿수의 덧셈이므로 1, 2학년에게 추천합니다. 기본 〈할리갈리〉 외에도 〈할리갈리 딜럭스〉, 〈할리갈리 익스트림〉도 있습니다.

❖ 〈아이씨텐〉

〈아이씨텐〉

〈아이씨텐〉은 뒤집어져 있는 숫자 중 3+7이나 2+3+5처럼 더해서 10이 되는 수를 찾으면 됩니다. 어느 정도 숙달이 되면 '더해서 15가 되는 수 찾기'와 같이 규칙을 바꾸어도 좋습니다. 귀여운 바다 동물 캐릭터가 있어서 아이들이 아주 좋아하는 보드게임입니다. 덧셈 암산을 위해 한 개의 보드게임만 살 수 있다면 〈아이씨텐〉을 추천합니다. 특히 1학년에게 강력 추천합니다.

❖ 〈셈셈〉 시리즈

연산 학습의 전통적인 보드게임 시리즈입니다. 지금까지 〈셈셈 수놀이〉, 〈셈셈 피자가게〉, 〈셈셈 테니스〉, 〈셈셈 눈썰매장〉, 〈셈셈 롤러코스터〉가 나와 있습니다. 아이의 수준과 관심에 따라서 한번 활용해 보세요.

❖ 〈BOOM 폭탄게임〉

2부터 8까지 적힌 카드를 뽑은 다음, 다양한 특수카드를 사용해서 먼저 손에 있는 카드를 모두 없애는 사람이 이기는 게임입니다. 같은 수가 적힌 카드, 더해서 10이 되는 카드를 버리는 게임이기 때문에 덧셈 연습이 가능한 보드게임입니다. 1학년에게 추천합니다.

❖ 〈로보77〉

덧셈 연습을 할 수 있는 보드게임입니다. 77까지 덧셈을 할 수 있어야 해서 2학년 이상 아이들에게 추천합니다.

중학년 이상

❖ 〈루미큐브〉

〈루미큐브〉

네 가지 다른 색깔의 숫자 타일들을 이용해 총합이 30 이상인 타일을 등록(바닥에 내려놓음)하고, 다른 사람들이 등록해 놓은 타일이 규칙에 맞으면 가져와서 새로운 조합을 만들어 낼 수 있는 재미있는 게임입니다. 처음에 적응하는 것이 조금 어렵지만 한 번 게임의 맛을 알게 되면 아이가 푹 빠지는 보드게임입니다.

❖ 〈쿼리도〉

〈쿼리도〉는 나무 장애물과 게임 말을 사용해서 상대방 진영으로 먼저 넘어가는 사람이 이기는 게임입니다. 배정받은 나무 장애물을 적절한 시기에 전략적으로 놓는 게임이기 때문에 방식에 따라 게임에서 질 것으로 예상했던 사람이 이기게 될 수도 있는 게임입니다. 몇 수 앞을 생각해야 상대방을 이길 수 있는 게임이기 때문에 중학년 이상에게 추천합니다.

❖ 〈우봉고〉

〈우봉고〉는 〈테트리스〉 게임의 종이 게임 버전으로 생각하시면 됩니다. 다양한 모양의 미션 퍼즐 카드 안에 여러 가지 모양의 블록들을 채워 넣는 형태의 게임입니다. 공간 감각을 기를 수 있는 재미있는 보드게임입니다.

❖ 〈블로커스〉와 〈젬블로〉

〈블로커스〉와 〈젬블로〉도 〈테트리스〉와 비슷한 게임으로, 가지고 있는 블록 조각을 최대한 많이 올려 놓는 게임입니다. 뒤집어서 올릴 때와 바로 올릴 때의 모양이 달라지기 때문에 대칭의 개념도 배울 수 있습니다. 이 두 가지 게임도 아이들이 정말 좋아하는 보드게임입니다.

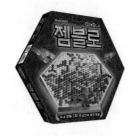

〈젬블로〉

❖ 〈부루마블〉과 〈모두의 마블〉

엄마, 아빠들이 어릴 때부터 가지고 놀았던 보드게임입니다. 세계 여러 나라의 수도에 관해 관심을 가질 수도 있고 돈 계산을 통해 덧셈 학습에 도움이 됩니다. 〈부루마블〉이 전통적인 보드게임이라면, 〈모두의 마블〉은 〈부루마블〉과 거의 비슷하지만 랜드마크가 추가된 것이 특징입니다.

씨앗사 〈부루마블 패밀리〉

❖ 〈러시아워〉

〈러시아워〉는 문제 카드대로 차들을 배치하고 흰색의 아이스크림 차를 빼내는 게임입니다. 차들을 앞뒤 양옆으로 움직여 가면서 아이스크림 차를 빼내면 됩니다. 이 게임을 통해 아이들의 공간 지각력을 기를 수 있습니다. 〈러시아워 첫걸음〉, 〈러시아워 주니어〉, 〈러시아워 딜럭스〉, 〈러시아워 쉬프트〉, 〈러시아워 확장팩〉 종류가 있습니다.

❖ 〈SET 세트〉

〈SET 세트〉 보드게임은 분류의 개념을 연습하기에 가장 좋은 보드게임입니다. 모양, 색, 음영을 가진 도형이 그려진 카드를 속성이 같은 것끼리 모아서 세트로 만드는 게임입니다. 게임 규칙이 익숙해

질 때까지는 어려워하지만 조금만 익히면 아이들이 정말 좋아하는
게임입니다.

❖ 〈다빈치 코드〉

상대방의 숫자가 무엇인지 추리하는 게임입니다. 내가 가지고 있
는 숫자와 상대방이 가지고 있는 색과 숫자를 추리해 나가면서 논
리력을 단련할 수 있는 게임입니다. 고학년 아이들이 즐겨 할 수 있
는 보드게임입니다.

수학 관련
Q&A 모음

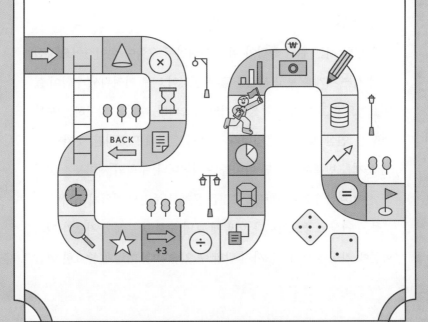

01

수학 관련 Q&A 모음

Q. **연산 학습지는 꼭 해야 하나요?**

A. 수학책, 수학익힘책, 수학 문제집 속의 기본 연산 문제만 풀어도 괜찮습니다.

"선생님 저는 원의 성질이 너무 어려워서 수학이 싫어졌어요", "선생님 저는 시계를 보고 시간을 말하는 것이 너무 어려워서 수학이 싫어졌어요"라고 말하는 학생은 거의 없습니다. 수학을 싫어하는 모든 학생은 '연산' 부분 때문입니다. 앞에서 설명해 드렸지만, 숫자만 바뀐 문제를 반복해서 풀면 아이들은 지칩니다. 수학의 재미를 느끼기도 전에 계산 원리도 모르고 수많은 문제를 풀면서 지치게 됩니다.

물론 연산은 중요합니다. 어떻게 보면 수학 공부에서 기초가 되기 때문에 가장 중요하다고까지 말할 수 있습니다. 이렇게 중요한 연산 학습을 얼만큼 연습해야 할까요? 연산 학습지 또는 문제집이 수학 실력 향상에 얼마나 도움이 될까요?

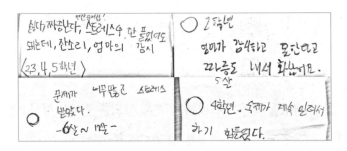

제가 6학년을 담임할 때 연산 학습지를 언제부터 시작했는지, 연산 학습지를 할 때 어떤 마음이 들었는지 학생들을 대상으로 조사한 내용입니다. 학습지를 하면 숙제가 자꾸 밀리고 풀어야 하는 양이 너무 많아서 힘들다는 내용이 대부분이었습니다.

많은 학생이 5, 6살부터 연산 학습지를 시작합니다. 정해진 시간에 바른 자세로 앉아서 연필을 바르게 쥐고 공부를 하기에 5, 6살은 어렵습니다. 실제로 1학년 학생 중에도 아직 연필을 잡는 힘이 부족한 아이들이 많습니다. 꼭 연산 학습지가 아니더라도 초등학교 1학년 수학 내용을 접하게 해 줄 방법은 앞장에 소개한 보드게임 같은 방법도 많습니다.

수학은 '숙련'이 필요한 과목입니다. 특히 연산은 반복 연습이 필수적이긴 합니다. 연산 학습지를 반복해서 풀면 계산 속도가 빨라지는 장점도 분명 있습니다. 하지만 저는 수학에 대한 거부감이 생긴다거나 문제를 대충 보고 풀게 되는 등 부작용이 더 크다고 생각합니다.

Q. 한 개념을 배우기 위해서 몇 문제 정도를 풀어야 할까요?

A. 초등 수학은 '기본 문제집' 한 권이면 충분합니다.

만약 '소수의 덧셈'을 배웠다고 가정해 봅시다. 소수의 덧셈 중에서도 '소수 한 자릿수의 덧셈'을 배웠습니다. 1.7+0.5 또는 3.8+1.6과 같은 문제를 몇 문제 정도 연습하면 완전 학습을 했다고 볼 수 있을까요? 여기서 말하는 완전 학습이란, 어떤 숫자가 나와도 소수 한 자릿수의 덧셈을 할 수 있는 능력을 말합니다.

정답은 '아이마다 다릅니다'. 아이마다 자라온 환경이 다르고 출발점이 다르기 때문입니다. 수에 대한 감각이 다른 아이들보다 뛰어난 아이가 있지만 수학에 대한 머리가 남들보다 늦게 발달하는 아이들도 분명히 존재합니다. 하지만 하지 말아야 할 것은 누구에게나 같습니다. 바로 과도한 문제 풀기입니다. 그렇다면 어느 정도의 양을 푸는 것이 적절한가에 대해 한번 생각해 봅시다.

어느 날 학교에서 점심시간에 학생이 풀고 있는 연산 문제집을 보게 되었습니다. 그 문제집은 한쪽에 24문제씩 총 240문제가 있었습니다. 학교에서 40분 동안 배우는 내용에 해당하는 분량이었습니다. 그리고 몇 분 몇 초 안에 풀었는지 쓸 수 있는 칸도 있었습니다. 앞을 넘겨 보니 24문제를 1분 30초 만에 푼 적도 있고 1분 50초 만에 푼 적도 있었습니다. 이 학생은 연산 문제집을 풀면서 3.75~4.58초 만에 한 문제씩 푼 셈입니다. 5초도 안되는 짧은 시간 동안 한 문제를 풀어내기 위해서는 생각하면 안 됩니다. 기계처럼, 생각 없이, 단순하고, 빠르게 문제를 풀어야 가능합니다. 수학은 '생각 연습'을 하려는 과목인데 생각 없이 문제만 풀다 보면 진짜 수학 실력이 늘지 않습니다.

매일 이렇게 혹사당하고 있다 싶을 정도로 많은 문제를 풀고 있는 아이들은 문제집을 풀면서 어떤 생각을 할까요? 수학에 대해 어떤 생각을 가지고 자랄까요? '수학은 지루해', '수학은 싫어'와 같이 수학에 대해 부정적으로 생각하며 자랍니다.

기본 문제집에 관한 내용은 4장 '4. 문제집 한 권만으로 수학 실력이 쑥쑥 자라는 12가지 방법'(265p) 부분을 참고하세요. 수학책, 수학익힘책, 기본 문제집 속의 기본 연산 문제만 해도 상당한 양입니다. 이것만 제대로 풀어도 충분한 연습이 됩니다.

단, 아이마다 수준이 달라서 부모님의 관찰이 필요합니다. 문제집에 나오는 모든 문제를 풀이하는 것이 아니라 아이가 부족한 부분을 부모님이 빨리 찾아서 그 부분만 집중적으로 연습할 수 있도록 방향을 제시해 주어야 합니다. 물론 이 부분은 부모님의 수고와 관심이 필요한 부분입니다.

Q. 수학 학원은 꼭 다녀야 하나요?

A. 다른 친구들에 비해 수학이 많이 느리거나 특목고를 준비하는 학생들에게는 학원이 도움이 됩니다. 하지만 대부분의 학생들에게는 장기적으로 보면 수학 학원은 수학 실력 향상에 도움이 되지 않습니다.

마라톤을 잘하려면 어떤 것들이 필요할까요? 먼저 운동장 한 바퀴를 도는 것부터 시작해야 합니다. 달리기에 적절한 복장과 운동화도 필수입니다. 스트레칭부터 시작해서 근력 운동도 하고 훈련을 체계적으로 해야 합니다. 식단 관리도 해야 합니다.

이렇게 필요한 것이 많은데, 지식도 부족하고 훈련도 부족한 사람이 올림픽에서 금메달을 딴 마라톤 선수와 같은 운동화를 신는다고 마라톤 실력이 좋아질까요? 평소 달리기를 하지 않던 사람이 좋은 운동화를 신었다고 단시간에 42.195km를 완주할 수 없습니다. 완주한다고 하더라도 원하는 만큼의 좋은 기록을 얻을 수 없습니다.

학원 건물에서 이른바 명문대에 합격한 학생들의 이름을 보면 우리 아이도 저 학원에만 보내면 잘할 수 있을 것이라고 기대합니다.

그리고 학원 통학 차량에 붙어있는 광고를 보면 불안함이 커집니다. 남들도 다 다니는 수학 학원이니까 보내야 한다고 생각합니다. 하지만 수학 학원에 다니기만 해서는 원하는 만큼의 결과가 나오지 않습니다.

수학을 잘하려면 기초 수학 습관, 경청하는 태도, 스스로 공부하는 습관, 메타인지 학습 방법, 포기하지 않는 태도, 호기심을 가지고 문제에 접근하는 태도, 다양한 학습 전략 등 다양한 요소들이 필요합니다. 하지만 이런 요소들을 갖추지 않은 채, 수학 학원에 다녀서 성적이 높아질 것으로 생각하는 것은 좋은 운동화를 신으면 마라톤을 좋은 기록으로 완주할 것이라고 기대하는 것과 같습니다.

지금 당장 자녀의 수학책, 수학익힘책을 살펴보세요. 문제 하나하나마다 중요한 단어에 동그라미를 치는지, 기본 계산을 할 때 기본적인 사항은 지키는지, 글씨는 바르고 알아볼 수 있게 쓰는지, 비스듬하게 풀지는 않는지, 한글식은 적는지, 단원평가에서 기본적인 계산은 틀리지 않는지 확인해 보세요.

학원의 도움이 필요한 아이들은 분명히 있습니다. 하지만 대부분 아이는 학원의 도움 없이 스스로 할 수 있습니다. 오히려 수학 학원에 보내는 것이 스스로 수학 공부를 할 기회를 빼앗는 것일 수도 있습니다.

학년이 높아지면서 갈수록 학교에서 수업하는 시간이 늘어납니다. 그런데 주된 공부를 학원에서 하고, 학교에서는 그냥 시간만 보내는 방식으로 공부하는 것은 아주 비효율적입니다. 아이의 상황에 따라 사교육의 도움을 받을 수는 있지만, 중심에는 학교 수업이 있어야 합니다. 어디까지나 사교육은 학교 교육을 보완하는 역할로 이용해야 합니다. 학원 숙제는 혼자서 스스로 해내는 학습처럼 보이지만 '진짜 자기주도 학습'은 아닙니다.

Q. 선행 학습은 언제 어디까지 해야 하나요?

A. 초등학생 때는 방학이 되면 다음 학기의 수학 내용, 특히 '연산' 단원만 조금 학습하는 것만으로 충분합니다.

하루는 3학년인 아윤이가 집에 와서 말했습니다.

👦 아윤: 엄마! 오늘 학교에서 자기는 5학년 수학 내용을 푼다고 자랑하는
아이가 있었어.

👩 엄마: 그래? 그 친구는 선행 학습을 하나 보네. 3학년 수학도 잘해?

👦 아윤: 잘하기는 잘해.

학교에서 학생들을 관찰해 보면 선행 학습하는 것을 친구들에게 자랑하는 학생들이 많습니다. 고학년에서는 중학교 내용을 선행해야 자랑할 정도가 됩니다. 고작 1년 정도로는 자랑하지도 못합니다.

그런데 이런 학생들도 정작 단원평가를 치면 100점을 못 받습니다. 17년간 초등 교사를 하면서 내린 결론은 '초등학교에서는 선행 학습을 할 필요가 없다'는 것입니다. 하지만 많은 부모님이 조금이라도 선행 학습을 하지 않으면 불안해합니다. '복습만으로 괜찮을까?'라는 생각들을 많이 합니다.

아윤이의 학교 친구는 3학년이지만 5학년 수학 선행 학습을 합니다. 물론 그 학생이 계속 좋은 수학 성적을 유지해서 실제 수능시험에서도 고득점을 받을 수도 있습니다. 하지만 초등학교 때 선행 학습을 한 100명의 학생이 있다고 가정했을 때, 이 중 몇 명이나 수능시험에서 원하는 만큼의 수학 점수를 얻을 수 있을까요?

앞의 내용에서도 말했지만 각 학교에서 쌓아야 할 역량들은 다릅니다. 한정된 시간을 효과적으로 써야 그 역량들을 키울 수 있는데, 수학 공부에 너무 많은 시간을 써 버리면 다른 역량들을 키울 수 없고 효율적이지도 않습니다. 그래도 불안하다면 방학 때 다음 학기의 '연산' 단원만 조금 학습시켜 주세요. 단, 연산 문제집이 아니라 기본 문제집에 나와 있는 연산 문제만 풀도록 지도해 주세요.

저와 아내는 초등학교 교사이지만 딸들에게 방학 때 미리 배우는 내용에 대해서는 100% 다 가르쳐 주지 않습니다. 배움의 퍼즐을 완성하기 위한 마지막 조각은 학교 수업에서 완성해야 합니다. 그래야 아이들이 학교 수업에 집중합니다. 방학 때는 시간이 많아 보이지만 초등학생 때는 여행도 많이 가고 가족 행사도 많아서 실제로는 생각보다 활용할 수 있는 시간이 적습니다. 그래서 한 학기에 배우는 내용을 한 달에 배우는 것이 무리가 있습니다. 많은 양을 단기간에 배우다 보면 대충 배울 수밖에 없습니다. 그래서 '연산' 단원에 한정해서 조금만 선행하고 기본 문제집에 나와 있는 기본 계산 문제만 골라서 풀어 보는 정도로만 공부해도 됩니다.

『아깝다 학원비』에서 안상진 수학 교사는 다음과 같은 말을 했습니다. "선행 학습을 통해 그 단원의 내용을 완전히 이해하기란 어렵습니다. 그러면 학교 수업을 통해 그것을 보충해야 하는데, 그것이 잘 되지 않습니다. 아이들은 수업에서 자기가 아는 내용만 선택적으로 듣게 되기 때문에, 모르는 부분은 계속 모르는 상태로 남게 되는 거죠."[32]

학기 중에는 수학책, 수학익힘책으로 기본 계산을 확실히 연습하고 집에서는 수학 문제집에 나오는 유형 학습에 중점을 두고 학습합니다. 방학에는 기본 문제집에서 틀린 부분을 복습하고 심화 문제를 풀어 보면서 다음 학기의 기본 연산 문제를 조금 풀어 보는 방식으로 진행합니다. 심화 문제를 어려워하면 풀지 않아도 됩니다. 목표를 '기본 연산 문제와 응용문제 풀이'에 두면 좋습니다. 이렇게만

---

[32] 사교육걱정없는세상, *아깝다 학원비*, 비아북, 2010, 150.

진행해도 빠듯합니다. 6개월, 1년 이상의 선행 학습은 시간 낭비입니다.

아이와 부모님 모두 선행 학습을 했다는 만족감에서 벗어나야 합니다. 만족감이 완전 학습으로 이어지지는 않기 때문입니다.

Q. 사고력 수학은 꼭 해야 하나요?

A. 사고력 수학 문제집을 푸는 것보다 책을 폭넓게 읽고 다양한 경험을 하는 것이 더 좋습니다.

서점에 가보면 사고력 수학 문제집을 많이 볼 수 있습니다. 사고력 수학 학원도 많습니다. 제가 어릴 때는 단순 연산 학습지를 하는 학생들이 많았지만, 언제부터인지 사고력을 강조하는 학원과 학습지가 많아졌습니다. 그래서 사고력 공부를 따로 시켜야 하는 것이 아닌지 고민하는 부모님들이 많습니다.

사고력 수학 학원은 원래 영재 교육 기관을 표방하며 생겨나 대중화된 것이라고 합니다.[33] 사고력 수학 학원에서는 대부분 단계를 세분화시켜 놓고 운영합니다. 물론 사용하는 교재는 단순 계산하는 문제가 아닌 문장제, 새로운 유형의 문제, 경시대회 수준의 문제 등으로 다양하게 구성되어 있습니다. 그런 문제집을 꼭 풀어야만 사고

---

33 사교육걱정없는세상 노워리 상담넷 학원 없이 살기, 비아북, 2013, 238.

력이 좋아질까요? 비용을 많이 들인 만큼 효과가 있을까요?

사고력은 생각하는 힘입니다. 다양한 상황에서 여러 방식으로 생각해 보는 경험을 하기 위해서는 '자발성'과 '호기심'이 필수적입니다. 하지만 부모님이 정해 준 학원에 다니는 일상에 지친 아이들에게 자발성과 호기심은 없습니다.

수능 시험에서 수학 과목 1등급을 받은 모든 학생이 초등학생 때부터 사고력 수학 학원에 다니고 사고력 수학 문제집을 풀었을까요? 초등학생 때는 사고력 수학을 군이 풀지 않고 기본에만 충실히 해도 좋습니다. 기본이라고 하면 기본 연산, 응용문제만 정확하게 풀 수 있을 정도의 실력이면 된다는 것입니다. 아직 초등학생은 어리기 때문에 높은 수준의 문제를 많이 연습할 준비가 되어 있지 않습니다. 그리고 방과 후에 활용할 수 있는 시간이 한정되어 있어서 효율적으로 활용하려면 사고력 수학은 군이 하지 않아도 됩니다. 물론, 수학 교과에 흥미를 보이는 일부 아이들이 원한다면 배워도 괜찮습니다. 하지만 다른 과목의 내공을 쌓을 수 있는 시간을 낭비하고 있지는 않은지 살펴볼 필요가 있습니다.

뇌 발달은 돈으로 즉각적인 효과를 볼 수 없습니다. 학생의 부모님들이 경제적으로 여유가 있어서 특별한 학원을 보낸다고 해도 다른 학생들보다 빨리 뇌 발달이 이루어지지 않습니다. 시간이 필요하고 다양한 경험이 필요합니다. 종이접기, 그리기, 레고 조립, 로봇 조럼과 같은 놀이를 하면 뇌 발달에 도움이 된다고 합니다.[34] 오목놀이, 바둑, 큐브 맞추기나 〈우봉고〉와 같은 테트리스 보드게임, 앞에서 소개한 보드게임과 같은 놀이를 통해서도 사고력이 좋아집니다. 독서가 바탕이 되어야 하는 것은 당연합니다.

Q. 심화 학습은 꼭 해야 하나요?

A. 특목고를 준비하지 않는 일반 학생들은 안 해도 됩니다.

시중에 나와 있는 교재 중 심화 학습에 해당하는 교재들이 있습니다. 바로 '최상위', '경시대회'라는 단어가 들어간 문제들입니다. 특목고를 목표로 하거나 수학 경시대회를 준비한다면 심화 학습은 필수로 해야 한다고 생각합니다. 하지만 일반 아이들이 굳이 심화 학습을 할 필요가 있을까요? 특히 저학년 아이들은 아직 문제 풀이도 익숙하지 않습니다. 문제를 읽고 무슨 말인지 이해하지 못하는 상태에서 최상위권 문제를 풀면 수학에 대한 거부감만 생깁니다. 상위 1% 아이들만 소화가 가능한 심화 학습을 대부분의 아이들이 하는 현실에는 분명히 문제가 있습니다. 기본 문제집 속에도 C 단계에 속하는 심화 문제들이 있습니다. 학년이 높아질수록 부모님들도 풀기 어려운 문제들이 있습니다. 이런 문제들을 풀면 좋긴 하지만 못

---

34 "학습시간 '절반'으로 줄어든다. 아무리 생각해도 공부는 이게 답이에요.", 2023.10.08, 지식인사
  이드유튜브.

풀어도 괜찮습니다.

예전에 한 학생이 교육청에서 운영하는 수학영재반에 들어가기 위해 영재특별반 학원을 2년 동안 다녔다고 했습니다. 하지만 그 학생은 교육청 영재반에 합격하지 못했습니다. 그 학생의 부모님은 수학 단원평가 점수가 80점이 되지 않았던 학생을 2년 동안이나 수학영재반에 넣기 위해 학원에 보냈습니다. 부모님의 욕심 때문에 2년 동안 다른 경험을 할 소중한 기회가 사라진 것입니다. 그리고 심화 문제집에 있는 문제를 10문제 풀었는데 2~3문제만 맞추고 다 틀린 학생을 본 적이 있습니다. 이 학생이 수학에 대해 어떤 생각을 가지게 될까요? 그나마 있던 자신감도 떨어질 것입니다. 심화 수준의 수학 문제를 풀어낼 수 있는 학생은 상위 1%의 학생들입니다. 따라서 대부분 학생은 풀지 않아도 됩니다. 아이의 수준보다 너무 높은 수준의 문제를 계속해서 풀게 하는 것은 수학에 대해 부정적인 생각을 하도록 만들기 때문에 추천하지 않습니다. 부모님의 욕심으로 아이의 수준보다 너무 높은 문제집을 계속 풀게 하는 것은 아닌지 고민해 볼 필요가 있습니다.

Q. 예습과 복습 중에서 뭐가 더 중요한가요?

A. 예습보다 복습이 훨씬 중요합니다.

복습이 학습의 중심이 될 수 있도록 수학 공부를 해야 합니다. 하지만 많은 아이가 예습을 통해 내용을 대충 배우고 학교에 옵니다. 그리고 학교 수업 시간에는 흥미를 잃습니다. 저는 고등학교 수학은 한 학기 정도, 중학교 수학은 두세 달 정도의 선행 학습이 필요하다고 생각합니다. 하지만 초등학교는 예습이 필요 없습니다. 굳이 예습하고자 한다면 기본 연산을 조금만 해 보면서 나의 수준을 파악하는 정도가 되면 좋다고 생각합니다. 만약 배움이 느린 아이라면 예습이 더 필요합니다. 하지만 보통의 학습 능력이 있는 아이들은 '약간의 예습'만으로도 충분히 따라갈 수 있습니다.

복습을 통해 메타인지 능력을 기르고 내가 몰랐던 부분을 집중적으로 연습할 수 있습니다. 수학 성적이 낮은 학생들을 자세히 관찰하면 단순히 예습을 하지 않아서 성적이 낮은 경우는 거의 없습니다.

EBS 다큐멘터리 〈학교란 무엇인가〉 '0.1%의 비밀'편에 나온 학생들은 복습의 중요성을 아래와 같이 설명합니다.

"예습이랑 비교하면 복습이 한 1.5배 정도 중요한 것 같아요. 수업을 듣고 오래 기억하고 싶으면 복습이 더 좋은 것 같아요."

-지우-

"제일 많이 노력하는 부분은 자꾸 반복하는 것. 반복하는 것이 가장 중요하죠. 보고 또 보고 하는 것이 가장 중요하다고 봐요."

-현우-

0.1%의 아이들은 복습을 위한 공부 시간이 하루에 4시간 12분이나 되었습니다. 쉬는 시간과 자율 학습 시간, 버스로 등하교하는 시간 등 틈틈이 시간 날 때마다 그날 배운 것을 복습한다고 합니다.[35]

초등학교에서는 매일 약속된 시간에 책상에 앉아서 하루 분량만큼의 수학 문제를 '제대로' 풀고 그 과정을 확인하는 것만으로 충분합니다. 제대로 풀었다는 말의 의미는 기초 수학 습관 14가지를 모두 지키면서 풀었다는 의미입니다. 복습만 제대로, 꾸준히 한다면 수학 실력은 좋아집니다. 섣부른 예습은 오히려 수학 실력 향상에 걸림돌이 될 확률이 높습니다.

Q. 온라인 수학 학습지, 하면 좋을까요?

A. 온라인 학습지보다 종이로 된 수학 문제집이 더 좋습니다.

시대가 많이 변했습니다. 아이들에게 책을 대신 읽어 주는 펜도 나오고 태블릿 PC로 수학을 공부하는 상품도 생겼습니다. AI 기술을 적용하여 아이들이 자주 틀리는 문제를 반복해서 학습할 수 있도록 도와준다는 내용을 들으면 부모님들은 고민이 될 것입니다. 온라인으로 하는 수학 공부, 과연 효과가 있을까요? 조금만 검색을 해보면 온라인 학습에 대한 긍정적인 포스팅을 많이 볼 수 있지만, 자

---

35 학교란무엇인가제작팀, 학교란 무엇인가?, 중앙북스, 2011, 222-223.

세히 보면 업체로부터 광고를 받고 포스팅한 경우가 대부분입니다.

저는 특히 수학 공부는 책과 연필로 해야 한다고 생각합니다. 대부분 초등학교에 입학하기 전이나 초등학교 저학년 때 수학 학습지를 많이 시작하는데, 이 시기의 아이들에게 전자 기기 사용은 추천하지 않습니다. 눈이 나빠지는 것은 당연하고 전자책으로 공부하면 마치 게임을 할 때와 비슷하게 하이베타파가 나와서 극도로 긴장된 상태에서 공부한다고 볼 수 있습니다. 키보드보다 손으로 쓴 어린이가 표현력이 풍부하고 속도도 빠르며, 쓰면서 암기할 때 뇌 속 네트워크가 강화된다고 합니다.[36]

스티브 잡스가 왜 자녀들에게 스마트 기기 사용 제한을 두었을까요? 스마트 기기에 중독이 되면 아이가 입게 될 피해를 정확하게 알고 있었기 때문입니다. 스마트 기기를 사용하는 것과 그렇지 않은 것을 비교하는 뇌파 사진들은 검색하면 많이 찾아볼 수 있습니다. 스마트폰이 일상이 된 이후에 우리는 스마트 기기를 많이 사용합니다. 스마트폰에 중독이 된 학생들도 많아짐을 교실 현장에서 많이 느끼고 있습니다. 정적인 수업에 집중하지 못하고 동영상처럼 화려하고 자극이 많은 수업에서만 반응하는 아이들이 많아지고 있습니다. 그런데 아직 어린 초등학생들이 공부할 때도 스마트 기기를 사

---

36 뉴스플러스, "전자책이냐 종이책이냐…어린이 뇌 영향은?", 2013.05.15 방영, MBC.

용해야 할까요? 저는 초등학생이 스마트 기기로 공부해서 얻는 것보다 잃는 것이 더 많다고 생각합니다. 연필로 또박또박 한 글자씩 적어 가면서 바른 글씨 연습을 하는 것도 중요합니다. 조금 더 편해지고자 선택했던 것이 아이에게 더 해로울 수 있습니다.

스웨덴은 유치원에서 디지털 기기 사용을 의무화(2017년)했던 기존 방침을 전면 백지화하기로 했다고 합니다. 그리고 캐나다, 네덜란드, 핀란드도 학교 수업에서 디지털 기기를 소극적으로 사용하도록 방향을 바꾸었다고 합니다.[37]

Q. 우리 아이의 수준을 파악하는 것이 왜 중요한가요?

A. 아이의 수준에 따라서 적절한 수준의 문제와 양의 학습을 유도해 줄 수 있기 때문입니다.

자녀의 수학 수준을 정확히 파악하고 계신가요? 대부분 부모님께서는 자녀의 수학 단원평가 결과를 바탕으로 수학 수준을 파악하고 계실 것 같습니다. 현재 아이들이 공부하는 것을 보면 수준에 맞지 않는 학습을 많이 합니다. 문제집에 있는 모든 문제를 푸는 것이 바로 그러한 모습입니다. 자녀의 수준에 따라 한 문제집을 풀 때도 제외할 문제와 집중해서 풀 문제가 다르기 때문에 잘 선별해 주는 것

---

37 조성호, "“종이책 읽고 손글씨 써라”… 각국, 디지털 교육에 제동", 조선일보, 2023.09.22.

이 중요합니다.

자녀의 수학 수준을 파악할 때는 '기본 개념을 알고 있는가? 문제 풀이 습관을 지키고 있는가? 유형 문제 학습의 양이 적절한가?' 이렇게 세 가지를 중점적으로 확인해 보세요.

기본 개념을 정확하게 이해하고 있나요?

여기서 말하는 기본 개념은 말 그대로 수학 학습에서 가장 기본이 되는 개념을 의미합니다. 삼각형의 넓이 문제를 예시로 설명해 보겠습니다.

> **1.** 밑변이 4cm, 높이가 6cm인 삼각형의 넓이는 얼마입니까?

1번 문제를 풀기 위해서 알아야 할 기본 개념은 다음과 같습니다.

> ① 삼각형의 뜻을 아는가?
>   -세 개의 선분으로 둘러싸인 평면 도형
> ② 삼각형의 넓이를 구하는 공식을 아는가?
>   -삼각형의 넓이=밑변×높이÷2

③ 분수의 곱셈을 할 수 있는가?

$-4 \times 6 \div 2$

④ 나누기를 곱하기로 바꾸고 계산할 수 있는가?

$-4 \times 6 \times \dfrac{1}{2}$

앞에서 설명한 네 단계의 개념을 알지 못하는 학생은 문제를 틀리게 됩니다. 도형 부분을 배울 때뿐만 아니라 분수의 덧셈, 소수의 뺄셈, 두 자릿수의 곱셈 등 기본 연산 부분을 배울 때 기본 개념을 정확하게 알고 있는지 확인해 보는 것이 좋습니다. 가장 기본이 되는 계산 문제를 정확하게 설명하면서 푼다면 최소한의 기본 개념은 알고 있는 것으로 보면 됩니다.

기본 개념을 정확하게 모르는 아이들은 수학책과 수학익힘책에 나오는 기본 문제를 충분히 풀어야 합니다. 교과서를 학교에 두고 다니는 경우가 많아서 문제집을 기준으로 설명해 드리면, 문제집에서 기본 계산 문제만 더 정확하게 풀 수 있도록 지도해 주세요. 기본 개념이 부족하거나 기본 연산이 부족한 아이들은 응용문제나 심화 문제에 욕심을 내기보다는 기본 문제에만 충실할 필요가 있습니다.

문제 풀이 습관이 바른가요?

여기서 말하는 문제 풀이 습관이란, 기초 수학 습관 14가지와 올바른 문장제 풀이 방법을 말합니다.

> 2. 넓이가 24m²인 삼각형이 있습니다. 밑변이 4m라면 높이는 몇 m입니까?

1번 문제는 잘 푸는 학생들도 2번 문제는 틀리는 경우가 많습니다. 왜 틀렸을까요? 물론 삼각형의 넓이 구하는 공식을 잊어버려서 틀린 경우도 있겠지만, 공식을 알고 있었다고 가정한다면 '한글식 적기'를 하지 않았기 때문입니다. 바른 계산은 다음과 같이 해야 합니다.

풀이 방식 1	풀이 방식 2
삼각형의 넓이=밑변×높이÷2	삼각형의 넓이=밑변×높이÷2
$24=\square×4÷2$	$24=\square×4÷2$
$24=\square×2$	$24×2=\square×4$
$24÷2=\square×2÷2$	$48=\square×4$
$12=\square$	$12=\square$

많은 아이가 이런 유형에 속합니다. 기본 계산은 할 수 있고 공식도 알고 있지만 조금만 문제를 바꾸면 틀리는 경우, 기본 수학 습관을 놓치면서 문제집을 풀어 온 경우가 많습니다. '풀었던 문제라도 문제에 동그라미를 쳤는가? 한글식을 쓰면서 문제를 풀었는가? 암산으로만 계산하지 않았는가?' 하는 점을 위주로 문제를 다시 풀어 볼 필요가 있습니다. 그리고 비슷한 유형의 문제를 조금 더 풀어 보는 활동을 통해 학습을 완성해야 합니다.

유형 문제 학습량이 적절한가요?

아이의 수준에 따라서 학습량을 조절해야 합니다. 자녀의 수준이 낮다면 기본 유형에 집중하고, 중간 수준이라면 유형 학습에서도 중간 수준의 문제 정도만 풀도록 해야 합니다. 아이의 수준이 높다면 유형 학습 중에서도 높은 수준의 문제와 뒤에 나오는 심화 문제에 집중하도록 해야 합니다. 풀 수 있는 문제를 반복해서 풀이하는 것도 아이에게는 힘든 노동입니다. 그래서 자녀의 수준을 파악한 후 적절한 유형 학습의 양을 정해야 합니다. 몇 개의 단원을 거치다 보면 우리 아이의 수준을 정확하게 파악할 수 있기 때문에, 한 유형당 몇 문제 정도를 풀어야 할지는 아이와 상의하고 시행착오를 거치면서 조정해야 합니다. 유형 문제는 뒤로 갈수록 어려워지는 경향이 있어서 아이와 대화를 통해 양을 적절하게 조절한다면 훨씬 더 효과적인 수학 공부를 할 수 있습니다.

Q. 수학 교육이나 사교육과 관련한 책을 추천해 주세요!

『어머니, 사교육을 줄이셔야 합니다』『진짜 공부 vs. 가짜 공부』 정승익

EBS 강사로 활동 중인 전직 고등학교 영어 교사 정승익 선생님의 책입니다. 사교육을 줄여야 하는 이유와 공부를 왜 해야 하는지 모른 채로 공부하는 학생들에 대한 이야기가 담겨져 있습니다. 진짜 현장에서 아이들을 관심 있게 지켜봐야 쓸 수 있는 생생한 글들이 많습니다. 아주 설득력 있게 글을 쓰셨습니다. 공교육 현장에서 겪은 솔직한 사례도 있고 공감되는 부분이 많았던 책입니다.

『책과 함께 자라는 도서관 가족』 정연우

이 책은 제가 쓴 책입니다. 독서 교육의 필요성, 유아부터 초등 저학년까지 책 읽는 습관을 만드는 '책 읽어 주기'와 '도서관 다니기'에 대한 다양한 방법들을 소개하였습니다. 그리고 국어, 한국사 공부와 독서와의 관련성에 대해 다양한 예시를 소개해 놓은 책입니다.

『수학 잘하는 아이는 이렇게 공부합니다』 류승재

 초, 중, 고 수학을 잘할 수 있도록 로드맵을 제시하는 책입니다. 이 책의 장점은 수학을 전공한 류승재 선생님의 폭넓은 경험담과 노하우가 집약되었다는 점입니다. 구체적이고 다양한 수준의 문제집들을 예로 들어서 학생의 수준에 맞게 활용할 수 있는 가이드를 제시하고 있습니다. 상위권 아이들의 부모님들에게 추천하는 책입니다.

『엄마가 만드는 초등 수학 자신감』 정희경

 수학을 전공하신 정희경 작가님의 책입니다. 이 책은 미취학 아동부터 중학생까지 수학 공부에 대한 전반적인 방향을 알 수 있는 책입니다. 학원의 도움 없이 가정에서도 수학 공부를 할 수 있도록 상세하게 안내하였고, 단계별로 추천하는 책을 소개한 점이 좋습니다.

『아깝다 학원비』 사교육걱정없는세상

사교육과 관련된 대표적인 열 가지 궁금증에 대해 해답을 실어 놓은 책입니다. 나온 지 10년이 넘은 책이지만 여전히 부모님들에게 시사하는 바가 큰 책입니다.

『초등 수학 트레이닝 북』 정희경

초등 수학을 한 번에 정리하는 용도로 괜찮은
책입니다. 학년과 학기가 바뀌면 수학책과 수학
익힘책을 버리는 경우가 많습니다. 그래서 어떤
단원의 학습이 부족했었는지 확인하기 어려울
때 이 한 권의 책으로 전반적인 학습이 가능합
니다. 문제 수가 많지 않아서 큰 부담은 없지만,
아이가 어느 정도 자신 있어 하는 부분은 모든 문제를 다 풀지 않아
도 좋습니다. 중학교 입학 전, 6학년 1학기 여름방학 때 초등학교 수
학을 정리하는 교재로 추천합니다.

『공부 머리 독서법』 최승필

10년 넘게 독서 논술 수업을 하신 최승필 작가님의 유명한 책입
니다. 실제 아이들을 지도하면서 체감한 독서의 중요성을 강조하고
있습니다. 독서, 국어와 관련한 다양한 사례가 소개되어 있고 독서
교육에 대한 전반적인 로드맵을 세우는 데 도움을 줄 수 있는 책입
니다.

『국어 잘하는 아이가 이깁니다』 나민애

서울대학교 학생들의 글쓰기 선생님으로 유명한 나민애 교수님의 책입니다. 책 내용 중에서 가장 좋았던 부분은 한자 공부의 필요성을 짚어 준 부분이었습니다. 국어 어휘력을 기르기 위한 다양한 방법과 초등부터 고등까지 단계별 국어 로드맵을 상세하게 안내해 주고 있습니다.

『EBS 당신의 문해력』 김윤정

EBS에서 6부작으로 방영된 〈당신의 문해력〉 프로그램을 책으로 만들었습니다. 유아부터 성인들을 대상으로 다양한 실험들을 통해서 문해력이 부족한 현실에 대해 정확하게 지적하고 문해력을 높일 수 있는 다양한 방법들을 제시하는 책입니다.

『학원 없이 살기』 사교육걱정없는세상 노워리 상담넷

『아깝다 학원비』를 출간한 이후, 사교육에 대한 고민을 해소하고 실천의 길을 열기 위해 '노워리 프로젝트'를 시작했고 그 결과를 모은 책입니다. 학습법, 수학, 영어, 독서, 사교육, 부모의 삶에 대해 진지하면서도 살아있는 고민을 모은 책입니다. 실제 사례들과 문답 형식으로 구성되어 있어서 도움을 많이 받을 수 있습니다.

『학교란 무엇인가』 『학교란 무엇인가 2』 EBS 학교란 무엇인가 제작팀

저는 EBS에서 만든 교육다큐멘터리 중 가장 최고의 프로그램은 2010년에 제작된 〈학교란 무엇인가〉(10부작)라고 생각합니다. 그 10부작의 내용 중에서 1권에는 '아이'와 관련한 내용이, 2권에는 '학교와 사회'와 관련한 내용이 담겨 있습니다. 특히 1권은 칭찬 속의 진실게임, 책 읽기의 힘, 사교육, 0.1% 영재들의 비밀 등의 내용을 담고 있는데 부모님들에게 단 한 권의 책을 추천한다면 저는 1권을 추천하겠습니다.

『학교만으로 충분한 수학』 양영기

제목 그대로 '학교 수업만으로 가능한 수학 공부 방법'을 제시하고 있는 책입니다. 공교육과 사교육에 모두 몸을 담아봤던 양영기 선생님의 솔직하고 구체적인 해결책들이 많이 있는 책입니다. 수학에 대한 많은 궁금증을 해결할 수 있는 책입니다.

QR코드를 스캔하거나 다락원 홈페이지에 접속하면
'수학 습관 잡는 부록 7종'을 다운로드할 수 있습니다.